权威·前沿·原创

皮书系列为
"十二五""十三五"国家重点图书出版规划项目

BLUE BOOK

智库成果出版与传播平台

中国社会科学院创新工程学术出版资助项目

经济蓝皮书
BLUE BOOK OF CHINA'S ECONOMY

2020年中国经济形势分析与预测

ECONOMY OF CHINA ANALYSIS AND FORECAST (2020)

主　编／谢伏瞻
副主编／蔡　昉
　　　　李雪松（执行）

社会科学文献出版社
SOCIAL SCIENCES ACADEMIC PRESS (CHINA)

图书在版编目(CIP)数据

2020年中国经济形势分析与预测/谢伏瞻主编. --
北京：社会科学文献出版社，2020.1
（经济蓝皮书）
ISBN 978-7-5201-5799-5

Ⅰ.①2… Ⅱ.①谢… Ⅲ.①中国经济-经济分析-
2019 ②中国经济-经济预测-2020 Ⅳ.①F123.2

中国版本图书馆CIP数据核字（2019）第251630号

经济蓝皮书
2020年中国经济形势分析与预测

主　　编／谢伏瞻
副 主 编／蔡　昉
　　　　　李雪松（执行）

出 版 人／谢寿光
组稿编辑／邓泳红
责任编辑／吴　敏　柯　宓

出　　版／社会科学文献出版社·皮书出版分社（010）59367127
　　　　　地址：北京市北三环中路甲29号院华龙大厦　邮编：100029
　　　　　网址：www.ssap.com.cn
发　　行／市场营销中心（010）59367081　59367083
印　　装／天津千鹤文化传播有限公司
规　　格／开　本：787mm×1092mm　1/16
　　　　　印　张：22.5　字　数：325千字
版　　次／2020年1月第1版　2020年1月第1次印刷
书　　号／ISBN 978-7-5201-5799-5
定　　价／128.00元

本书如有印装质量问题，请与读者服务中心（010-59367028）联系

▲ 版权所有 翻印必究

经济蓝皮书编委会

主　　编　谢伏瞻

副 主 编　蔡　昉
　　　　　　李雪松（执行）

撰 稿 人（以文序排列）
　　　　　　谢伏瞻　蔡　昉　李雪松　汪红驹　冯　明
　　　　　　娄　峰　李双双　张彬斌　张　平　杨耀武
　　　　　　倪红福　祝宝良　陈昌盛　杨光普　孙学工
　　　　　　杜飞轮　刘雪燕　杜秦川　何明洋　杨志勇
　　　　　　付广军　张　斌　闫先东　刘　西　秦　栋
　　　　　　何德旭　张　捷　李世奇　朱平芳　李国祥
　　　　　　解三明　史　丹　张航燕　魏际刚　崔立新
　　　　　　张长春　邹蕴涵　宋　泓　高凌云　都　阳
　　　　　　张车伟　赵　文　张　涛

编辑组组长　李雪松

成　　员　汪红驹　冯　明　李双双　张彬斌　崔志新

主要编撰者简介

谢伏瞻 中国社会科学院院长、党组书记，学部委员，学部主席团主席，研究员，博士生导师。历任国务院发展研究中心副主任、国家统计局局长、国务院研究室主任、河南省政府省长、河南省委书记；曾任中国人民银行货币政策委员会委员。1991年、2001年两次获孙冶方经济科学奖；1996年获国家科技进步二等奖。1991~1992年美国普林斯顿大学访问学者。

主要研究领域为宏观经济政策、公共政策、区域发展政策等。先后主持完成"东亚金融危机跟踪研究""国有企业改革与发展政策研究""经济全球化与政府作用的研究""金融风险与金融安全研究""完善社会主义市场经济体制研究""中国中长期发展的重要问题研究""不动产税制改革研究"等重大课题研究。

蔡 昉 中国社会科学院副院长、党组成员，学部委员，研究员，博士生导师。先后毕业于中国人民大学、中国社会科学院研究生院，经济学博士。第十三届全国人民代表大会常务委员会委员、农业与农村委员会副主任委员，"十四五"国家发展规划专家委员会委员。

长期从事中国经济问题研究，主要研究领域包括劳动经济学、人口经济学、中国经济改革与经济增长、收入分配和贫困，以及"三农"问题的理论和政策等。著有《读懂中国经济》《从人口红利到改革红利》《四十不惑：中国改革开放发展经验分享》等，发表学术论文和理论文章数百篇。获国家出版图书奖、孙冶方经济科学奖、中华人口奖、中国发展百人奖、中国农村发展研究奖等。

李雪松 中国社会科学院工业经济研究所党委书记、副所长，中国社会科学院宏观经济研究中心主任，研究员，博士生导师。工业和信息化部工业经济分析专家咨询委员会成员。曾任中国社会科学院数量经济与技术经济研究所副所长，财经战略研究院副院长，重庆市长寿区常委、副区长（挂职）。

主要研究领域为宏观经济政策、经济政策效应评价等。发表论文近百篇，获孙冶方经济科学奖，入选新世纪百千万人才工程国家级人选，享受国务院政府特殊津贴，多次获中国社会科学院优秀对策信息一等奖等。主持完成"我国经济发展走势和宏观调控政策研究""我国经济增长潜力及周期规律研究""经济预测与经济政策评价"等重要课题研究。

摘　要

  2019年全球经济贸易增速显著放缓，主要经济体经济增速普遍回落，预计中国经济增长6.1%左右。2020年全球经济有望出现温和回升，但不稳定不确定因素增多，仍面临下行风险。预计2020年中国经济增长6.0%左右，CPI上涨3.4%左右。建议加大逆周期调节力度，保持就业在合理水平，增强经济发展韧性；加快推动经济体制改革，调动各方面的积极性，提升增长内生动力；打赢精准脱贫攻坚战，继续打好防范化解重大风险和污染治理攻坚战。2020年要抓好以下重点工作任务：圆满完成全面建成小康社会目标，深挖国内消费和投资需求潜力，加快实施创新驱动发展战略，加快推进重点领域体制机制改革，努力提高对内对外开放水平，促进区域城乡协调发展，加强保障和改善民生。

关键词：中国经济　逆周期调节　增长动力　高质量发展

目　录

正确认识当前经济形势　推动经济高质量发展 …………谢伏瞻 / 001
工欲善其事
　　——合理调整宏观经济政策工具箱 ……………蔡　昉 / 001

Ⅰ　总报告

B.1 2020年中国经济形势分析与预测
　　………… 中国社会科学院宏观经济研究中心课题组 / 001

Ⅱ　宏观形势与政策展望篇

B.2 外部持续冲击、经济减速与稳定政策的选择
　　………………… 张　平　杨耀武　倪红福 / 021
B.3 2020年中国经济走势和政策建议 ………………祝宝良 / 041
B.4 2020年经济形势展望及重点政策建议
　　………………………………… 陈昌盛　杨光普 / 051

B.5 2019年经济形势分析及2020年展望
………………… 中国宏观经济研究院经济研究所课题组 / 063

Ⅲ 财政形势与税收分析篇

B.6 财政运行分析、展望及财政政策建议 …………… 杨志勇 / 079
B.7 中国税收形势分析及展望 ……………………… 付广军 / 094
B.8 2019年中国税收形势分析及2020年展望 ……… 张　斌 / 110

Ⅳ 货币政策与金融市场篇

B.9 逆周期调节取向下的货币金融运行
　　………………………… 闫先东　刘　西　秦　栋 / 126
B.10 货币政策面临的新挑战与应对策略 …… 何德旭　张　捷 / 138
B.11 2019年中国股票市场回顾与2020年展望
　　………………………………………… 李世奇　朱平芳 / 153

Ⅴ 产业运行与高质量发展篇

B.12 2020年中国农业经济形势展望及政策建议 …… 李国祥 / 173
B.13 2019年工业运行情况分析及2020年预测 ……… 解三明 / 184
B.14 当前中国工业经济运行分析、展望与政策建议
　　………………………………………… 史　丹　张航燕 / 195
B.15 中国服务业发展现状、趋势与展望 …… 魏际刚　崔立新 / 212

Ⅵ 投资、消费与对外贸易篇

B.16 当前投资形势分析与展望 ……………………… 张长春 / 223

B.17 2019年消费形势分析及2020年展望 ············ 邹蕴涵 / 236

B.18 2019年中国对外贸易形势与2020年展望
　　　　 ························· 宋　泓　高凌云 / 245

Ⅶ　就业形势与收入分配篇

B.19 劳动力市场形势分析与2020年展望 ·············· 都　阳 / 263

B.20 收入分配形势分析及建议······ 张车伟　赵　文　张　涛 / 279

Abstract ·· / 304
Contents ·· / 305

皮书数据库阅读使用指南

正确认识当前经济形势 推动经济高质量发展

谢伏瞻*

2020年是我国实现第一个百年目标，全面建成小康社会的收官之年，也是"十三五"规划的收官之年，做好经济工作至关重要。正确认识当前经济形势，对于引导全国各族人民增强信心、坚定决心，坚决贯彻落实党中央对经济工作的决策部署，推动经济高质量发展具有重要意义。

一 正确认识当前经济形势

2019年以来，我国经济发展面临着前所未有的风险和困难，国内经济下行压力加大。从外部看，全球贸易保护主义、单边主义加剧，经济贸易增速趋缓，特别是中美贸易摩擦已经持续一年多时间，对我国经济的影响进一步显现。从国内看，新旧矛盾交织叠加，工业生产和制造业投资增速明显回落，实体经济面临困难明显上升，市场预期总体偏弱，一些关键核心技术受制于人，区域分化态势仍在持续，长期累积的金融风险还在不断暴露，猪肉等食品价格大幅上涨。

面对国内外风险挑战明显增多的复杂局面，以习近平同志为核心的党中央，坚持稳中求进工作总基调，坚持新发展理念，推动高质量发展，进一步稳就业、稳金融、稳外贸、稳外资、稳投资、稳预期，出台了一系列宏观政

---

* 谢伏瞻，中国社会科学院院长、党组书记、学部主席团主席，主要研究方向为宏观经济政策、公共政策、区域发展政策等。

策和结构性政策，有力地保障了国民经济运行总体稳定的局面。一是通过减税降费、"放管服"改革、沟通引导等多重举措稳定预期，增强各界对我国经济发展的信心。二是加大基础设施投资力度，有效防止投资增速失速下滑。三是坚持就业优先原则，把稳就业作为宏观经济政策的首要目标。四是有效应对中美贸易摩擦，对内努力强化内功，对外积极争取主动。五是加快对外开放，进一步放宽外资准入，提高对外开放水平。六是坚持底线原则，稳妥处置风险个案，确保流动性环境平稳适度，守住不发生系统性金融风险的底线。

在党中央坚强领导下，2019年我国经济社会总体平稳，经济结构持续优化，民生福祉不断改善，为2020年全面建成小康社会打下决定性基础。一是经济保持平稳运行。2019年前三季度，我国经济增速达到6.2%，仍居全球主要经济体第一位，主要宏观经济指标保持在合理区间；1~10月城镇新增就业1193万人，提前完成全年目标任务；10月城镇调查失业率为5.1%，劳动力市场供需格局基本合理。城乡居民消费需求较为旺盛，成为稳定经济的"压舱石"。国际收支保持基本平衡，经常账户呈现顺差。二是经济结构继续优化。2019年前三季度，最终消费对经济增长的拉动作用进一步增强，达到60.5%；高技术产业和装备制造业增速明显快于整体工业。农业生产保持稳定，粮食有望再获丰收，种植结构进一步优化。三是新动能快速成长。2019年前三季度，工业战略性新兴产业增加值同比增长8.4%，高技术制造业增加值同比增长8.7%，均显著高于全部工业增加值增速；信息传输、软件和信息技术服务业，租赁和商务服务业生产指数同比分别增长21.8%和8.4%，增速分别快于全国服务业生产指数14.8个和1.4个百分点。新动能为稳增长、稳就业、促进高质量发展提供了强有力的支撑。四是三大攻坚战成效显著。结构性去杠杆稳步推进，杠杆率不合理大幅攀升的势头基本得到遏制。重点领域的突出金融风险部分得以妥善处置，地方政府债务控制在全国人大批准的限额之内。精准脱贫加力显效，贫困地区农村居民人均可支配收入保持较快增长。蓝天、碧水、净土保卫战全面展开，生态环保督查执法继续加强，环境保护与高质量发展之间的良性循环正在建立。五是改革开放步伐加快。减费降税政策有效落实,"放管服"改革深入推进,营商环境显著优化。新设立6个自由贸易试验区,推进长三角区域一体化等重大战略,区域协调联动发展的新格局正在形成。通过《外商投资法》,汽车、石油天然气、部分电信增值业务领域的外资准入门槛相继取消或明显降低。金融领域对外开放进一步扩大。六是民生持续改善。2019年前三季度,全国居民人均可支配收入实际增长6.1%,与经济增长基本同步。城乡居民收入差距继续缩小。2019年在国内外环境极为错综复杂的情况下,我国能够保持经济社会稳定健康发展,充分证明了以习近平同志为核心的党中央关于经济工作的决策部署是完全正确的,党对经济工作的集中统一领导是坚强有力的。

同时,要清醒地认识到,我国经济下行压力仍然在加大,有效需求不足与供给侧结构性问题并存,工业增速、民间投资增速持续回落,一些领域金融风险依然突出,财政收支矛盾凸显。猪肉等食品供求关系骤变,居民消费价格指数上涨与工业品出厂价格指数下降形成反差,外部经济环境的不确定性和不稳定性依然存在。但是,我国发展仍处于重要战略机遇期,经济长期向好的基本面没有变,经济韧性好、潜力足、回旋余地大的基本特征没有变,经济持续增长的良好基础和条件没有变,经济结构调整优化的前进态势没有变。要战胜来自国内外的风险挑战,进一步解决制约经济发展的体制性、结构性矛盾,实现"两个一百年"奋斗目标、实现中华民族伟大复兴的中国梦,必须贯彻新发展理念,集中精力办好自己的事,坚定不移深化改革开放,坚定不移走高质量发展之路。

二 坚定不移推动经济高质量发展

推动经济高质量发展,是党中央做出的重大战略决策部署,对于我国发展全局具有重大现实意义和深远历史意义。习近平总书记指出,推动经济高质量发展,是保持经济持续健康发展的必然要求,是适应我国社会主要矛盾变化和全面建成小康社会、全面建设社会主义现代化国家的必然要求,是遵

循经济规律发展的必然要求。推动经济高质量发展是当前和今后一个时期确定发展思路、制定经济政策、实施宏观调控的根本要求。在我们这样一个经济和人口规模巨大的国家,从高速增长阶段转向高质量发展阶段并不容易。既要充分认识实现经济高质量发展的长期性和艰巨性,也要增强推动经济高质量发展的紧迫感和使命感,统筹做好顶层设计,稳步推进经济发展质量变革、效率变革、动力变革,努力实现更高质量、更有效率、更加公平、更可持续的发展。

第一,深化供给侧结构性改革。供给侧结构性改革是改善供给结构、提高经济发展质量和效益的治本之策。当前,我国经济运行主要矛盾仍然是供给侧结构性的,必须坚持以供给侧结构性改革为主线不动摇,更多采取改革的办法,更多运用市场化、法治化手段,围绕"巩固、增强、提升、畅通"八字方针,深化供给侧结构性改革,提高经济发展质量和效益,更好地提高供给满足需求的能力。要巩固"三去一降一补"成果,推动更多产能过剩行业加快出清,降低全社会各类营商成本,加大基础设施等领域补短板力度。要增强微观主体活力,发挥企业和企业家主观能动性,建立公平开放透明的市场规则和法治化营商环境,促进正向激励和优胜劣汰,发展更多优质企业。要提升产业链水平,注重利用技术创新和规模效应形成新的竞争优势,培育和发展新的产业集群。要畅通国民经济循环,加快建设统一开放、竞争有序的现代市场体系,提高金融体系服务实体经济能力,形成国内市场和生产主体、经济增长和就业扩大、金融和实体经济良性循环。

第二,加快建设现代化经济体系。习近平总书记强调,国家强,经济体系必须强。建设现代化经济体系是一篇大文章,既是一个重大理论命题,更是一个重大实践课题,集中体现了转变发展方式、优化经济结构、转换增长动力的迫切要求。一是大力发展实体经济,筑牢现代化经济体系的坚实基础。推动经济高质量发展,要把重点放在推动产业结构转型升级上,把实体经济做实做强做优。要加快制造业高质量发展,坚定不移建设制造强国。要推动互联网、大数据、人工智能同实体经济深度融合,推动要素资源向实体经济聚集、政策措施向实体经济倾斜、工作力量向实体经济加强,激发和保护企业家精神，营造脚踏实地、勤劳创业、实业致富的发展环境和社会氛围。二是加快实施创新驱动发展战略，强化现代经济体下的战略支撑。要以动力变革推进质量变革和效率变革，提高商品和服务质量；提高全要素生产率，以投入产出效率和经济效益获得产品国际竞争力。加强国家创新体系建设，深化科技体制改革，构建社会主义市场经济条件下关键核心技术攻关新型举国体制，加快关键核心技术自主创新，强化战略科技力量，破除"卡脖子"技术封锁。培养和造就一大批具有国际水平的战略科技人才、科技领军人才、青年科技人才和高水平创新团队。三是积极推动经济协调发展，夯实现代化经济体系的重要基础。要创新和完善宏观调控，发挥国家发展规划在产业升级、科技创新、区域经济发展等方面的战略导向作用，健全财政、货币、就业、产业、区域等经济政策协调机制，守住不发生系统性金融风险的底线。优化现代化经济体系的空间布局，促进区域协调发展。统筹推进西部大开发、东北全面振兴、中部地区崛起、东部率先发展。推动京津冀、粤港澳大湾区、长三角等地区成为引领高质量发展的重要动力源。推动长江经济带发展与黄河流域生态保护和高质量发展。实施乡村振兴战略，建立健全城乡融合发展体制机制和政策体系，加快推进农业农村现代化。四是着力发展开放型经济，提高现代化经济体系的国际竞争力。建设安全、高效的开放型经济新体制，提高我国现代化经济体系的国际竞争力，推进合作共赢的开放体系建设，积极参与全球治理体系改革和建设，推动构建人类命运共同体。扩大自由贸易试验区试点改革，深化规则制度型开放，完善对外开放的体制机制。在合作共赢的原则下继续推进"一带一路"建设，达成区域全面经济伙伴关系协定，加快中欧投资协定谈判及中日韩自由贸易协定谈判进程，落实与欧盟和东盟的务实合作，拓展国际合作空间和国际市场。

  第三，推动形成绿色生产方式和生活方式。习近平总书记强调，在我国经济由高速增长阶段转向高质量发展阶段过程中，污染防治和环境治理是需要跨越的一道重要关口。我们必须咬紧牙关，爬过这个坡，迈过这道坎。推动经济高质量发展，推动形成绿色生产方式和生活方式，必须践行绿水青山就是金山银山的理念，坚持节约资源和保护环境的基本国策。要以生态文明

建设为纲领，在全社会树立绿色发展理念，加快形成促进绿色发展的政策导向、体制机制和法律法规。要重点推进产业结构、空间结构、能源结构、消费方式的绿色转型。要加快发展绿色金融，促进节能环保、清洁生产、清洁能源等绿色产业发展，建立健全绿色低碳循环发展的经济体系，构建市场导向的绿色技术创新体系，面向市场需求促进绿色技术的研发、转化、推广，用绿色技术改造形成绿色经济。要促进能源绿色转型，推进能源生产和消费革命，构建清洁低碳、安全高效的能源体系，推进资源全面节约和循环利用，实施国家节水行动，降低能耗、物耗，实现生产系统和生活系统循环链接。要推动消费方式绿色转型，倡导简约舒适、绿色低碳的生活方式，使绿色消费成为每一个公民的责任。

第四，坚持和完善社会主义基本经济制度。党的十九届四中全会对社会主义基本经济制度做出新的概括，确定为"公有制为主体、多种所有制经济共同发展，按劳分配为主体、多种分配方式并存，社会主义市场经济体制等社会主义基本经济制度"。推动经济高质量发展的关键在于继续深化改革，坚持和完善社会主义基本经济制度，加快建立与经济高质量发展相适应的体制机制和政策环境，增强经济的活力、创新力和竞争力。一要坚持公有制为主体、多种所有制经济共同发展。毫不动摇巩固和发展公有制经济，毫不动摇鼓励、支持、引导非公有制经济发展。探索公有制多种实现形式，推进国有经济布局优化和结构调整，发展混合所有制经济。健全支持民营经济、外商投资企业发展的法治环境，营造各种所有制主体依法平等使用资源要素、公开公平公正参与竞争、同等受到法律保护的市场环境，激发各种经济主体市场活力。二要坚持按劳分配为主体、多种分配方式并存。健全以税收、社会保障、转移支付等为主要手段的再分配调节机制，强化税收调节，完善直接税制度并逐步提高其比重，加快构建能够更好满足制造业高质量发展和创新驱动发展要求的财税体系。三要加快完善社会主义市场经济体制。建设高标准市场体系，全面实施市场准入负面清单制度，改革生产许可证制度，健全破产制度。强化竞争政策基础地位，落实公平竞争审查制度，加强和改进反垄断和反不正当竞争执法。健全以公平为原则的产权保护制度，建立知识产权侵权惩罚性赔偿制度，加强企业商业秘密保护。推进要素市场制度建设，实现要素价格市场决定、流动自主有序、配置高效公平。加强资本市场基础制度建设，健全具有高度适应性、竞争力、普惠性的现代金融体系，提高金融服务实体经济和创新发展的能力，有效防范化解金融风险。

三　2020年经济发展目标与宏观政策选择

做好2020年经济工作，要坚持以习近平新时代中国特色社会主义思想为指导，全面贯彻党的十九大和十九届二中、三中、四中全会精神，统筹推进"五位一体"总体布局，协调推进"四个全面"战略布局。要立足当前，着眼长远，着力提升增长内生动力，调动各方面的积极性和创造性，推动经济高质量发展，增强底线思维，统筹国内国外两个大局，增强经济发展韧性，确保经济平稳运行和社会和谐稳定，高质量完成全面建成小康社会目标。

综合国内外多方面因素，建议将2020年经济增长预期目标设定为6%左右，主要考虑如下。其一，当前我国人均GDP水平已达到1万美元左右，根据国际经验以及经济增长理论，当人均GDP达到这一水平之后，经济增长速度通常会出现下行。对我国劳动、资本等要素供求格局的分析也显示，未来经济潜在增长速度会有所下移。其二，从外部环境来看，2020年全球经济形势仍存在较大不确定性，美国、日本等发达国家经济增速面临下行压力，局部地区的政治不稳定对经济发展产生负面冲击。其三，6%左右的经济增长速度能够支撑充分就业目标的实现。党中央多次强调，就业是民生之本，稳增长的主要目的是稳就业。当前我国的经济规模已经超过90万亿元，由于体量和基数变大，每增长1个百分点，在保就业方面的效应明显增大，再加之产业结构转型引致就业吸纳能力增强，创造的就业机会已经远高于十年前。其四，考虑到第四次经济普查因素，6%左右的经济增长能够实现2020年国内生产总值和城乡居民人均收入比2010年翻一番的目标，确保全面建成小康社会圆满收官。其五，经济增长预期目标的适度下移，将为经济结构升级转型和高质量发展创造空间，并且营造更加适宜的政策环境。适度降低经济增长预期目标还有助于加快推动关键领域改革，重点解决结构性体制性问题，促进国家治理体系和治理能力现代化；有助于落实"房子是用来住的，不是用来炒的"理念，不将房地产作为短期刺激经济的手段，防止地方政府和居民杠杆率显著上升；有助于加快实施创新驱动发展战略，促进民间资本更多流向科技创新领域，推进实体经济与制造业高质量发展。

面对经济下行压力和体制性结构性矛盾并存、外部风险加大的局面，要使2020年的经济增长和就业继续保持在合理水平，就必须进一步增强宏观调控的前瞻性、针对性和灵活性，需要适当加大逆周期调节力度，用好财政、货币、就业等政策工具，强化政策协调配合，保持经济平稳运行，稳中求进。

第一，积极的财政政策应加力增效。财政政策是宏观调控的重要方面，尤其是在稳投资、调结构、惠民生等领域发挥着难以被替代的重要作用。首先，在经济下行周期，政府投资应当有力地发挥"压舱石"和"稳定器"的作用，保持一定的增长速度，通过自身作用和乘数效应避免固定资产投资增速和整体经济增速出现失速下滑。其次，在经济增速换挡期和结构调整阵痛期，区域之间、行业之间、人群之间分化加速，这时，财政政策应科学灵活地发挥作用，一方面鼓励支持高新技术产业、战略性新兴产业发展，促进结构转型升级；另一方面还应与社会政策相配合，对结构分化中出现的后发地区、传统行业和弱势群体进行适度扶持，尤其是在民生保障方面做好托底工作，防止分化加剧。2020年的财政政策，一是要优化并落实落细减税降费政策，切实降低企业税费负担，增强企业获得感；二是以绩效为导向调整财政支出结构，加大对制造业转型升级和技术改造的支持力度，激发企业内在动力和创新活力；三是可考虑适当提高赤字率，增加债券发行，重点支持职业教育和托幼、医疗、养老等民生事业，以及科技、基础设施、生态补短板等。

第二，稳健的货币政策要做到灵活、适度、审慎。在当前复杂的宏观经济形势下，货币政策的两大首要任务：一是要为实体经济运行营造合理稳定的流动性环境，降低各类融资主体的实际融资成本；二是要防范化解金融风险，避免系统性和区域性金融风险爆发，避免个体性金融风险传染扩散。为此，2020年的货币政策应保持稳健中性的基调，做到灵活、适度、审慎。一是综合考虑国内经济形势及全球金融环境的变化，灵活运用多种货币政策工具，进行预调、微调。二是管好货币总闸门，确保社会融资规模增速与名义经济增速相适应，保证流动性合理稳定。三是用好宏观审慎政策，防止宏观杠杆率过快攀升，避免房地产等资产价格大涨大跌。

第三，实施就业优先政策，优化就业供给结构。受劳动年龄人口和就业人口数量减少以及经济吸纳就业能力增强等因素影响，当前我国劳动力市场的供求关系总体上是平衡的；但也应注意到，在个别地区、个别行业、个别人群中，结构性的就业问题仍然存在。例如，中美贸易摩擦发生之后，沿海地区一些制造业企业受冲击较大，出现了减员现象。再如，东北地区以及山西等对资源依赖较强的地区，近年来也出现了一定的就业压力。与此同时，一些行业出现了需求旺盛但劳动力供给相对不足的局面，如家政行业等，这都应该引起重视。一方面，要防止国内制造业企业过快外迁，通过优化中西部地区营商环境等手段引导沿海企业内迁，将就业机会留在内地；另一方面，要及时顺应市场需求变化，调整国民教育和职业技能培训体系结构，优化就业供给结构。

2020年在加强和完善宏观调控的基础上，还要继续深化供给侧结构性改革，打好三大攻坚战，加快推动经济体制改革，调动各方面的积极性，提升增长内生动力。

做好2020年经济工作意义重大，任务艰巨。我们要更加紧密地团结在以习近平同志为核心的党中央周围，以习近平新时代中国特色社会主义思想为指导，全面贯彻党中央的战略部署，切实增强"四个意识"，坚定"四个自信"，做到"两个维护"，同心协力、狠抓落实，以优异成绩圆满完成全面建成小康社会的目标，为实现"两个一百年"奋斗目标打下更为坚实的基础！

工欲善其事

——合理调整宏观经济政策工具箱

蔡昉[*]

面对中国经济稳中有进、稳中有变、变中有忧的局面，2018年12月19～21日召开的中央经济工作会议要求，要全面正确把握宏观政策、结构性政策、社会政策取向，确保经济运行在合理区间。把经济增长速度保持在合理区间，需要恰当运用相关的政策工具。运用何种宏观经济政策工具，需要根据拟达到的目标，考虑各种政策结果之间的关系进行权衡取舍，在工具箱中选择。

这个政策工具箱的用途，不是指储存备用的投资项目或者作为预留的财政收入蓄水池，而是指调控宏观经济的政策工具集合。这个政策工具箱不是一成不变的，既可以进行数量的充实，即把以前不在工具箱的政策措施与时俱进地补充进来，也可以对政策工具进行结构性调整，即把政策工具的存量进行重新归类，放在不同的格子里以便酌情选取，才符合精准施策的原则。

在以往的宏观经济政策实施过程中，曾经有过几次追加新的政策工具的做法。例如，把拧紧土地供给龙头与拧紧信贷龙头结合起来，旨在遏制经济过热和泡沫生长的状况。又如，赋予产业政策以宏观调控职能，以"出手要狠"的果断决策确保增长速度不至于过度下滑。虽然时过境迁，以往扩大政策工具箱的做法既取得了成效，也付出了较大的代价。这一方面表明政策工具箱中政策的储备和应用，不必局限于货币政策和财政政策这两种传统

---

[*] 蔡昉，中国社会科学院副院长、党组成员、学部委员，主要研究方向为人口与劳动经济学、发展经济学等。

宏观经济政策手段；另一方面要求政策工具箱的构成和政策工具的选取应该更加科学。

一 从人口红利到改革红利

把经济体制改革纳入宏观经济政策工具箱，是由中国经济面临的特殊问题决定的，也是中国在实施稳增长政策时的独特优势。在其他国家特别是在成熟的市场经济国家，一般情况下，宏观经济政策目标是使经济增长稳定在潜在增长率上，也就是达到既充分利用所有生产要素又不会出现通货膨胀境界的增长水平。在经济发展阶段并未发生变化的情况下，潜在增长率通常是一个不变的水平，也就是说，大多数发达国家的潜在增长率是长期稳定的，因而往往也被称作趋势增长率。

因此，在这些国家的经济增长遭遇需求侧冲击的情况下，无论是需求过剩导致经济过热还是需求不足导致经济减速，通常可行的政策工具都只是货币政策和财政政策这些传统宏观经济政策手段。政策目标是通过抑制或者刺激需求，使增长速度分别从"高于"或者"低于"潜在增长率的状态回归长期的潜在增长水平，以保障生产要素的充分利用或者通货稳定。而中国经济当前面临的问题，既不同于自身以往的情形，也不同于大多数其他国家的情形。

首先，以2010年为转折点，人口转变趋势发生了根本性变化。作为人口红利的一个显示性指标，15~59岁劳动年龄人口规模从增大转为缩小。以往人们通常会认为，人口是一个慢变量，所以对于其影响经济增长速度的短期效应持怀疑态度。但是，从这个转折来看，慢变量在发生由升转降的变化时，也完全可以在很短的时间里产生对经济增长的影响。另外，如果说劳动年龄人口还不足以代表劳动力资源的话，可以进一步看经济活动人口的变化趋势。在15~59岁劳动年龄人口开始萎缩的同时，更广义的劳动年龄人口（国际上一般指16岁及以上人口）仍可能在一段时期内持续增长，或者劳动参与率（经济活动人口占劳动年龄人口的比重）仍有可能提高，16岁及以上经济活动人口在2010年之后仍有所增加，但是从2016年开始也进入绝对减少的阶段。

其次，这一人口转变新趋势意味着长期支撑中国经济增长的人口红利迅速消失。也就是说，人口结构变化并非仅通过劳动力供给影响经济增长，而是通过几乎所有的变量对经济增长速度产生全方位的影响。作为2010年以后人口红利迅速消失的表现，生产要素供给和重新配置的空间都显著缩小。其一，劳动力短缺导致工资持续提高，迄今已超过劳动生产率提高的幅度，致使制造业的比较优势迅速减弱。其二，随着新成长劳动力数量减少，劳动力素质改善速度也明显放慢了。其三，劳动力短缺及其引致的资本替代劳动过程，导致资本投资报酬递减进而投资回报率下降。其四，农业劳动力转移速度放慢，资源重新配置空间缩小，生产率的提高难度也必然加大。由于上述原因，长期支撑中国经济高速增长的生产要素驱动型发展模式难以为继。

最后，人口红利消失意味着经济发展阶段发生根本性变化，也决定了潜在增长率趋于长期下降。从长期经济增长而非宏观经济周期的角度看，人口转变决定经济发展阶段的变化，而人口统计是最靠得住的经济增长变量。由人口转变从而经济发展阶段变化而由此决定的潜在增长率变化，是一个不以人的主观意志为转移的规律。虽然周期性因素也会从需求侧影响实际经济增长速度，需要宏观经济政策调控。但是，需要严格把握的原则是：回归潜在增长率而非回归以往的增长速度，是中国现阶段宏观经济调控的依据。一个有用的观察角度便是看实际增长速度与潜在增长率之间的差距即增长缺口。如果增长缺口是正值，就表示实际增长率超过了潜在增长率，宏观调控政策的方向应该是紧缩；如果增长缺口是负值，就意味着实际增长率没有达到潜在增长率，宏观调控政策应该具有刺激倾向。

我们把实际增长率与潜在增长率相减，可以计算出改革开放以来历年的增长缺口。由此得出的结论是，自2012年经济增长减速以来，并不存在经济增长负缺口，意味着实际增长率总体上符合潜在增长能力。因此，即便在面对新的周期性冲击的情况下需要一定的需求刺激，宏观经济政策的调控目标也必须相应改变，避免刺激过度从而使实际增长率超过潜在增长率。在由

美国发起并不断加剧的与我国贸易摩擦的情况下，受需求侧及预期的干扰，2019年中国经济增长速度进一步下行。如果2019年实现6.2%的增速，与预测的"十三五"期间平均潜在增长率是一致的；由于"十三五"前期已经达到较高增速，即便2019年和2020年略低于6.2%，也是符合年度潜在增长率预期的[①]。

需要指出的是，现行经济运行中仍然存在的各种体制和机制弊端，妨碍着生产要素充分供给和有效配置，因而中国经济仍然具有提高潜在增长率的潜力空间。这意味着，凡是可以改善生产要素供给和配置，进而可以取得稳定经济增长效果的体制改革措施，均能够提高中国经济的潜在增长率[②]，因而可以且应该进入宏观经济政策的工具箱。但是，需要了解的是，使用政策储备中的这类特殊工具，目的不在于增加对经济增长的刺激因素，也不应该从需求侧施策，而应该从供给侧着力，以提高潜在增长率为目标。

二 民生优先和社会政策托底

在经济运行的外部环境异常复杂从而不确定性增多、经济增长面临下行压力的情况下，扎牢社会安全网，实施社会政策托底，保障普通劳动者和低收入家庭的生计和生活，既是面对外部冲击时确保民生稳定的政策必需之举，也是在供给侧结构性改革中必须履行的政府职能，应该与宏观经济政策配套实施。此外，通过政策调整和体制改革实现收入分配格局的进一步改善，不仅是解决变化了的社会主要矛盾的必要之举，而且可以稳定和平衡经济增长的需求因素，抵消净出口需求的冲击和投资需求的疲软，同时避免强刺激政策可能带来的副作用。因此，这类政策的实施也可以直接具有宏观经

[①] Cai Fang and Lu Yang, "The End of China's Demographic Dividend: The Perspective of Potential GDP Growth", in Garnaut, Ross, Fang Cai and Ligang Song (eds.), *China: A New Model for Growth and Development*, ANU E Press, Canberra, 2013, pp. 55-74.

[②] Cai Fang and Lu Yang, "Take-off, Persistence and Sustainability: The Demographic Factor in Chinese Growth", *Asia & the Pacific Policy Studies*, 2016, 3(2).

济调控的效应。

例如，在遭遇经济周期性冲击的情况下，失业保险和最低生活保障等社会保障项目的充分覆盖、保障金的足额发放，以及劳动力市场制度功能的正常发挥，有助于保障普通劳动者群体和低收入家庭的收入和生计，因而也就有利于稳定居民消费从而稳定总体有效需求。经济学家通常把经济增长需求拉动因素分解为三大部分并称为"三驾马车"，分别为净出口（即外需）、投资需求和消费需求。

一般来说，虽然出口需求和投资需求都可以通过政策调整在一定程度上得以扩张，但是政策代价也比较大。居民消费需求是长期可持续的经济增长拉动力，并且在遭遇宏观经济冲击时保障民生的优先序明显上升，因此，通过改革和实施社会政策提高居民消费需求数量和比重，产生的需求扩大效应往往是良性健康的。

自2008年世界金融危机爆发以来，中国经济增长的需求拉动因素构成发生了很大的变化。例如，在2008～2018年按支出法统计的国内生产总值（GDP）构成中，货物和服务净出口所占比重显著降低，从7.6%降到0.8%，预期短期内不具有很大的提高潜力；资本形成所占比重比较稳定，从43.2%小幅提高到44.8%，从增长的平衡性和可持续性要求来看，这个部分至少不应该再给予进一步提高的空间；最终消费需求占比从49.2%提高到54.3%，其中政府消费从13.2%提高到14.9%，城镇居民消费从27.0%提高到30.9%，农村居民消费从9.0%下降到8.4%。

根据国际经验，中国最终消费拉动GDP的贡献比重仍有很大的提升余地。除了社会政策兜底可以以政府消费的形式较快转化为适度的需求扩张，具有立竿见影的宏观经济刺激效果外，社会政策完善、收入分配制度改革以及基本公共服务均等化导致的居民消费扩大，更是拉动经济增长"三驾马车"中最持久可靠的需求因素，应该作为重要的调控目标，给予最高的政策优先序。当前在中国提高居民消费需求水平，有三个特别的人口群体值得给予特别的关注，也具有最大的扩大潜力。

首先，应该特别关注挖掘农民工群体的消费潜力。2018年全国有2.884

亿农民工,其中1.727亿为离开了本乡镇的外出农民工,1.157亿为在本乡镇从事非农产业的农民工。从离开了务农活动成为工资收入者的角度来说,他们的收入有了大幅度的提高;从离开农村到城镇居住生活的角度来说,他们的生活方式也应该更加城市化进而社会化。这意味着农民工及其家庭的消费模式、消费需求和消费能力应该有显著的提升。

然而,由于户籍制度的存在,户籍身份妨碍他们获得均等的基本公共服务以及城市落户的预期,产生了两个不利于提高他们消费水平的因素。其一,他们的潜在消费倾向和实际消费水平都受到抑制。对城镇的农民工住户调查分析表明,一旦通过户籍制度改革获得城市户籍身份,即便其他条件不变,农民工的消费支出提高幅度可高达27%。此外,户籍身份及基本公共服务差别,也使农民工的收入及至农户消费在经济增长出现周期性波动时更显脆弱。例如,2017年农户可支配收入中工资性收入占41%,一旦农民工的就业遭到冲击,将会显著影响农民收入从而影响其消费水平的提高。其二,随着人口年龄结构的变化,农村新成长劳动力数量减少,外出务工人员增速减慢甚至呈现倒流的趋势,可能出现中断农户工资性收入增长的势头。例如,全国流动人口调查数据显示,2014~2017年流动人口总量减少了约800万[1]。

其次,需要努力开发老龄人口的消费潜力。2017年中国60岁及以上人口有2.4亿,占全部人口的17.3%。中国"未富先老"特征的一个表现就是老年人的收入水平和消费水平都偏低,人口的平均收入水平随年龄增长呈现倒U形曲线。以平均劳动收入为例,一般来说劳动收入从接近20岁才开始产生,随后迅速提高并于25~45岁达到最高水平并稳定在这一水平上,之后收入水平逐渐下降,到60岁以后便基本消失。相应地,消费水平也在30~40岁形成峰值,随后便缓慢降低。[2] 此外,年轻一代消费的后顾之忧也反映在老年人消费行为上,因为父辈们往往会为下一代甚至隔代家庭成员购

---

[1] 国家卫生健康委员会编《中国流动人口发展报告2018》,中国人口出版社,2018,第4页。
[2] 蔡昉:《开发老龄人口红利大有可为》,《经济日报》2018年10月18日。

房和教育等支出而进行储蓄。所以，释放老年人的消费能量，关键在于稳定他们的劳动收入，增加他们的财产性收入，提高全社会的社会保障水平以及基本公共服务均等化水平。

最后，农村贫困人口实现脱贫可释放巨大的消费潜力。经济理论和实际经验都表明，越是处于较低收入水平的人口群体，越是具有较高的消费水平的倾向。因此，实施减贫战略并不断取得脱贫效果，具有扩大居民消费需求的显著效果。虽然2017年底按现行扶贫标准统计的农村贫困人口仅3046万人，并且按照党的十九大的部署，2020年贫困人口将全部脱贫，但是仍然有理由认为，无论当前还是未来，实施减贫战略都可以具有扩大消费需求的宏观经济意义，较小的贫困人口规模就可以产生放大性的政策效应。

我们认识到，解决了以现行扶贫标准定义的绝对贫困问题之后，中国将长期面临新的减贫任务。其一，2017年最低20%收入组农户的人均可支配收入为3302元，仅略高于当年扶贫标准（3242元）。而这部分人口将来也存在面临新的贫困状况的可能性。其二，未来中国将以更高的扶贫标准继续实施减贫战略。世界银行从2017年10月开始，按2011年不变价为低收入国家、中等偏下收入国家、中等偏上收入国家和高收入国家，确立了不同的购买力平价收入标准，作为绝对贫困线，分别为每天1.9美元、3.2美元、5.5美元和21.7美元[①]。中国已经处于中等偏上收入国家中较高收入的位置，2020年之后必然会以更高的扶贫标准实施减贫战略。

三 以改革为出发点的减税降费

减税降费是一个重要且有效的政策工具。针对中国当前面临的问题，应该将其作为供给侧结构性改革措施予以推动，而不是当作宏观经济刺激政策来实施。如果一个经济体处于这样的状态，即总体税负与公共财政支出的要

---

① Francisco Ferreira and Carolina Sanchez, "A Richer Array of International Poverty Lines", *Let's Talk Development*, October 13, 2017, http://blogs.worldbank.org/developmenttalk.

求大体适应，政府公共品供给与社会需求总体均衡，则旨在鼓励企业投资和居民消费的减税措施，更接近于一种在需求遭到冲击情况下的刺激政策。很显然，有些经济学家建议临时性减税，或者有人建议在实施减税措施时不必拘泥于财政赤字率的束缚，其政策含义就是把减税作为宏观经济的刺激手段使用。①

然而，在不尽相同的情形下，譬如在中国经济体制现状和经济形势下，实施减税降费则更主要是一项改革任务。首先，由于体制机制的原因，中国企业特别是中小微型企业的运行、研发和创新活动，乃至整体经济活动都面临着较重的税费负担。其次，个人所得税的设计尚未充分体现累进性质，中等收入者税负偏重，过高收入还没有得到有效调节。最后，为了实现减税降费后政府财政收支的自我平衡，需要对政府职能进行重新定位，进一步简政放权和推进"放管服"改革。可见，减税降费作为供给侧结构性改革的任务来实施，可以实现改革的预期目的。此外，中国经济目前并不存在增长缺口，因而不需要把减税降费作为刺激手段。

这也就是说，虽然都是进行减税，将其置于政策工具箱的哪个位置，让实施减税政策服务于不尽相同的目的，可能产生大相径庭的政策效果。因此，减税政策的正确定位有利于明晰政策目标，提高实施效果。在市场经济条件下，创业、创新和守成，都必然接受创造性破坏的考验，企业参与市场竞争也必然经历优胜劣汰的洗礼。然而，一些中小企业和微型企业在获取资源方面，并未能与大企业面临同等的竞争条件。因此，通过减税降费帮助中小企业和微型企业，促进创业活动，一旦达到稳定企业和稳定增长的目的，也就稳定了就业，稳定了民生。我们可以通过比较，从几个方面认识这个问题，验证这里做出的结论。

首先，那种必须靠扩大政府赤字才能实施的减税，其实就是为了刺激宏

---

① 例如，在2019年《财经》年会上，魏尚进提出在具体施行减税降费时，政府应该考虑临时性的减税，http://economy.caijing.com.cn/20181113/4535612.shtml，2019年2月3日；余永定则主张财政货币双扩张，扩大财政赤字率，https://finance.qq.com/original/caijingzhiku/yuyongding0103.html，2019年2月3日。

观经济而采取的扩张性财政政策。例如，从美国特朗普政府出于选票的短期考虑，以刺激经济增长为目的而实施的减税政策在2018年的表现结果看，无论是否能够找到与经济增长速度和失业率之间的直接因果关系，但是，其造成政府税收收入的显著减少，根本不能实现财政自我平衡，致使联邦赤字扩大了17%①，则是不容置疑的事实。

其次，把减税降费作为供给侧结构性改革的任务来实施，一方面旨在转变政府职能，减少政府对微观经济行为和投资活动的直接介入；另一方面旨在减轻企业过重的税费负担，可以改善营商环境，激励创业和创新，提高潜在增长率。世界银行和普华永道的国际案例比较研究表明，2017年，就中等规模的制造业企业而言，中国的总税费率（各类税收和规定缴费在税前利润中的比重）为64.9%，比全球190个经济体的平均水平（40.4%）高出24.5个百分点。②可见，减税作为供给侧结构性改革措施，具有减轻企业负担从而提高潜在增长率的潜力，因而可以在不搞大水漫灌式刺激的情况下改善宏观经济景气状况。

再次，作为改革措施的减税，在政府收入和支出上具有自我平衡的特点，即通过所谓"拉弗曲线"效应，在降低税率从而减轻企业和个人税负负担的同时，因改善经济增长表现而扩大税收总规模。据说由美国经济学家拉弗（Arthur Laffer）画在餐巾纸上的所谓"拉弗曲线"（即"减税曲线"），尝试以一条抛物线表示税率与税收水平之间的关系，说明税收总量并非随着税率提高而增加，而是在税率超过某一临界水平后，税收总额不增反降。虽然这个说法曾经被当作美国新自由主义政策主张的一个理论依据，却从未被证明产生了预期效果，但是，这个道理说明，合理设计的减税降费措施，可以从供给侧产生提高潜在增长率的效果，并实现减税政策的自我平衡。相反，通过扩大赤字实现的减税，则意味着这一举措只是一种刺激需求的

---

① Jim Tankersley, "No, Trump's Tax Cut Isn't Paying for Itself," *The New York Times International Edition*, October 19, 2018.
② PwC and the World Bank Group, *Paying Taxes 2019: In-depth Analysis on Tax Systems in 190 Economies*, https://www.pwccn.com/en/services/tax/publications/paying-taxes-2019.html.

手段。

最后,作为改革措施的减税降费措施,应该具有提高市场竞争公平性和收入分配累进性的政策效果,即有利于中小微企业减负和低收入群体增收。不同于特朗普政府对于低收入和中等收入群体、中小企业和创业者的无动于衷,从而致使减税的收益最终集中到大资本所有者和最富有的少数人群的情形,中国实施各种经济社会政策的出发点是以人民为中心,对稳就业、稳金融、稳外贸、稳外资、稳投资、稳预期的要求是一个整体,因此,实施减税政策应着眼于创造更加公平的竞争环境,建立优胜劣汰或创造性破坏的机制。

四 积极就业政策3.0

在20世纪90年代中期以前,中国劳动力转移配置的市场化程度很低,宏观经济政策调控目标中没有明确的就业要求。自经历了20世纪后期就业冲击和劳动力市场改革,中国政府于21世纪初就确立了积极就业政策,2002年党的十六大报告提出实行促进就业的长期战略和政策,将促进经济增长、增加就业、稳定物价和保持国际收支平衡列为宏观调控主要目标。此为"积极就业政策1.0"。为应对世界金融危机提出了更加积极的就业政策,党的十八大提出实施就业优先战略和更加积极的就业政策,政策内容更加充实。此为"积极就业政策2.0"。

为了从理念上更能强调保障民生的重要性以及解决好就业问题在其中的突出位置,在中央文件以及各种重要政策表述中,一直都是把确立和实现就业目标作为一项民生保障的要求,归入社会政策的范畴。如果说在政策表达中这样处理有利于提高就业政策优先地位的话,在政策实施层面未能把就业政策纳入宏观经济政策体系中,则会导致稳定就业的政策在政策工具箱中的位置不恰当,也就造成稳定就业的措施难以同货币政策和财政政策等宏观经济政策有效衔接,就业目标的优先序也容易在政策实施中被忽略。

以2018年7月31日中共中央政治局提出"做好稳就业、稳金融、稳外贸、稳外资、稳投资、稳预期工作"要求，并把稳就业作为"六稳"之首为标志，开启了"积极就业政策3.0"的时代。通过对积极就业政策在政策工具箱中位置的调整，即把实现充分就业的目标以及劳动力市场各类信号纳入宏观经济政策抉择中予以考量、决策和执行，积极就业政策才可能真正落实，宏观经济政策终极目标和底线才更加清晰且可操作，民生才能得到更好的保障。

最重要的劳动力市场指标是失业率。长期以来官方统计发布城镇登记失业率数据，该数字长期稳定在4%左右，变动幅度极其微小，也意味着对劳动力市场变化不敏感。由此我们可以将其视为不受周期性因素影响的自然失业率即结构性失业率和摩擦性失业率之和。至于国际劳工组织建议的城镇调查失业率，在20世纪90年代末和21世纪初经历了大幅攀升之后逐渐得到改善，自2008年之后稳定在5%上下的水平。

在积极就业政策1.0版和2.0版的执行中，之所以对劳动力市场冲击做出及时反应的政策手段始终未能在宏观经济政策工具箱中得到充分体现，一个关键的制约因素就是失业率等劳动力市场信息不健全以及难以理解。应该如何理解城镇登记失业率与城镇调查失业率，并通过这两个指标及其关系认识当前中国的劳动力市场状况呢？通过考察和回答这样的问题，我们随后可以看到，第一，中国劳动力市场已经具备了典型的指引性指标，以及据此做出反应的劳动力市场行为，都为宏观经济政策决策创造了条件。第二，迄今为止中国经济处于充分就业状态，应避免出台刺激性的宏观经济政策。

在具有劳动力剩余特征的二元经济发展时期，中国城镇劳动力市场遭遇的最大的也是最后一次冲击，始于20世纪90年代中期，其影响延续此后大约十年。在21世纪第一个十年中，随着劳动力供求关系发生了根本性逆转，二元经济发展特征逐渐式微，中国经济进入了全新的发展阶段。在2008年前后，一系列经济发展指标和劳动力市场指标如失业率，不仅发生了数量上的变化，也发生了性质上的变化。

直接观察和计量估计都表明，至少在2008年之前，4%左右的城镇登记

失业率总体上处在自然失业率水平上①，因而，较高的调查失业率与相当于登记失业率水平的自然失业率之间的差，则是对宏观经济更为敏感的周期性失业率。并且，由于农民工不能享受城市的失业保险，一方面无力承受在城镇处于失业状态，另一方面却可以依托承包地（农业）这个剩余劳动力蓄水池，他们一旦离开工作岗位通常会返乡务农，他们的劳动力市场状况既不影响自然失业率，也不影响周期性失业率。而当时城镇户籍人口的就业常常受到政策保护，积极就业政策也取得了较好效果，所以，除了就业冲击最严重的2000年前后，周期性失业率并不敏感。

然而，如今情况发生了变化。由于农业中劳动力长期短缺，近年来农业机械替代劳动力的进程非常快，农业已经不再承担剩余劳动力蓄水池的功能；而且，新一代农民工大多没有务农经验，也没有务农预期和意愿，同时，现在农村家庭的收入状况也使他们能够承受短期不就业，因此，即便遭遇城镇就业困难，他们中很多人也不会返乡。同时，他们能够并且乐于依靠接受较低的工资水平而渡过求职期。这样，农民工的劳动力市场状况已经开始影响自然失业率以及周期性失业率。此外，更多的城镇户籍人口处于灵活就业状态，遭遇自然失业和周期性失业的概率都增大了。

由于2008年以来调查失业率即保持在5%左右，按照自然失业率的定义（即不直接受宏观经济周期性影响而相对稳定的失业率），如今我们可以把5%的失业率水平看作自然失业率。以此为基准，目前的经济增长可以满足充分就业的要求，因而仍然处于合理区间，无须急于出台强刺激性宏观经济政策措施。如果一旦经济增长速度低于潜在增长率，则会发生周期性失业现象，即调查失业率显著高于5%。那时，便是使出刺激性宏观经济政策工具的时机了。

五 结语和政策建议

虽然自2012年以来中国经济增长一直处于下行趋势，但是，迄今为止

---

① 对自然失业率进行的实际估计请见都阳、陆旸《中国的自然失业率水平及其含义》，《世界经济》2011年第4期。

GDP增长率与潜在增长能力是相适应的。对劳动力市场状况的观察，也显示中国经济处在充分就业的增长区间。这意味着，目前不宜对宏观经济采取大水漫灌式的强刺激措施。与此同时，中国经济也面临着国际国内复杂局面造成的不确定性，以及从高速增长向高质量发展转变的严峻挑战，一方面面临着可能发生的外部需求侧冲击，另一方面供给侧潜在增长率仍有巨大的提高潜力。因此，充实和调整宏观经济政策工具箱，在当前是一项需要置于重要优先序的任务，唯此才能未雨绸缪，做好充分的政策储备和应对准备。充实和调整政策工具箱，本身也是一项艰巨的改革任务，应该立足于达到以下目标，予以积极推进。

首先，围绕能够改善生产要素供给和配置从而提高潜在增长率的方面，继续深化经济体制改革，特别是推进供给侧结构性改革。至于诸多在供给侧和需求侧都具有促进和稳定经济增长效果的改革领域，因其能够创造真金白银和立竿见影的改革红利，应该在改革时间表上予以优先安排，以紧迫的节奏加快推进。例如，以农民工市民化为核心的户籍制度改革，既有助于稳定劳动力供给和提高资源配置效率，又能够扩大消费需求和平衡需求结构。又如，围绕减税降费进行改革，既减轻企业负担，又有助于改善经营环境、提振投资者和经营者信心。从这个出发点看，提高纳税的便利性也应该是减税降费改革的重要内容，符合简政放权和"放管服"改革方向，可以取得改善营商环境的效果。

其次，坚持民生导向，推进收入分配制度改革，织紧社会保障网，实现社会政策托底，既是为推进供给侧结构性改革保驾护航，也是应对经济下行压力和可能出现的劳动力市场未雨绸缪之举。党的十八大以来，中国在民生领域取得了新的更大的进展。但是，这个领域仍然存在诸多短板需要加快补齐，最紧迫的莫过于加大政策实施力度，缩小城乡之间、地区之间、户籍身份之间和就业性质之间的基本公共服务差异。而且，在资源有限的条件下，以基本公共服务均等化为突破口提高社会政策托底水平，可以取得纲举目张的效果。

最后，实施升级版的积极就业政策，加强劳动力市场指标的统计、采集

和分析，为把握宏观经济政策底线及取向提供更加可靠的依据。把积极就业政策纳入宏观经济政策工具箱，把失业率稳定在自然失业水平上，守住实现充分就业这个经济增长速度底线要求。政策工具箱中社会政策托底措施充实有效，也是守住民生底线的关键。同时，实施积极就业政策3.0，还有更加积极进取的任务。把实际失业率稳定在自然失业水平上，固然满足了充分就业的目标，但是，自然失业率也不是一成不变的。通过改善技能培训和提高职介服务效率、扩大公共就业服务覆盖面，可以显著提高劳动力市场的匹配水平，降低自然失业率本身。

总报告
General Report

B.1
2020年中国经济形势分析与预测

中国社会科学院宏观经济研究中心课题组*

摘　要： 2019年，全球经济贸易增速显著放缓，主要经济体经济增速普遍回落，预计中国经济增长6.1%左右。2020年，全球经济

---

* 中国社会科学院宏观经济研究中心课题组总负责人：谢伏瞻，中国社会科学院院长、党组书记、学部主席团主席，主要研究方向为宏观经济政策、公共政策、区域发展政策等；执行负责人：蔡昉，中国社会科学院副院长、党组成员、学部委员，主要研究方向为人口与劳动经济学、发展经济学等；执笔人：李雪松，中国社会科学院工业经济研究所党委书记、副所长、研究员，主要研究方向为宏观经济政策、经济政策效应评价等；汪红驹，中国社会科学院财经战略研究院综合战略研究部主任、研究员，主要研究方向为宏观经济监测、货币金融政策等；冯明，中国社会科学院财经战略研究院综合战略研究部副主任、副研究员，主要研究方向为宏观经济学、国际金融、货币财税政策分析等；娄峰，中国社会科学院数量经济与技术经济研究所经济系统分析室主任、研究员，主要研究方向为宏观经济预测、经济模拟分析等；李双双，中国社会科学院财经战略研究院助理研究员，主要研究方向为开放宏观经济、国际贸易等；张彬斌，中国社会科学院财经战略研究院助理研究员，主要研究方向为发展经济学、劳动经济学等。

有望出现温和回升，预计中国经济增长6.0%左右，CPI上涨3.4%左右。建议加大逆周期调节力度，保持就业在合理水平，增强经济发展韧性；加快推动经济体制改革，调动各方面的积极性，提升增长内生动力；打赢精准脱贫攻坚战，继续打好防范化解重大风险和污染治理攻坚战。2020年要抓好以下重点工作任务：圆满完成全面建成小康社会目标，深挖国内消费和投资需求潜力，加快实施创新驱动发展战略，加快推进重点领域体制机制改革，努力提高对内对外开放水平，促进区域城乡协调发展，加强保障和改善民生。

关键词： 中国经济　逆周期调节　增长动力　高质量发展

2019年，面对国内外风险挑战明显增多的复杂局面，我国经济延续了总体平稳、稳中有进的发展态势，就业比较充分，三大攻坚战成效明显，各项工作取得积极成效。

一　国际经济环境和基本走势

当前，国际贸易紧张局势波谲云诡，英国脱欧延宕不决，金融市场脆弱性累积，企业和私人债务高企，全球经济贸易增速显著放缓，主要经济体经济增速普遍回落。

（一）2019年全球经济贸易增速显著放缓

2019年全球化进程持续受挫，贸易保护主义蔓延，多边主义和多边贸易体制遭遇生存危机，国际贸易和投资增长受到拖累，全球价值链遭到破坏，全球经济增长愈加疲软。英国脱欧久拖不决，"硬脱欧"风险加剧，欧洲在一体化岔路口徘徊难行。2019年4月以来，全球制造业PMI一直维持在荣枯线以下，世界经济活动存在萎缩风险。预计2019年世界经济增长

3.0%，比2018年回落0.7个百分点。主要发达经济体增速一致下行，经济增速均不及2018年，美欧经济增速降幅较大。预计2019年美国经济增长2.2%，欧元区经济增长1.2%，均比2018年回落0.7个百分点。新兴经济体下行压力加大，在金砖国家中，除南非或与2018年持平外，印度、俄罗斯、巴西经济增速均同步回落。印度经济增速降幅明显，预计2019年增长6.0%，比2018年回落1.3个百分点。东盟五国除马来西亚外，经济增速普遍下降。2019年，全球贸易回升进程受挫，贸易紧张局势拖累全球贸易增速同比显著回落，国际贸易增速可能降到1.2%，比2018年大幅回落1.6个百分点。

（二）2020年全球经济有望温和回升，但不稳定不确定因素增多

IMF在2019年10月发布的报告认为，2020年各经济体增长步调预计将出现分化，全球经济增速可能从2019年的低谷中温和回升0.4个百分点到3.4%。但由于不稳定不确定因素增多，该预测值面临着下行风险，下行风险可能来自贸易情势恶化、英国脱欧干扰以及金融市场突然涌现避险情绪等。中美经贸摩擦具有长期性、复杂性、反复性。发达经济体2020年整体增速预计和2019年持平。美国随着财政刺激措施解除，2020年增长预期将小幅减缓至2.1%。日本消费税率增长或将对经济增长产生不良影响，2020年增速预期降至0.6%。随着德国汽车产业受到欧洲新环保标准的负面影响逐渐减弱，以及法国和意大利经济回升，欧元区经济增速2020年有望企稳回升。新兴经济体经济增速虽然分化依旧，但是受益于经济刺激政策，绝大部分国家经济增速有望实现同步回升，加之陷入经济动荡国家逐渐走出困境，将可能拉升整体经济增速至4.7%，并对全球经济形成一定程度的支撑。金砖国家中印度、俄罗斯、巴西、南非经济增速预期同步回升。亚洲整体经济增速走势保持平稳，东盟国家经济增速则会企稳。非洲国家经济有望继续保持稳健复苏，中东石油输出国和欧洲新兴国家的经济增长有望反弹，土耳其、墨西哥、委内瑞拉、阿根廷等金融稳定受挫的新兴经济体预计将逐渐走出困境，经济恢复性增长或衰退显著收窄。然而，由于经济增长主要来

源于欧元区及新兴经济体的恢复性增长，且各国政策空间收窄，全球经济增长依然缺乏稳定基础，面临着下行风险。

二 国内经济环境和基本走势

2019年，全球经济增速较低，中美经贸摩擦影响加深，叠加国内经济转型升级阵痛和既有的结构性体制性矛盾，经济发展面临的内外风险明显增多。我国在加快推动改革开放创新、加强逆周期调节等政策综合作用下，预计2019年经济增长6.1%左右。

（一）经济运行总体平稳，下行压力加大

当前美国大选逐渐升温，中国"十三五"规划面临收官，中美经贸谈判即使能够取得阶段性成果，但双方的根本分歧难以消除。美方已经采取的加征关税措施对我国高科技产业、对美出口制造业及相关产业链的消极影响持续显现，部分企业特别是民营企业经营较为困难。在加大逆周期调节以及"六稳"政策作用下，预计2020年中国经济增长6.0%左右。

（二）就业情况好于预期，潜在压力犹存

2019年各类就业优先政策措施持续发力，城镇新增就业目标提前实现，城镇调查失业率低于5.5%左右的预期目标。中美贸易摩擦导致的国际贸易环境前景不确定，制造业对美出口显著下降，临时性用工和常规性用工均持续回落。部分企业生产基地外迁，导致就业机会外移。近年来，我国出口依存度明显回落，出口增速减弱对就业的影响有所降低；劳动年龄人口、就业人口及劳动参与率下降，就业压力相对减轻；经济规模显著扩大，服务业占比提高，吸纳就业能力增强；中西部地区吸纳的农村外出务工人员显著提高；稳就业政策对特定群体发挥了很好的效应，新业态和灵活就业群体日益扩大。在这些因素共同作用下，对美出口企业生产收缩及企业外迁产生的就

业压力总体上处于可控状态，就业韧性较好，就业情况总体好于预期。2020年，需持续关注外部环境不确定不稳定因素对就业的潜在影响。

（三）消费物价走高，工业生产者出厂价格走弱

2019年居民消费价格指数（CPI）走高与工业生产者出厂价格指数（PPI）走弱分化背离，2020年这一态势会继续保持一段时间。影响消费物价的因素包括：能繁母猪、生猪存栏量仍然低于正常值，猪肉供需在相当一段时间内仍然紧张，猪肉价格可能继续上涨一段时间，替代性产品牛肉、羊肉、禽肉、水产品等的价格也相应出现不同程度上涨；玉米等农产品去库存导致价格走高，小麦、大米等粮食价格可能存在上涨风险；医疗、房租等服务商品价格持续走高。导致PPI走弱的因素包括：国际经济增长放缓，国际油价保持相对低位，进口规模收缩等。这些因素趋向压低我国进口价格，投资需求疲弱和增速回落抑制了工业品出厂价格。总体上看，2020年经济增长存在下行压力，总需求不会大幅扩张，CPI不具备大幅上涨的基础，但推动CPI上涨的供给冲击因素仍不容忽视。

（四）外贸增速趋缓，外汇储备基本稳定

2019年随着中美经贸摩擦升级，我国对美进出口显著下降（以美元计），下降幅度超过预期。服务贸易逆差有所收窄，国际收支整体趋于改善。2020年，国际经济可能温和回升，但仍存在下行风险，需要继续实施稳外贸和稳外资政策。预计2020年我国货物进出口（以美元计）有望实现小幅正增长，外汇储备规模保持基本稳定。

（五）货币流动性基本适度，金融市场信用分化

2019年社会融资规模增速扭转了自2017年下半年开始的快速持续下降态势，出现了恢复性上行。值得注意的是，人民币贷款余额同比增速边际上有所放缓。贷款市场利率并轨改革启动以来，贷款市场报价利率（LPR）出现一定幅度下调。金融市场信用分化明显，在政策利率基本稳定、高等级信

用债利差下行的同时，中低等级信用债利差仍有所扩大，主要原因在于中小银行和影子银行信用收缩、传统行业和中小民营企业转型升级较为艰难。

三 2020年中国经济预测

当前全球经济贸易增速放缓，2020年外部不稳定不确定因素增加，国内周期性问题与结构性矛盾叠加，经济运行面临的风险挑战仍然较多。在各项宏观调控政策综合作用下，预计2020年中国经济增长6.0%左右。其中，第一产业增加值增长3.2%，第二产业增加值增长5.4%，第三产业增加值增长6.9%。

预计2020年全社会固定资产投资将达到71.6万亿元，名义增长5.5%，增速比2019年提高0.4个百分点。其中，房地产投资名义增长8.0%，基础设施投资名义增长5.5%，制造业投资名义增长4.0%。预计2020年社会消费品零售总额将达到44.4万亿元，名义增长7.8%，增速比上年回落0.3个百分点。预计2020年进出口有望实现小幅正增长，货物贸易顺差有所收窄。

预计2020年居民消费价格指数（CPI）上涨3.4%，核心CPI上涨2.0%，工业生产者出厂价格指数（PPI）下降0.5%。

预计2020年农村居民人均纯收入和城镇居民人均可支配收入分别实际增长6.2%和5.1%，农村居民人均纯收入实际增速持续10年高于城镇居民人均可支配收入实际增速。预计2020年我国财政收入19.6万亿元，增长3.2%，财政支出26.0万亿元，增长7.9%。

表1列出了2019~2020年国民经济主要指标的预测结果。

表1 2019~2020年国民经济主要指标预测

指标名称	2018年统计值	2019年预测值	2020年预测值
1. 总量			
GDP增长率（%）	6.6	6.1	6.0
2. 产业			
第一产业增加值增长率（%）	3.5	3.3	3.2

续表

指标名称	2018年统计值	2019年预测值	2020年预测值
第二产业增加值增长率（%）	5.8	5.5	5.4
第三产业增加值增长率（%）	7.6	7.0	6.9
3. 投资			
全社会固定资产投资（亿元）	645680	678610	715930
名义增长率（%）	5.9	5.1	5.5
房地产投资（亿元）	120260	132170	142740
房地产投资名义增长率（%）	8.3	9.9	8.0
基础设施投资（亿元）	176180	183230	193300
基础设施投资名义增长率（%）	1.8	4.0	5.5
制造业投资（亿元）	212010	217950	226660
制造业投资名义增长率（%）	9.5	2.8	4.0
4. 消费			
社会消费品零售总额（亿元）	380990	411850	444050
名义增长率（%）	9.0	8.1	7.8
5. 外贸			
进口总额（亿美元）	21360	20210	20760
进口增长率（%）	15.8	-5.4	2.7
出口总额（亿美元）	24870	24770	25140
出口增长率（%）	9.9	-0.4	1.5
货物贸易顺差（亿美元）	3510	4560	4380
6. 价格			
工业生产者出厂价格指数（PPI）上涨率（%）	3.5	-0.4	-0.5
居民消费价格指数（CPI）上涨率（%）	2.1	2.8	3.4
核心CPI上涨率（%）	1.9	1.8	2.0
投资品价格指数上涨率（%）	5.4	2.8	2.9
GDP平减指数（%）	2.9	1.7	1.9
7. 居民收入			
城镇居民人均可支配收入实际增长率（%）	5.6	5.4	5.1
农村居民人均纯收入实际增长率（%）	6.6	6.4	6.2
8. 财政收支			
财政收入（亿元）	183350	189770	195910
财政收入增长率（%）	6.2	3.5	3.2
财政支出（亿元）	220900	240790	259860
财政支出增长率（%）	8.7	9.0	7.9

续表

指标名称	2018年统计值	2019年预测值	2020年预测值
财政收支差额（亿元）	-37550	-51020	-63950
9. 货币金融			
新增贷款（亿元）	161650	167690	180940
各项存款余额（亿元）	1775230	1919270	2073160
各项存款余额增长率（%）	8.2	8.1	8.0
M2（亿元）	1826740	1980190	2142570
M2增长率（%）	8.1	8.4	8.3
各项贷款余额（亿元）	1362970	1530660	1711660
各项贷款余额增长率（%）	13.5	12.3	11.8
社会融资总额（亿元）	192580	224740	230350
10. 运输与能源			
铁路货运量（亿吨）	40.3	42.7	44.9
铁路货运量增长率（%）	9.1	6.0	5.2
全社会用电量（亿千瓦时）	68450	71390	74190
全社会用电量增长率（%）	8.5	4.3	3.9

四 做好2020年经济工作的政策建议

2020年是全面建成小康社会收官之年，也是"十三五"规划收官之年，着力提升增长内生动力，增强经济发展韧性，推动经济高质量发展，有效防范化解风险。要统筹国内外两个大局，增强底线思维，集中精力办好自己的事，促进就业稳定增长，保持物价基本稳定，扎实做好民生保障工作，确保经济平稳运行与社会和谐稳定，圆满完成全面建成小康社会的目标。

当前，我国发展仍处于重要战略机遇期，要把握世界百年未有之大变局，凝心聚力、化危为机，为中华民族伟大复兴奠定坚实基础。要善于紧扣重要战略机遇期新内涵，加快经济结构优化升级，提升科技创新能力，深化改革开放，加快绿色发展，参与全球经济治理体系变革，变压力为加快推动经济高质量发展的动力。

（一）加大逆周期调节力度，保持就业在合理水平，增强经济发展韧性

当前，我国经济运行总体平稳，就业总体充分，但新旧动能转换尚未完成，加之复杂多变的外部环境，导致经济下行压力和潜在性就业压力犹存。为使经济增长和就业继续保持在合理水平，需要加大逆周期调节力度，增强经济发展韧性。

第一，积极的财政政策要加力增效，优化并落实落细减税降费政策，适当提高赤字率，增加债券发行。一是落实落细减税降费政策，优化减税降费政策的传导机制。二是适当提高赤字率，将名义赤字率从2019年的2.6%提高到2020年的3%左右，重点支持职业教育和托幼、医疗、养老等民生事业以及科技、生态补短板。三是增加一般债券和专项债券发行，将专项债从2019年的2.15万亿元提高到2020年3.0万亿元以上，适度扩大专项债资金充当重大基建项目资本金的项目范围，发挥杠杆效应，重点支持铁路、轨道交通、城市停车场等交通基础设施，城乡电网、天然气管网、储气储油设施、可再生资源等能源项目，农林水利、城镇污水垃圾处理等生态环保项目，冷链物流、水电气热等市政和产业园区基础设施。四是以绩效为导向调整财政支出结构，加大对制造业转型升级和技术改造的支持力度。制定支持企业设备更新改造、激发企业内在活力、促进产业转型升级的政策措施。五是增加对困难群体的转移支付力度。对在去产能、环保治理、中美贸易摩擦过程中受负面影响较大的群体，出台有针对性的专项政策加以扶持，帮其度过转型困难期。

第二，稳健的货币政策要松紧适度，保持流动性在合理水平，深化利率市场化改革，适度引导市场利率下行。一是管好货币总闸门，确保社会融资规模增速与名义经济增速相适应，既要保证流动性合理稳定，又要防止宏观杠杆率明显上升。二是综合考虑国内经济金融周期、价格变化和国际经济金融环境，利用美联储货币政策调整的契机，通过LPR改革引导基础利率下行，顺周期降低各类融资主体的实际融资成本。三是增强商业银行的风险识

别、定价、管理能力，推动银行多渠道补充资本金，在实质性推进利率市场化的过程中，实现信贷投放结构与产业结构转型升级的方向相吻合。四是保持人民币汇率在合理均衡水平上的基本稳定。

第三，实施就业优先政策，优化中西部和东北地区的营商环境，加大技能培训力度，稳岗增岗扩就业。一是着力优化中西部和东北地区的营商环境，研究产业链跨区域转移合作的利益共享机制，引导一部分成长前景好、就业带动力强的拟外迁企业继续留在国内或优先向中西部或东北地区转移，避免制造业及其就业机会过快流出国门。二是加大技能培训力度，积极应对局部地区因出口和生产下滑而带来的就业压力。三是持续促进高技术产业发展振兴，增强其就业创业带动能力。

（二）加快推动经济体制改革，调动各方面的积极性，提升增长内生动力

经济体制改革的核心问题是处理好政府和市场的关系，使市场在资源配置中起决定性作用和更好发挥政府作用。当前，要加快推动经济体制改革，调动各方面的积极性，激发各方面的活力，提升经济增长内生动力。

第一，深化国企国资和市场准入改革，调动企业家投资的积极性。要完善发展混合所有制经济实施办法。按照竞争中性原则，在要素获取、准入许可、政府采购和招投标等方面，对各类所有制企业平等对待。严格保护各类产权，激励企业家创业创新，弘扬企业家精神，着力激发微观主体活力。要按照负面清单放宽市场准入，全面优化营商环境，调动企业家投资的积极性，加快释放经济增长新动能。

第二，深化财税体制改革，调动地方政府推动经济高质量发展和大胆进行改革探索的积极性。按照有利于实体经济高质量发展、有利于调动各方面的积极性和激发微观主体活力的要求，加快财政体制改革，健全预算管理制度，完善税收制度。建立权责清晰、财力协调、区域均衡的中央和地方财政关系；全面实施预算绩效管理，加快建成全方位、全过程、全覆盖的预算绩效管理体系；加强地方政府债务管理，积极防范化解地方政府债务风险，促

进经济持续健康发展。健全地方税体系。推进增值税改革，落实增值税中央地方五五分成比例，降低和简化税率；调整消费税征收范围、环节、税率；建立综合与分类相结合的个人所得税制；加快资源税改革。

第三，深化科技体制和金融供给侧结构性改革，调动研发人员投身科技创新积极性。深化科技体制改革，提升重大科技项目组织水平，提高国家研发资金使用绩效。对一些重要的卡脖子环节、领域、产品及颠覆性技术以及具有弯道超车性质的核心技术等加大科技创新投入与支持力度。加强知识产权保护，加大侵权处罚力度。按照有利于经济高质量发展的要求，加快金融供给侧结构性改革，疏通货币政策传导渠道，增强金融服务实体经济和科技创新能力，大力促进有助于科技创新的金融服务发展。构建风险投资、银行信贷、债券市场、股票市场等全方位、多层次金融支持服务体系，全方位调动各主体和研发人员科技创新的积极性。

第四，深化农村土地制度改革，调动城乡居民发展的积极性和创造性。积极推进农业生产现代化，在符合规划和用途管制前提下，允许农村集体经营性建设用地出让、租赁、入股，发展乡村工业及医疗、教育、养老、旅游等服务业。研究探索试点农村宅基地在更大范围农村地区居民中流转，探索农村富余宅基地用于城乡合作建房的新模式和改革路径，提升经济发展活力和增长潜力。建立兼顾国家、集体、个人的土地增值收益分配机制，合理提高个人收益，着力调动城乡居民发展的积极性和创造性。

（三）打赢精准脱贫攻坚战，继续打好防范化解重大风险和污染治理攻坚战

第一，打赢精准脱贫攻坚战。2020年要高质量打赢脱贫攻坚战，确保现行标准下的贫困人口全部脱贫，贫困县全部摘帽，区域性整体贫困全面消除，深度贫困问题实质性减轻。针对冲刺阶段仍然存在的深度贫困问题，持续投入各方面力量，创新扶贫方式和机制，采取超常规措施，确保全面脱贫无人掉队。严格执行退出标准和程序，确保脱真贫、真脱贫。以真正脱贫和精准脱贫为原则，扎实开展扶贫攻坚成果验收工作。密切关注新脱贫群体、

贫困边缘群体收入增长情况，以巩固内生发展动力为着力点确保扶贫成果持续性，脱贫不返贫。

第二，继续打好防范化解重大风险攻坚战。把握好风险处置的节奏和力度，切实防范化解金融风险，妥善应对财政收支压力。

在金融领域，建立高风险金融机构市场化处置机制，加快银行业补资本工作。一是把握好处置中小银行风险的节奏和力度，守住不发生系统性风险特别是流动性风险的底线。在有序化解中小银行存量风险、规范公司治理的同时，避免中小银行自身及其下游相关主体出现信用收缩从而引爆更大范围的流动性风险。尤其须要防范中小银行信用收缩向非银金融机构、城投公司和地方政府传导转移。二是做好重点行业、重点区域以及小微企业的贷款不良率管控，加强不良资产处置化解，加快银行业补资本工作。遵循金融机构经营规律，鼓励银行按照市场化原则支持小微企业，不搞行政命令一刀切。三是健全资本市场风险处置机制，做好股票质押、债券违约、私募基金和场外配资等风险防范化解。建立针对民企的债券市场信用风险市场化处置机制。健全新型风险监测和处置机制，打击新型非法融资。在扩大金融开放的同时，加强跨境资金流动监测，警惕并有效防控跨境资金大进大出风险。

在房地产领域，把握好处置房地产风险的节奏和力度，防止刺破房地产泡沫引发金融风险。继续落实好"房住不炒、分城施策"。既不能大水漫灌，又要优化房企融资需求，满足合理融资需求，人地挂钩增加住房供给。一是跟踪研判重点房地产企业现金流风险情况，避免融资收紧政策导致房地产企业大面积出现现金流风险。二是针对中小房企出现的困难，基于"多兼并、少破产"的原则，推动龙头企业对其实施兼并重组，防止引发金融风险。三是加强对房价的跟踪监测，稳妥做好房地产市场资金管控，把握好处置房地产风险的节奏和力度，防止刺破房地产泡沫引发金融风险。

在财政领域，多措并举，缓解地方政府财政收支平衡压力。一是以"三保"为底线，将保障基本工资发放、保障基本民生资金和保障政府机关运转作为本级政府和上一级政府的首要任务之一，确保养老金按时足额发放。二是依法依规增加国有金融机构和国有企业上缴利润，多渠道缓解财政收支压力，增加中央政府对财政收支压力较大中西部地区和东北地区的转移支付力度。三是确保到期债务兑付，与金融市场相关主体充分沟通，防止局部性财政压力向金融市场传导扩散。四是立足于从中长期视角来看财政收支平衡问题，加强中长期预算滚动编制和动态平衡分析，在容忍赤字周期性扩大的同时，保持财政收支的长期可持续性。

第三，继续打好污染防治攻坚战。既要严格依法依规督察执法，切实打好污染防治攻坚战，又要注重统筹协调，防止顾此失彼。一是巩固已有成果，将打赢蓝天保卫战作为重中之重，加快建立大气污染预防、监测、治理的长效机制。二是完善环境经济政策，引导鼓励煤炭、钢铁、化工、电力等传统行业的企业进行技术改造和设备更新，实现产能绿化。研究出台相关的税收政策和信贷政策对企业产能绿化加以支持。三是继续打好碧水保卫战。加强对河流、湖泊、近海海域水污染的预防、监测、治理。将开发利用与保护防治结合起来，构建良性循环，把握好政策实施的力度和节奏。四是把土壤质量保护和污染治理的重要性提到更高的层面。大气污染和水污染较为显性，近年来受关注度较高，治理成效也较为明显；相比之下，土壤污染是看不见的污染，较为隐性，因而在一些地方受到的重视程度普遍不足。从长期来看，土壤污染不仅会影响农作物生长和食品安全，而且会间接影响地下水的质量。2020年及"十四五"时期，在打好污染防治攻坚战方面应加强对土壤污染治理的重视。

五　2020年经济工作重点任务

为了顺利实现全面建成小康社会和"十三五"规划的主要目标，2020年要抓好以下重点工作任务。

（一）圆满完成全面建成小康社会目标

2020年是我国决胜全面建成小康社会收官之年，全年经济工作应当紧扣全面建成小康社会各项要求，密切关注内外环境和社会主要矛盾的变

化，强弱项补短板，坚决打赢精准脱贫攻坚战，确保全面建成小康社会的时代任务高质量完成。全面小康社会包含经济、政治、文化、社会、生态等领域一系列相辅相成的衡量指标，且需要同时满足优良条件，其中经济发展是中心，其显著特征是发展水平和发展质量显著提高，人民生活普遍更加殷实。

要兼顾深化改革的内在要求、供给侧约束以及稳就业和保稳定的内在需要，推动经济高质量发展，增强底线思维，进一步夯实实体经济基础。要以更扎实的举措推进经济领域改革，为长期向好的发展势头提供动力保障。借助财政、金融以及区域发展政策等措施，加强政策协调配合性，持续增强区域发展的平衡性和协调性。

要高质量推进新型城镇化，扩大基本公共服务覆盖范围，提高服务水平。扎实推进1亿非户籍人口在城市落户工作，深化落实农业转移人口的市民化"人地钱挂钩"配套政策，全面落实租赁房屋的常住人口在城市公共户口落户。巩固乡村振兴成果，并力求在建设美丽乡村、壮大农村产业、完善农村经营制度、改革集体产权制度等领域再上新台阶。立足于"十三五"收官之年的经济社会基础，系统总结全面建成小康社会过程中呈现的优势、暴露的不足、克服困难的经验，展望面向2035年"基本实现现代化"的目标和路径。加快研究"2020后"新致贫因素和潜在风险冲击背景下的持续减贫战略和低收入群体收入持续增长策略。

（二）深挖国内消费和投资需求潜力

当前，我国人均GDP已接近1万美元，总体经济规模位居世界第二，随着人均收入继续提高，市场需求潜力会进一步扩大。要深挖内部需求潜力，壮大新动能，要根据新需求，布局新供给，通过创造新供给，引导新需求，精准施策促进形成强大国内市场。

要深挖消费潜力，促进消费升级，满足人民群众最终需求。多用改革办法扩大消费，少用加杠杆方式透支消费。完善社会保障和失业保险制度，降低居民预防性储蓄，提高居民消费信心。完善政府公共服务体系，政府提供基础教育、医疗、养老等服务，鼓励民间资本投资个性化教育、医疗、养老、文体、旅游等服务业。完善社会诚信制度，加大消费者保护力度，打击食品、药品违法行为，提升各类产品质量，让老百姓吃得放心、穿得称心、用得舒心，倡导优质优价，有效促进境外高端消费回流。调整汽车限购政策，推动汽车限购向限用政策转型，满足居民汽车消费需求，支持居民购买绿色、智能家电。推动夜间经济发展。扩大电子商务进农村覆盖面，加快补上农产品冷链物流短板，活跃城乡线上线下市场。加大高品质服务供给力度，加快"中国服务"品牌的培育和标准建设。

要挖掘投资需求潜力，发挥投资关键作用，促进产业升级。完善法制，加强产权和知识产权保护，优化营商环境，增强民企投资信心。落实外商投资法、负面清单管理和竞争中性原则，推动高水平对外开放，让港澳台企业和外资企业在中国大陆放心投资。把稳定制造业投资作为稳投资的重点，适当降低项目投资资本金比例。加大制造业技术改造和设备更新力度。用好技改专项资金，重点支持制造业企业信息化、数字化、智能化、绿色化改造升级，重大技改升级工程进一步向民营企业倾斜，强化中央财政支持。加快5G商用步伐，加强人工智能、工业互联网、物联网等新型基础设施建设。加大城际交通、物流、市政基础设施等投资力度，加大城镇污水垃圾处理设施建设力度。鼓励地方在省级负总责前提下，完善专向债券管理和项目安排协调机制，加大专项债对基础设施项目的支持力度，适度下调部分领域基础设施等项目资本金最低比例。稳步推进老旧小区改造，加快完善水电气路光纤及电梯等配套设施和养老托幼等生活服务设施。加快人口净流入多的大中城市租赁住房和商品住房建设。补齐农村基础设施和公共服务设施建设短板，加强自然灾害防治能力建设。

（三）加快实施创新驱动发展战略

技术创新是经济新旧动能转换、实现高质量发展的第一推动力。当前制约我国技术创新的主要症结在于科研创新体制不活跃，研发效率低，基础研究占比过低，国家创新体系不完善，难以适应经济高质量发展的需要。中美

经贸摩擦前景的不确定性要求我们进一步凝心聚力，加快实施创新驱动发展战略，多发展拥有自主知识产权的"华为式"创新型企业。

要加大政府支持力度。加大基础研究和应用基础研究支持力度，抓紧布局国家实验室，重组国家重点实验室体系，强化重大科技项目组织管理。

要强化市场运作。要有效发挥企业的创新主体作用以及企业在关键核心技术创新方面的主力军作用，在创新资金运营机制和监管方式方面探索新模式。要主动运用各种新型风险投资基金、创新基金以及产业引导基金来培育和布局企业在战略性新兴产业中的引领示范作用。强化企业在关键产业领域和重点产业链环节的基础和引领作用，健全以企业为主体的产学研用一体化创新机制，支持企业牵头实施重大科技工程。

要推动创新和对外开放的双赢。当今全球产业价值链存在匹配的分工链体系，创新链也存在全球分工链体系，各国在不同产业累积的技术创新能力、在产业创新链的不同环节，均有着各自的核心优势和比较优势，借此机会加强与国外先进技术的合作，从中不断获得技术溢出效应。

要构建企业创新链协同体系。创新是一项系统工程，要布局颠覆性技术，突破"卡脖子"技术，协同创新和集成创新是必由之路。在基础研究领域，以国家重大需求为导向，制定国家基础研究指导战略，显著加大基础研究投入，集中突破关键基础理论；在技术创新领域，以国家重大工程项目需求为导向，发挥政、产、学、研、用协同创新优势，瞄准重点领域协同创新。

（四）加快推进重点领域体制机制改革

要按照服务于经济高质量发展的要求，推进财税体制改革，健全地方税体系。要切实转变政府职能，大幅减少政府对资源的直接配置，强化事中事后监管，凡是市场能自主调节的就让市场来调节，凡是企业能干的就让企业干，充分调动和激发各方面的积极性和创造性。

要深化金融供给侧结构性改革，发展民营银行和社区银行，推动城商行、农商行、农信社业务逐步回归本源。积极发展有助于服务实体经济和科技创新的金融体系。要完善金融基础设施，强化监管和服务能力。资本市场在金融运行中具有牵一发而动全身的作用，要通过深化改革，打造一个规范、透明、开放、有活力、有韧性的资本市场，提高上市公司质量，完善交易制度，完善科创板和注册制的相关制度。

要深化农村土地制度改革，深化农村集体经营性建设用地改革和探索试点农村宅基地流转改革。

（五）努力提高对内对外开放水平

要充分利用开放作为促改革的动力源泉，推动更高水平的开放，进一步开放金融、商务服务等中高端市场，引入更多竞争，激发市场活力。要持续更新市场准入负面清单，加快基础能源、汽车、金融、教育、医疗等市场准入改革，全面优化营商环境。要引入侵权惩罚性赔偿制度，增强民事司法保护和刑事保护力度，提高知识产权保护水平。进一步降低进口关税总水平，削减进口环节成本，提升通关便利化水平，扩大进出口贸易，推动出口市场多元化。加快制定《外商投资法》配套法规及实施细则，积极推动重大外资项目落地。取消外资准入负面清单外针对外资的限制性措施。在商品、要素开放基础上，积极推进制度型开放，构建更加开放包容的制度体系。

要积极推动国际合作，拓展对外发展空间。早日签署区域全面经济伙伴关系协定，尽快达成中欧投资协定、中日韩自由贸易协定，落实与欧盟和东盟的务实合作。积极参与推进WTO改革，尽早加入CPTPP谈判，扩大多边合作范围，促进贸易和投资便利化。继续推进中美经贸磋商，稳定中美关系，赢得稳定发展的外部环境。

要优化国内营商环境，综合统筹"一带一路"建设节奏，防止产业过快向外转移。企业向海外转移在拉低国内经济增速的同时，带来了产业空心化风险，且加剧了同本土企业的竞争。一方面，要持续优化国内营商环境，将出口企业的"母工厂"和核心产业留在国内；另一方面，要综合统筹"一带一路"建设的节奏，防止产业过快向外转移。

（六）促进区域城乡协调发展

区域城乡发展不平衡一方面是我国经济长期以来的一个基本特征，另一方面也为当前形势下挖掘经济发展潜力提供了空间。促进区域城乡协调发展既是全面建成小康社会的基本要求，也是增强中国经济韧性、实现经济高质量发展的有力手段。党的十八大以来，中央先后出台了若干重大区域性发展规划，基本完成了谋篇布局工作。应加快推进有关战略落实落地，全面促进区域城乡协调发展。

要优化要素资源和产业分工在全国的空间布局，统筹推进西部大开发、东北全面振兴、中部地区崛起、东部率先发展。根据土地、劳动力等要素价格变化的新形势，适时引导支持东部地区的部分行业和企业向中西部地区转移。

要加快推进京津冀协同发展、粤港澳大湾区建设、长三角一体化发展。加快推进雄安新区重大工程项目建设，为吸引更多全球创新资源集聚提前布局。稳步推进粤港澳大湾区国际科技创新中心建设。加快创新驱动经济发展，确保三大地区发挥"火车头"的作用，成为引领带动全国经济发展的动力源。着力发挥中心城市的辐射带动力，优化中心城市与外围城市的关系，探索建立以城市圈、城市群为引领的经济发展新模式。要推动长江经济带发展以及黄河流域生态保护和高质量发展。按照生态优先、绿色发展，以水而定、量水而行，因地制宜、分类施策等原则，实施长江和黄河生态环境系统性保护修复，协同全流域治理，推动高质量发展。

要推动城镇化发展和美丽乡村建设，构建适应国情和经济社会发展新阶段的新型城乡关系。在中小城市和一般性大城市户籍政策放开之后，及时加强相关政策配套，提升市政管理水平，确保新落户人口在医疗、教育、养老等方面的基本公共服务能够到位。加快乡村生活性基础设施建设，提升乡村基本公共服务的供给能力和水平。在人口流出较快的乡村，率先探索"后城镇化"时期的乡村社区治理体制机制。

(七)加强保障和改善民生

优化财政支出结构,着力保障民生投入,尽力而为量力而行促进民生持续改善。鼓励社会力量参与改善性公共服务供给,不断满足居民多样化需求。

要坚持就业是最大的民生这一工作思路,继续实施就业优先政策,创新方式方法,促进既定措施细化落实,以统筹做好高校毕业生、农民工、退役军人、岗位转换工人、就业困难人员等群体就业工作为重点,确保就业稳定。坚持以培育成熟的劳动力市场为基础,主要通过市场机制配置劳动力资源从而实现就业均衡。针对外部环境不确定因素在劳动力市场上逐渐显露的新问题,需要有的放矢,增强就业政策的针对性。进一步为企业减负担增活力,优化就业创业环境,持续完善就业服务体系,破除阻碍劳动力自由流动的体制机制障碍,促进扩大就业和提高就业质量。大力实施劳动者职业技能改善提升计划,增强劳动者应对劳动力市场变化的能力。完善失业风险预警机制,根据劳动力市场特征不断优化防范失业风险预案系统。努力保障劳动者收入得到合理增长,千方百计根治农民工欠薪问题。

要拓宽城乡居民增收渠道,多措并举促进增收增长,优化收入分配格局,促进中等收入群体不断壮大,大力增进老百姓消费能力。将"放管服"改革推向深入,强化居民获取更高质量公共服务的便捷性。针对社区养老服务、婴幼儿照料、教育文化等领域需求的扩大,要顺应消费需求的新变化,多渠道增加优质产品和服务供给。在就业、医疗、养老等方面,建立覆盖全国的"保基本"社会安全网。稳妥推进养老保险制度改革,确保2020年底前完成省级统筹的目标。抓紧研究制定方案,加快推进养老保险全国统筹、异地结转,增加便利性,促进劳动力的合理流动。构建多层次养老保障体系,加快完善基本养老金合理调整机制,适当提高给付水平,确保养老金按时足额发放。以城乡居民基本医疗保障覆盖全民为基础,扩大保障范围,提高大病保险保障水平,深化全民医保制度改革。提高农村医疗卫生服务保障水平,充实基层医护人员队伍。促进基础教育均衡发展,完善优质教育资源

共享机制,重点关注中西部相对落后地区教育质量提升,保障低收入家庭学龄子女接受基础教育的权利,尽快提高低收入阶层的人力资本。坚持"房住不炒"政策取向,保证居民合理的住房需求,持续优化农村人居环境,增强农村居民获得感。

要保障市场供应和价格稳定。对猪肉等重点民生物资加强逆周期调节。密切监测非洲猪瘟疫情传播情况,加强疫情防控,特别是防止疫情跨地域传染扩散。稳定养殖企业和农户的情绪,给予生猪养殖户适当补贴,加强正面引导。推广生猪养殖险等农业保险,增强养殖企业和农户的抗风险能力。坚决打击游资炒作和囤积行为,防范猪肉价格异常波动。给予低收入阶层适当价格补贴,保障困难群众基本生活。增加猪肉及其替代品牛肉、羊肉、禽肉等进口。出台政策支持生猪、猪肉等农产品的仓储物流企业发展,减少流通环节的成本加成。落实菜篮子市长负责制等,适当增加替代性产品供给。同时加强对牛、羊、禽类养殖以及海产品、水产品价格走势的关注和供给端的政策支持。

参考文献

[1] IMF, World Economic Outlook: Global Manufacturing Downturn, Rising Trade Barriers, October 2019.

[2] OECD, Interim Economic Assessment: Warning: Low Growth ahead, Sep. 19, 2019.

宏观形势与政策展望篇

Macroeconomic Situation and Policy Outlook

B.2
外部持续冲击、经济减速与稳定政策的选择

张 平 杨耀武 倪红福*

摘 要: 在全球经济高度融合的背景下,中美这两个当今世界贸易占比最高、经济体量最大国家之间持续的经贸摩擦造成的影响已大大超乎人们的预料。美、欧、日等发达经济体,制造业PMI持续数月处于荣枯线以下并创多年来的新低,同时消费者信心和投资者信心等先行指标也出现连续下滑。面对这种

---

* 张平,中国社会科学院经济研究所研究员,主要研究方向为中国经济增长、宏观政策和上市公司研究等;杨耀武,中国社会科学院经济研究所助理研究员,主要研究方向为宏观经济动力学、金融市场与金融监管、金融衍生品等;倪红福,中国社会科学院经济研究所副研究员,主要研究方向为宏观经济模型及其应用、国际经济学、服务经济学和全球价值链理论及其应用等。

局面，包括欧美和新兴经济体在内的很多国家纷纷转向宽松货币政策，美联储2019年已降息3次，日本负利率政策延续，欧洲发达国家负利率程度加深。世界银行（WB）和国际货币基金组织（IMF）等国际机构近期连续数次下调2019年和2020年的全球经济增长预期。在外部冲击持续、国内经济结构性减速的情况下，2019年前三季度中国经济实现了6.2%的增长，分季度看呈逐季递减之势，未来经济增速继续下移或将延续。随着中国经济的发展，中美之间经济互补性正在减弱，对抗性的成分逐步增多，中国在传统优势逐步减退的情况下，必须持续推动经济高质量发展，逐步适应以内需为主和创新驱动的"大国模型"。本文基于中美互加关税对进出口和福利的影响以及中国高质量转型潜力评估的视角，结合宏观形势，分析当前外部冲击持续背景下的稳定化政策选择。

关键词： 外部冲击　经济减速　福利损失　稳定政策

一　外部持续冲击

（一）弱需求和负利率趋势

2018年3月至今，中美经贸摩擦已持续了一年半左右的时间。中美作为当今世界两个最大经济体，其GDP之和占世界总量的近四成，对外贸易之和在全球贸易总量中占比超两成。在当今世界经济高度融合的背景下，中美之间的经贸摩擦已不可能只对冲突双方产生影响，其外溢效应之强恐怕已经大大超乎人们的预料。持续升级的贸易紧张局势叠加"技术割裂"的倾向，不仅制约了全球贸易增长，更严重的是造成了对不确定性敏感的投资增速下滑和金融市场的大幅波动。全球经济增速持续放缓的冲击导致中国经济增长减速，2019年第一季度中国经济实现了6.4%的增长，第二季度GDP增速为6.2%，较第一季度下降0.2个百分点，第三季度经济增速为6%，放缓0.2个百分点，为1992年以来的最低水平。从全球经济看，美国2019年第二季度GDP按年率计算增长2.0%，大幅低于第一季度3.1%的水平，其中私人部门投资和出口较第一季度分别下滑6.3%和5.7%。欧元区第二季度GDP增速仅为1.0%，较第一季度和上年同期分别下降0.2个和1.4个百分点，为5年来的新低。其中，外贸占比高、先进制造业发达，有欧元区经济引擎之称的德国第二季度同比零增长，环比折年下跌0.3%；制造业产能利用率连续4个季度下滑，主要商品进出口上半年分别较上年同期下跌3.9%和6.3%。日本第二季度GDP增速为1.0%，与上季度持平，较上年同期下降0.5个百分点。其中，庆祝新天皇即位"十连休"造成的个人消费增长对经济起到了支撑作用，而主要商品进出口上半年则分别同比下降2.3%和6.0%。

从近期数据看，世界主要经济体景气程度下滑的趋势仍在延续。一是主要经济体的商品进出口累计同比增速从2018年初以来持续下滑，特别是商品出口增速从2018年3月开始下滑明显。二是一些反映宏观经济走势和市场信心的先行指标持续回落。2019年9月，中国制造业PMI为49.8，较上月回升0.3个点，但较上年同期下降1.0个点，连续5个月处于荣枯线以下，其中新出口订单指数为48.2，连续16个月处于荣枯线以下；同期，美国供应管理协会制造业PMI为47.8，较上月和上年同期分别回落1.3个和12.0个点，连续2个月处于荣枯线以下，创近10多年来的新低；欧元区制造业PMI为45.7，较上月和上年同期分别回落1.3个和7.5个点，连续8个月处于荣枯线以下，创近7年来的新低；日本制造业PMI为48.9，比上月和上年同期分别回落0.4个和3.6个点，连续5个月处于荣枯线以下。10月公布的最新数据显示，美国密歇根大学消费者信心指数较8月的低点有所回升，但Sentix投资信心指数较8月继续回落了9.0个点，这也创下了7年多来的新低；欧元区消费者信心指数和Sentix投资信心指

数,10月分别较上月回落1.1个和5.7个点,比上年同期回落2.3个和28.2个点;日本Sentix投资信心指数,10月较上月和上年同期分别下降5.9个和26.8个点。面对这种情况,国际组织纷纷下调对全球经济增长的预期,世界银行(WB)6月发布的报告预计2019年和2020年全球经济增速分别为2.6%和2.7%,比世行2019年1月的预测值分别下调0.3个和0.1个百分点;国际货币基金组织(IMF)10月发布的报告显示,世界经济2019年和2020年分别增长3.0%和3.4%,比7月的预测分别下调0.2个和0.1个百分点,这是IMF 2019年以来第4次下调全球经济增长预期;经合组织(OECD)9月的预测显示,2019年世界经济仅增长2.9%,为国际金融危机以来的最低预期,到2020年,预计增速将达到3.0%,这较5月报告中对2019年和2020年增长率的预期分别调降了0.3个和0.4个百分点,而就在一年半前的2018年3月,该组织预计2019年世界经济增速将达3.9%。

图1 主要经济体2018年1月至2019年7月进出口累计同比增速

注:主要经济体包括中国、美国、欧盟27国、英国和日本。

实际上,在过去几十年经济全球化浪潮的推动下,世界贸易总额与GDP之比快速攀升,1985年这一比例仅为36.3%,2008年攀升到最高的

61.4%，近年来虽有所放缓但仍维持高位。资源丰富国家出口资源，制造业先进国家出口资本品，以中国为代表的具有劳动力成本优势的国家进行产品加工和组装，以美国为代表的服务业占比高且具有技术研发、设计优势的国家生产消费制成品，已经成为全球产业链和供应链起支配作用的模式。美国对外贸易多年来在全球贸易总量中的占比相对稳定，且高居首位，近40年来，份额最高时为16.0%，最低时为10.8%。中国以劳动力成本等优势在这一体系中扮演着越来越重要的角色，特别是在加入WTO后，中国外贸总额实现了年均13.8%的复合增长，2018年中国对外贸易总额占全球的10.9%，仅次于美国，居世界第二位，其中货物贸易占全球的11.8%，超过美国，居全球首位，可以说中国经济已经深刻地融入全球经济之中。

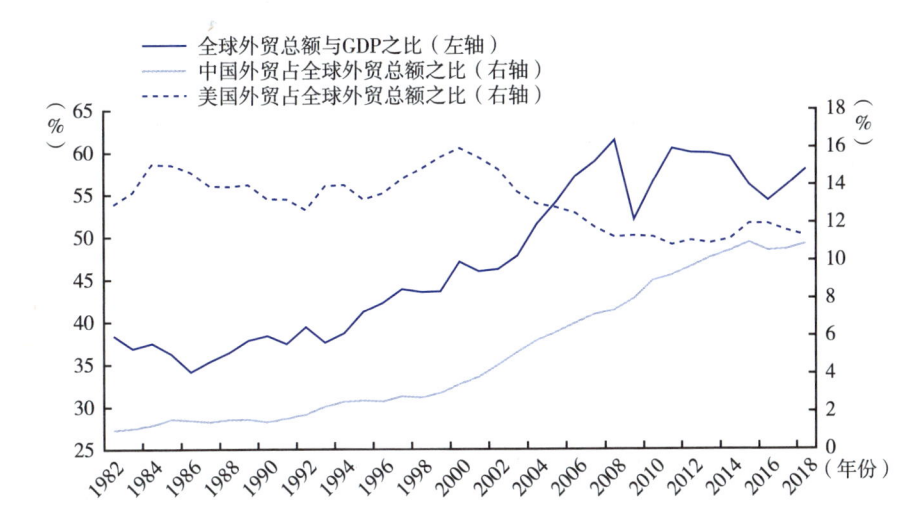

图2　全球外贸总额与GDP之比及中美外贸占全球外贸总额之比

在全球经济已经高度融合的背景下，可以说在美对华加征关税的商品名录中，很难找到一种商品的生产设备、工具、原材料和中间产品都是在中国境内由中国工人全程加工完成的。美对华挑起的经贸摩擦将严重地破坏现存的全球产业链和供应链，而新的产业链和供应链重构不可能在短期内完成。因此，世界贸易量萎缩和受关税影响产品最终价格提高，以及全球经济增长步伐放缓所带来的福利损失，只能由包括美国在内的参与全球

价值链的世界各国来负担。根据我们的测算,单就加征关税本身对美国消费者造成的福利损失就高达95.58亿美元,而中国的福利损失也有37.39亿美元。

为应对需求持续疲弱和不确定性增加,包括欧美和新兴经济体在内的很多国家纷纷转向宽松货币政策。美联储2015年12月至2018年12月连续加息9次,市场曾一度预计2019年还会加息2~3次,但2019年来已降息3次,这是自2008年以来首次转入降息。欧央行9月宣布下调存款利率(商业银行存在欧元体系的隔夜利率)10个基点至-0.5%,并恢复债券购买,此前欧央行曾于2018年12月底结束购债。除美欧央行外,2019年包括澳大利亚、新西兰、韩国、俄罗斯、巴西、印度、印尼、马来西亚等在内的30多家央行宣布降息,尤其是6月以来,加入降息行列的国家明显增多,幅度超出预期,但在欧元区和日本长期负利率的情况下,货币政策继续宽松的空间和有效性越来越有限,同时长期负利率对银行盈利能力的侵蚀和金融体系脆弱性的增强值得关注(见表1)。

(二)外部冲击引起中国经济增长预期下调

2019年前三季度,中国国内生产总值(GDP)同比增长6.2%。分季度看,第一季度同比增长6.4%,第二季度同比增长6.2%,第三季度同比增长6.0%,延续2018年逐季递减之势。面对国内外风险挑战明显增多、国内经济下行压力加大的复杂局面,7月30日中央政治局会议强调,财政政策要加力提效,继续落实落细减税降费政策,货币政策要松紧适度,保持流动性合理充裕,并要求有效应对经贸摩擦,全面做好"六稳"工作。9月4日,国务院常务会议对加大力度做好"六稳"工作进行了部署,确定加快地方政府专项债券发行使用的措施,带动有效投资支持补短板、扩内需。9月6日央行发布下调金融机构存款准备金率公告,这是年内的第三次降准。但近期数据显示,供需两端依然较为疲弱,规模以上工业增加值第三季度增长5.0%,较上季度下降0.6个百分点;固定资产投资完成额累计同比在7~9月出现连续下滑;进出口金额同比跌幅在7月有所收窄的情况下,8月跌幅

外部持续冲击、经济减速与稳定政策的选择

表1 全球发达国家负利率程度加深

单位：%

国家	1年	2年	3年	4年	5年	6年	7年	8年	9年	10年	15年	20年	30年
瑞士	-1.09	-1.1	-1.13	-1.12	-1.1	-1.07	-1.04	-1.03	-1.07	-0.99	-0.79	-0.7	-0.53
日本	-0.25	-0.31	-0.31	-0.34	-0.35	-0.37	-0.39	-0.38	-0.34	-0.28	-0.09	0.06	0.15
德国	-0.82	-0.89	-0.92	-0.93	-0.89	-0.89	-0.86	-0.82	-0.76	-0.69	-0.55	-0.41	-0.19
荷兰		-0.86	-0.9	-0.87	-0.81	-0.75	-0.72	-0.65	-0.62	-0.56			-0.2
丹麦		-0.86	-0.89		-0.88	-0.83		-0.76		-0.65		-0.45	
芬兰	-0.67	-0.77	-0.79	-0.77	-0.76	-0.66	-0.63	-0.55	-0.5	-0.43	-0.25		0.03
法国	-0.74	-0.8	-0.84	-0.82	-0.75	-0.69	-0.63	-0.56	-0.49	-0.41	-0.1	0	0.43
瑞典		-0.64		-0.72	-0.7	-0.62	0.04	-0.53	-0.18	-0.33	-0.16	0.11	
奥地利	-0.65	-0.78	-0.78	-0.77	-0.71	-0.68	-0.6	-0.58	-0.52	-0.44	-0.9	-0.09	0.15
比利时		-0.8	-0.81	-0.74	-0.65	-0.62	-0.55	-0.49	-0.43	-0.35	-0.07	0.15	0.53
爱尔兰	-0.55	-0.44	-0.65	-0.62	-0.54	-0.42	-0.34	0.57	-0.18	-0.09	0.2	0.42	0.75
西班牙	-0.51	-0.56	-0.54	-0.42	-0.36	-0.24	-0.15	-0.08	-0.02	0.08	0.49		0.97
意大利	-0.17	-0.11	0.22	0.36	0.55	0.59	0.81	0.87	0.9	1.14	1.66	1.84	2.2
美国	1.73	1.51	1.43		1.38		1.43			1.4			
中国	2.59	2.71	2.8	2.76	2.92	3.19	3.09	3.12	3.15	3.05			3.67

资料来源：Wind。

扩大到3.2%，9月进一步扩大到5.7%。一方面，根据历史经验，我们发现中国外贸出口往往受全球经济增长状况的影响大于个别事件的冲击，在全球经济增速放缓的情况下，中国出口可能在未来一段时间内受到较大影响；另一方面，中美经贸摩擦所带来的不确定性会抑制私人部门投资的增长，并且国内采取的逆周期调节措施的政策效果可能要到2020年第一季度才会完全显现。因此，我们调低了2019年第四季度的环比增速，并按趋势全面调低2020年环比增速（见表2），进行"放缓情景"下的预测。按照我们的推算，2019年经济增速仍保持在6%~6.5%的年度目标区间内。预计2019年全年增速为6.1%。

表2 2013~2020年中国经济环比增速

单位：%

年份	2013	2014	2015	2016	2017	2018	2019	2020
第一季度	1.9	1.8	1.8	1.4	1.5	1.5	1.4	1.3
第二季度	1.8	1.8	1.8	1.9	1.8	1.7	1.6	1.5
第三季度	2.1	1.8	1.7	1.7	1.7	1.6	1.5	1.4
第四季度	1.6	1.7	1.5	1.6	1.5	1.5	1.4	1.3

注：2019年第四季度至2020年第四季度环比增速为预测值。
资料来源：国家统计局网站。

一些国际组织也在最新的预测中调低了中国经济2019年、2020年的增速。世界银行（WB）10月发布的东亚太平洋经济半年报预计，2019年和2020年中国经济将分别增长6.1%和5.9%，较4月分别调降了0.1个和0.3个百分点。国际货币基金组织（IMF）10月发布的《世界经济展望》预测，2019年和2020年中国经济增速分别为6.1%和5.8%，比7月分别下调0.1个和0.2个百分点。经合组织（OECD）9月的预测显示，中国经济将在2019年和2020年分别增长6.1%和5.7%，也较5月分别调低了0.1个和0.3个百分点。

在中国经济发展面临新的风险挑战、国内经济下行压力加大的情况下，我们既要加强逆周期调节力度，保持经济运行在合理区间，更要把握长期大

图3 中国GDP季度增速预测

势，抓住主要矛盾，化危机为结构调整和高质量转型的新动力。面对中美经贸摩擦和全球经济增长放缓的局面，短期内中国能够通过增加基础设施建设投资、实行结构性货币政策调整等方式加以对冲。至于中美经贸摩擦何时能够有效解决，目前仍然充满不确定性，中长期保持正常经贸往来所带来的巨大利益，应该会使双方最终相向而行。但应该明确，随着中国经济的发展，中美之间经济互补性正在减弱，对抗性的成分逐步增多，中国在传统优势逐步减退的情况下，必须持续推动经济高质量发展，进行再平衡性的结构调整和宏观政策体系改革，逐步适应以内需为主和创新驱动的"大国模型"。

二 近期中美加征关税对进出口及福利影响分析

美国贸易代表办公室（USTR）2018年4月初根据301调查，拟对原产地为中国、总价值约500亿美元的进口产品加征25%的关税。随后中国政府也宣布对从美国进口的同等金额进口产品加征25%的关税。到7月，美国政府又一次发布了一份对华征税的清单，对总价值约2000亿美元的中国进口产品加征10%的关税，后又将加征税率再次提高到25%。9月，中国

政府再次予以回击，宣布对原产地美国、价值约600亿美元的进口产品分别加征5%~25%的不等关税。而到2019年8月初，美国总统特朗普进一步宣称从9月开始对剩余约3000亿美元自中国进口产品加征10%的关税。中国政府也迅速采取反制措施，对从美国进口总价值约750亿美元的产品分两批加征5%~10%的不等关税。至此，中美经贸摩擦呈愈演愈烈之势。针对近期中美加征关税的外生事件，我们利用进口需求弹性和福利无谓损失的方法，尝试对中美加征进口关税对进出口量和福利的影响进行估算。

（一）加征关税对进出口的影响

由进口需求弹性公式可知，进口量的变化等于弹性与进口品价格变化的乘积，关税提升带来进口价格提高，进口量会减少。假设不考虑关税的贸易条件效应，那么提高的税率将完全传递到进口价格中，即进口价格上升幅度与税率提高幅度相等。据此可以根据进口需求弹性和进口价格变化计算出加征关税后进口量的变化，进而由价格和进口量的变化计算出两国进口值的变化。我们将中美两国2017年进口数据作为研究样本，根据两国三轮公布的全部征税清单，对应提高不同进口产品的关税税率。由于涉及加征关税产品数量过多，我们根据ISIC3.0产业分类表，将两国进口产品匹配到对应产业，考察加征关税对两国主要产业双边进口值的影响。表3显示了加征关税后中美两国主要产业双边进口值的变化。

首先，分产业来看，加征关税对于中美两国各产业进口值影响存在显著的差异，中国受冲击较大的产业包括：纺织品制造业，无线电、电视机及通信设备和装置制造业。美国受影响较大的进口产业是：其他矿物的开采及采掘业、电力机械和装置制造业。值得注意的是，无线电、电视机及通信设备和装置制造业与汽车、挂车和半挂车制造业是两国进口值较大的行业，会受到此次加征关税的显著影响，进口值下降幅度比较明显。

其次，就进口总值变化看，加征关税造成中国自美国进口总值减少25.39%，美国从中国进口总值减少28.90%，根据美国商务部公布的2017年中国和美国双边贸易数据，2017年美国对中国出口1303.7亿美元，自中国进口 5056 亿美元，贸易逆差为 3752.3 亿美元。根据以上计算的进口值变化，加征关税后美国对中国出口将减少到 972.69 亿美元，自中国进口减少到 3594.82 亿美元，加征关税后的美国对中国的贸易逆差为 2622.13 亿美元，减少了 1130.17 亿美元，下降幅度为 30.12%，因此加征关税后美中贸易逆差会有明显下降，达到了特朗普所说的减少 1000 亿美元贸易逆差的目的。但要指出的是，如上进口值的变化是长期调整的过程，不可能在短期内完全调整到位，因此从长期看加征关税虽然有助于减小美中贸易逆差，但这一目的无法在短期内实现。同时以上估算过程未考虑贸易条件效应，虽然已有文献指出美国在短期内贸易条件效应很小，但在长期内美国出口供给曲线的斜率为正值，这表明在长期内关税会存在正的贸易条件效应，使得进口价格上升幅度低于关税提高幅度，进口量和进口值减少幅度会低于表 3 数值，因此，对于进口值和贸易逆差的估算结果可以视为实际结果的上限。

（二）加征关税对福利的影响

运用两国 2017 年进口值和关税数据，可以计算两国因加征关税而带来的福利损失变化，结果如表 4 所示。

表3 加征关税后中美主要产业双边进口值变化

单位：%

ISIC产业分类	产业	中国自美国进口值减少率	美国从中国进口值减少率
1	农业、狩猎季相关服务活动	11.75	21.66
13	金属矿的开采	24.25	36.17
14	其他矿物的开采及采掘	47.08	39.93
15	食品及饮料的制造	43.19	29.83
17	纺织品制造	61.68	12.30
18	服装的制造；毛皮的修饰与染色	52.95	11.43
19	皮革的鞣制及修整；皮箱、手提包及鞋类等制造	18.60	16.95
20	木材、木材制品及软木制品的制造，但家具除外；草编物品及编织材料物品的制造	24.93	22.71
21	纸和纸制品的制造	9.23	25.59

续表

ISIC产业分类	产业	中国自美国进口值减少率	美国从中国进口值减少率
23	焦炭、精炼石油产品及核燃料的制造	45.14	39.20
24	化学品及化学制品制造	27.16	22.71
25	橡胶和塑料制品的制造	36.83	21.69
26	其他非金属矿物制品的制造	21.49	24.69
27	基本金属的制造	27.82	19.77
28	金属制品的制造,但机械设备除外	24.28	23.75
29	未另列明的机械和设备制造	38.12	29.44
31	未另列明的电力机械和装置制造	37.47	43.49
32	无线电、电视机及通信设备和装置制造	53.05	17.69
33	医疗器械、精密仪器和光学仪器、钟表的制造	19.99	19.02
34	汽车、挂车和半挂车制造	25.26	30.24
35	其他运输设备制造	11.78	25.94
	总变化率	25.39	28.90

表4 中美加征关税的总福利损失变化

单位：亿美元，%

中国加征关税前的DWL	占GDP比重	中国加征关税后的DWL	占GDP比重	DWL的变化值
3.66	0.0031	41.05	0.0335	37.39
美国加征关税前的DWL	占GDP比重	美国加征关税后的DWL	占GDP比重	DWL的变化值
4.84	0.0025	100.42	0.0515	95.58

根据表4结果可以看出,此次加征关税对于两国的福利都造成了损失。对于中国来说,加征关税前福利损失约为3.66亿美元,而在加征关税后福利损失增加到41.05亿美元,由加征关税而造成的福利损失的增加值为37.39亿美元;而对于美国来说,征税所导致的福利损失更大,加征关税之前的福利损失为4.84亿美元,而在加征关税后福利损失为100.42亿美元,

加征关税导致的福利损失增加了95.58亿美元。因此不论从加征关税前后两国福利损失的绝对值水平，还是从福利损失的增加值来评估，此次贸易摩擦对于美国福利水平的影响程度要高于中国。这一结果与倪红福等的估计结果也是一致的，① 他们在文中使用补偿变化（CV）衡量福利损失，发现加征关税使得中国和美国福利损失分别增加了1.79亿美元和47.92亿美元，美国的福利损失大于中国。同时本文的估计结果与 Amiti、Redding 和 Weinstein 的结果也相符，② 他们考察了中美经贸摩擦对美国福利水平的影响，测算发现，中美贸易摩擦给美国造成的无谓损失在69亿～123亿美元，本文的估计结果在他们估算的区间内，可见此次中美经贸摩擦对美国的福利影响大于中国。

三　中国高质量转型的潜力评估

2012年后，中国的工业化进程和城市化进程发生重大变化，特别是2018年我国的城市化率达到60%。中国已进入以城市经济为主导拉动经济增长的阶段，城市化率的提高推动消费与服务的比重持续上升，经济结构服务化特征越来越明显，国际经验表明经济结构服务化与经济增长放缓高度相关，同时也是高质量增长的起点，即提高人的消费福利水平和提高经济中的创新贡献。中国多年的投资和出口导向的"规模"赶超发展模式渐行渐远，高质量增长要求的持续提高的消费福利水平和创新贡献是我们当前的主要任务。随着我国的低成本优势逐步消失，主要依靠要素投入推动经济增长的粗放型发展方式难以持续，现在需要的是要素质量的升级。表5为中国两阶段经济增长核算的基本情况。

---

① 倪红福、龚六堂、陈湘杰：《全球价值链中的关税成本效应分析——兼论中美贸易摩擦的价格效应和福利效应》，《数量经济技术经济研究》2018年第8期。
② Amiti, M., Redding, S. J., and Weinstein, D. E., "The Impact of the 2018 Trade War on U. S. Prices and Welfare", NBER Working Paper No. w25672, 2019.

表5 中国两阶段经济增长核算基本情况

项目	历史（峰-峰：1985~2007年）	现状（2008~2018年）
[1]潜在增长率（生产函数拟合）（%）	10.10	8.1
[2]资本投入（K）:弹性	0.636	0.615
[3]资本贡献份额=（[2]×[8]）/[1]（%）	73.73	92.38
[4]劳动投入（L）：弹性	0.364	0.385
[5]劳动贡献份额=（[4]×[11]）/[1]（%）	11.84	2.45
[6]TFP：增长率（%）	2.34	0.34
[7]TFP贡献份额=100-[3]-[5]（%）	14.43	5.175
因素细分		
[8]资本投入增长率=[9]×[10]（%）	11.13	12.17
[9]（净）投资率（I/Y）	43.83	30.30
[10]资本效率（Y/K）	0.258	0.338
[11]劳动投入增长率=[12]+[13]（%）	0.91	0.52
[12]劳动年龄人口增长率（pop_L）（%）	1.35	0.84
[13]劳动参与率变化率（θ_L）（%）	-0.446	-0.343
[14]劳动生产率增长率=[15]+[16]（%）	4.79	7.52
[15]资本效率（Y/K）增长率（%）	-4.281	-2.391
[16]人均资本（K/L）增长率（%）	9.068	10.384
对应城市化率和产业结构	2007年	2018年
[17]城市化率（%）	46.0	60.0
[18]工业占比（%）	41.4	33.9
[19]第三产业占比（%）	42.9	52.2

资料来源：中国各年统计年鉴（1986~2019年）。

依据发达国家和发展中国家的增长经验，伴随着经济发展阶段不断向前演进，资本投入弹性将逐渐下降，而相应的劳动收入弹性将逐渐提升。这意味着，随着经济体从工业化阶段向城市化阶段的过渡，收入将逐渐向劳动者倾斜，要素弹性的变化与经济增长的福利变化密切相关。库兹涅茨的研究成果表明，发达国家劳动收入占国民收入的比重普遍经历了较为显著的上升过程，如英国在1860~1960年的100年发展过程中，劳动投入弹性从0.47（1860~1869年阶段）不断上升至0.7（1954~1960年阶段）；法国劳动投入弹性从 1911 年的 0.43 逐步上升至 0.59（1954~1960 年阶段）；德国、加拿大和美国的劳动投入弹性在 1954~1960 年分别达到 0.60、0.66 和 0.69 的水平。中国资本投入弹性 1985~2007 年为 0.636，2008~2018 年变动为 0.615，预期未来五年的资本投入弹性会进一步下降，劳动投入弹性则在不断提升的过程中。与发达国家相比，中国快速追赶的工业化过程导致国民收入中劳动报酬份额较小。改革开放以来，中国依靠劳动力的部门转移，农村剩余劳动力持续不断地转移至工业部门，支持工业部门的发展，在这种二元经济结构的发展背景下，劳动要素报酬份额长期处于被低估的状态。在快速工业化阶段（1985~2007 年），中国劳动投入弹性仅为 0.364。中国 2008~2018 年劳动投入弹性较前期有所提升，达到 0.385，相较发达经济体增长经验而言，未来仍有较大的提升空间。实际上，中国经济正接近长期增长函数要素弹性参数发生逆转的临界状态（资本产出弹性降至 0.6 以下），随着经济发展至较高水平，收入分配政策的调整、服务业比重上升与人力资本提高将使劳动要素报酬份额不可避免地不断提升。2008~2018 年，劳动贡献份额为 2.45%，预期未来五年平均水平将达到 3% 左右的水平。

资本积累速度趋于下降是城市化的另一种必然趋势（由结构性减速和结构服务化所导致），同时为了维持资本深化的可持续以及资本效率的不断提高，现阶段中国必须解决脱实向虚问题。中国的持续高速增长是在干预型经济模式下实现的，具体表现为：由政府出面对投资规模和投放领域进行调控，国有企业对物质资本的掌控等。因此，高速增长阶段也表现出较高资本存量增长速度和净投资率水平，典型的如 1985~2007 年的超高速增长时期，平均净投资率达到 43.83%。而这种高速粗放的资本驱动模式也导致资本使用效率低下，这一阶段资本使用效率仅为 0.258。城市化进程加速和公共服务支出的快速增长，对中国工业化的投融资体制造成了根本性的冲击，以土地财政为平台的资源配置体制逐渐主导了城市化发展，尤其是 2010 年以来随着财政支出中科教文卫比重的增加，在抑制物质资本积累高速增长的同时，迫使投资转向人力资本这种"拖慢"经济的创新领域。

随着城市化往深度演进，福利和效率的动态均衡将对效率的持续改进产

生倒逼压力，因此，创新驱动是城市化可持续的内在要求，结构服务化进程的本质是服务业结构优化和高端化发展，以实现增长的效率补偿和对其他部门产生知识溢出效应。伴随着经济、社会各领域的深刻变革，中国产业发展取得了巨大成就，产业结构不断完善，产业现代化水平和竞争力不断提升，中国产业结构也逐渐由传统的产品经济向以城市化为主的服务经济转型。就第一、第二和第三产业占GDP的比重而言，第一、第三产业占比呈现出此消彼长的特征，而第二产业占比在高位窄幅波动。2018年工业和第三产业占比分别为33.9%和52.2%。工业和第三产业占比基本呈现出"剪刀式"此消彼长的变动特征，2012年第三产业占比首次超过第二产业，自此第三产业逐渐取代工业成为中国经济增长的主要推动力。随着第三产业对增长贡献率的不断提升，进入21世纪后，其对增长的带动作用已逐步接近第二产业，这也表明了随着中国城市化进程的加快，第三产业发展依然会加速，服务业的产出效率及其带动的工业体系升级成为中国经济转型的根本。如果服务业自身效率不断下降，并且难以服务于工业体系的升级发展，高质量增长的转型就会受到阻碍，2018年金融业、房地产业占GDP比重分别高达7.7%和6.6%，经济结构非实体化倾向依然严重，而科教文卫体、信息服务等增长加速，但比重仍然较小，需要进一步推进服务业的供给侧改革。

更为严峻的挑战是经济增长中的创新贡献，TFP增长贡献从1985~2007年的14.43%下降到2008~2018年的5.175%，尽管很多机构和研究者根据各种模型和数据计算有所不同，但TFP增长贡献下降是一个重要的事实。如果不能逆转TFP增长贡献下降趋势和持续提高劳动生产率，高质量增长就没有达成。

随着中国经济结构的变动，中国经济资源配置模式和效率驱动模式也随之调整，具体表现如下。一是工业占GDP的比重下降，服务业所占比重不断提高，经济结构服务化格局逐步形成，这个阶段的重大变化就是从工业化时期的生产供给转向要素升级，工业部门依赖知识和创新参与全球竞争。二是要素驱动的低成本工业化出现了严重的"规模收益递减"，需要新的人力资本、信息、制度等非独占性要素更新生产函数体系，提高经济增长中的

TFP贡献率，培育内生增长路径。而支撑高质量发展的医疗、教育、社会保障等公共服务需求行业或部门主要集中在第三产业中。在服务业比重不断提升的同时，要注重服务业高端化的发展趋势，通过服务业结构升级促进要素升级，从而有效实现增长的效率补偿过程。

同时，中国劳动年龄人口增长逐渐放缓，城市化高质量发展依赖于人口质量提升，并对福利和效率动态带来压力。中国劳动年龄人口增速进一步下降，劳动参与率有所回稳。1985~2007年劳动年龄人口增长率为1.35%，2008~2018年变动为0.84%，预期未来五年劳动年龄人口增速进一步下降为0.40%左右。劳动参与率则一直在下降，但下降的幅度有所收窄。劳动投入增长率受劳动年龄人口增长率和劳动参与率变化的综合影响，整体而言，劳动投入增速持续下降，1985~2007年和2008~2018年两个阶段平均增速分别为0.91%和0.52%，预计2019~2023年将进一步下降至0.30%左右的水平。随着经济主体从工业化阶段向更高发展水平的城市化阶段的演进，生活水平和生活质量的持续提高对人口增长的诱致效应是递减的。这会进一步导致发达国家城市化阶段人口增长向低度均衡路径收敛，并且高收入水平是提供人口增长补偿进而维持低度均衡路径的必要条件。家庭和个人对生育的观念也随着所处发展阶段的不同而有所转变，进入高收入阶段，更多的是从消费角度看待生育和人口增长问题。而对高质量生活的追求使得家庭生育意愿下降，经济长期持续增长无法依赖于人口的增长，此时国家不得不借助一系列公共政策和福利政策缓解人口过快下降的趋势，对人口质量提升的需求将更多地由国家来负担，这是进入高收入阶段解决人口增长问题值得关注的地方。

四　稳定化政策的选择

面对持续的外部冲击和经济减速，中央再次强调"六稳"的稳定化政策目标。2019年8月27日，国务院办公厅发布《关于加快发展流通促进商业消费的意见》，提出20条稳定消费预期、提振消费信心的政策措施。2019

年10月9日国务院发布了《实施更大规模减税降费后调整中央与地方收入划分改革推进方案》；相应地中国人民银行降低了存款准备金率，并基于LPR进行利率市场化定价改革；财政部推动了减税、专项债券增加支出等政策。同时，第十三轮中美经贸磋商结束后，双方都表示取得了"实质性进展"。一系列稳定化政策的出台起到了一定的作用，9月出现了工业、M2、基建等部分经济指标有所回稳的积极迹象，但后续走势如何仍值得关注。从短期经济增速放缓的迹象看，PPI持续转负，极大地影响了企业的盈利水平和财政税收收入，使得企业融资成本升高，这在微观上减弱了企业的活力。因此，稳定化政策要在稳需求的同时，切实推进企业供给侧改革，把降成本和放松管制作为重要着力点。

一是降低企业融资成本。注重降低金融市场的风险溢价，通过中国人民银行、政策性银行和积极财政推动地方政府、规模龙头企业的债务置换，修复地方政府和龙头企业的资产负债表，并以贴息的方式救助小企业；考虑在适当的时机实施降息，通过降息来直接降低资金成本，在中国PPI持续转负的情况下，企业实际贷款利率上升过快，需要进行贷款利率下调加以对冲，这也符合全球经济下滑过程中普遍降息的趋势；同时进一步改革和疏通利率和信贷的传导机制。

二是进一步减税降费。根据国务院的中央与地方税收划分改革的精神，已经允许地方探索征税环节的后移，从生产环节后移到流通与消费环节，减轻地方财政压力。基于城市经济主体的征税方式从生产后移到消费环节是一项重要的改革，这样有利于初级城市公共服务竞争，从而减轻生产企业的税负。

三是放松管制、公平竞争，扩展国内市场发展空间。我国过去以干预保护、强制提高国产化率和招商引资减税作为产业发展战略，现在需要放松管制，实行公平竞争，特别是要对科教文卫体、信息、娱乐、养老等行政管制部门进行改革，推进服务业升级和拓展国内市场空间。当前，我国除了需要实现生产要素升级，更重要的是发挥新要素组合者的作用，即企业家在高质量转型中的巨大意义。高质量发展转型根本上是激励企业家形成市场激励下的分布式创新体系。只有依靠企业家，才能实现新生产要素组合，发现潜在需求。因此公平竞争、保护企业家积极性、保护产权应该成为稳增长中的重要制度性安排。

四是稳定国际贸易和金融局势，推动国际交流与合作。当前，中美经贸磋商在一些领域取得实质性进展，双方最终达成协议的概率大增，这在一定程度上稳定了国际贸易局势，同时人民币汇率在双向波动中趋于平稳，中国适应外部冲击的定力和能力显著增强。在继续扩大对外开放的进程中，中国应始终牢固树立"四个自信"，主动推进对外双向开放，发出中国声音，贡献中国方案和中国智慧，推动国际经济体系和全球经济治理朝更加公正合理的方向发展。

参考文献

[1] Amiti, M., Redding, S. J., and Weinstein, D. E., "The Impact of the 2018 Trade War on U.S. Prices and Welfare", NBER Working Paper No. w25672, 2019.
[2] East Asia and Pacific Economic Update, World Bank, October 2019.
[3] Interim Economic Outlook, OECD, September 2019.
[4] World Economic Outlook, International Monetary Fund, January 2019.
[5] World Economic Outlook, International Monetary Fund, April 2019.
[6] World Economic Outlook, International Monetary Fund, July 2019.
[7] World Economic Outlook, International Monetary Fund, October 2019.
[8] 倪红福：《全球价值链人民币实际有效汇率：理论、测度与结构解析》，《管理世界》2018 年第 7 期。
[9] 倪红福、龚六堂、夏杰长：《什么削弱了中国出口价格竞争力？——基于全球价值链分行业实际有效汇率新方法》，《经济学》（季刊）2019 年第 1 期。
[10] 倪红福、龚六堂、陈湘杰：《全球价值链中的关税成本效应分析——兼论中美贸易摩擦的价格效应和福利效应》，《数量经济技术经济研究》2018 年第 8 期。
[11] 中国经济增长前沿课题组、张平、刘霞辉等：《突破经济增长减速的新要素供给理论、体制与政策选择》，《经济研究》2015 年第 11 期。
[12] 中国经济增长前沿课题组：《上海市创新转型发展指标体系研究》，2015。

［13］中国经济增长前沿课题组：《中国经济转型的结构性特征、风险与效率提升路径》，《经济研究》2013年第10期。

［14］中国经济增长前沿课题组、张平、刘霞辉、袁富华、王宏淼：《中国经济增长的低效率冲击与减速治理》，《经济研究》2014年第12期。

［15］张平：《从"摸着石头过河"到"大国模型"》，《文化纵横》2018年第6期。

［16］张平、袁富华：《宏观资源配置系统的失调与转型》，《经济学动态》2019年第5期。

［17］张平、杨耀武：《经济走势、金融韧性与金融供给侧结构性改革》，《中国经济报告》2019年第3期。

B.3
2020年中国经济走势和政策建议

祝宝良*

摘　要： 2019年以来，我国经济增速延续2018年以来的走势逐季回落，但就业总体平稳，物价总水平温和，结构不断优化，全年经济增长预计为6.1%，经济总体上运行在合理区间。2020年，国际政治经济环境依然严峻复杂，世界经济低迷不振，中美经贸摩擦影响进一步显现，我国经济下行压力加大。建议把2020年的经济增长目标定为6%左右，物价控制在3%左右。我国应要继续坚持稳中求进工作总基调，以供给侧结构性改革为主线，继续实施宏观调控逆周期调节，深化对外开放，加快国企、土地、财税、金融、市场准入等重点领域改革，切实改善营商环境，激发微观主体活力，保持经济持续健康发展。

关键词： 经济形势　中美贸易摩擦　经济展望　宏观调控政策

一　经济基本运行在合理区间

2019年，在全球经济下行、中美经贸摩擦升级的背景下，我国坚持稳中求进工作总基调，以供给侧结构性改革为主线，实施宏观调控逆周期调节，大力度减税降费，大幅度增加地方专项债规模，加大金融对实体经济的

---

* 祝宝良，国家信息中心首席经济学家、研究员，主要研究方向为数量经济。

支持力度，着力稳就业、稳金融、稳外贸、稳外资、稳投资、稳预期，尽管经济增速逐季回落，但经济总体运行在合理区间。

（一）宏观经济等主要指标基本稳定

经济增长指标、就业指标、物价总水平指标、国际收支指标、金融稳定指标等主要经济指标基本运行在调控目标之内，显示总体经济基本稳定。2019年前三季度，我国国内生产总值同比增长6.2%。其中，第一季度增长6.4%，第二季度增长6.2%，第三季度增长6.0%。预计第四季度增长6%左右，全年经济增长6.1%左右，可以实现6%~6.5%的目标。前三季度，全国城镇新增就业1097万人，已完成全年目标任务1100万人的99.7%。9月，全国城镇调查失业率为5.2%。第三季度末，农村外出务工劳动力总量18336万人，比上年同期增加201万人，增长1.1%。前三季度，居民消费价格指数同比上涨2.5%，预计全年在2.7%左右，完全能实现3%以内的调控目标。国际收支基本平衡，外汇储备保持稳定，人民币汇率在兑美元破7后基本稳定。金融风险得到有效防控，及时处置一些金融机构的问题，银行不良率有所下降。

（二）经济结构有所改善

2019年前三季度，第三产业增加值占国内生产总值的比重为54.0%，比上年同期提高0.6个百分点；规模以上工业中战略性新兴产业和高技术产业保持快速增长。全国居民人均可支配收入22882元，同比名义增长8.8%，扣除价格因素实际增长6.1%，与经济增长基本同步。城乡居民人均可支配收入比值为2.75，比上年同期缩小0.03个点。重大区域战略稳步推进，区域协调联动发展的新格局正在形成。生态文明建设取得成效，前三季度，天然气、水电、核电、风电等清洁能源消费量占能源消费总量的比重比上年同期提高1.2个百分点，单位国内生产总值能耗同比下降2.7%。

（三）内需相对疲软

在2019年前三季度6.2%的经济增长中，消费拉动3.8个百分点，投资拉动1.2个百分点，净出口拉动1.2个百分点。也就是说包括投资和消费在内的内需拉动经济增长5个百分点，内需对经济的作用相对于前几年明显减小。投资从2018年7月跌入低谷以来增长乏力，2019年5月增长再次减缓，突出表现为制造业投资低迷不振，基建投资增长明显低于预期，满足老百姓美好生活需求的公共设施投资出现负增长。汽车、家电、家具、珠宝等耐用消费品增长明显减慢。出口下降叠加内需不足，进口增速下降较快，出现了衰退性贸易顺差，支撑了经济增长。

（四）物价走势出现分化

由于需求相对不足，工业企业产能利用率不高，离82%左右的合意水平相差较大，工业品供过于求的问题再度凸显。2019年1~9月，全国工业生产者出厂价格指数同比下降4.0个百分点，预计全年出现负增长。2018年11月以来的工业品价格下跌与2012年3月至2016年9月不同，那一轮工业品价格下跌主要由产能过剩造成，社会需求包括居民消费需求基本正常。经过了2016~2018年的供给侧结构性改革，去产能工作取得阶段性成果，2018年11月以来的工业品价格下跌主要表现为需求不足。与此同时，受猪瘟和环保因素影响，猪肉价格从2019年初以来持续上涨，带动禽肉类价格上涨并推动居民消费价格涨幅提高，预计2019年第四季度，居民消费价格指数会突破3%。但扣除食品和能源价格后的核心居民消费价格上涨幅度低于2%。居民消费价格上涨是由供给冲击造成的，具有显著的结构性特征，并掩盖了社会总需求不足的矛盾。

二 我国经济发展需要关注的主要矛盾和问题

我国需求走弱既有外部原因也有内部原因，既有周期性原因也有结构性

和体制性原因。

一是企业活力不足，部分企业处于"苦熬"阶段。目前，民间投资和制造业投资增速仍然低于全国固定资产投资增速，反映出民营企业预期不稳、信心不足。2018年，我国出现了民营企业退场论，叠加中美贸易摩擦，影响了部分民企、外企、港澳台企业信心，一些产业出现外迁现象，一些企业处于观望之中；环保、能耗、监管等政策门槛高，评估、担保、第三方服务等各种隐性成本居高不下，企业债务负担较重，实际融资成本较高，经营困难；一些企业创新能力弱、转型升级能力差，中美经贸摩擦下美国实施实体清单后，我国关键技术和零部件卡脖子的问题暴露无遗，科技水平落后和创新能力不足问题凸显。

二是居民杠杆率较快上升挤出了消费。2016年以来，居民持续借贷购房，家庭杠杆率上升速度加快且处于较高水平。2019年全国各地严格实行房地产调控政策，但1~9月住宅销售额仍增长10.3%，明显高于社会消费品零售额增长速度。从收入结构看，往往低收入家庭杠杆率较高，一些调查发现，我国50%的低收入群体的负债包括民间借贷与可支配收入比明显高于高收入群体。我国汽车已经进入了50%的高收入家庭，正在开始进入其他50%的低收入家庭，但还贷压力和预期收入增长减慢挤出了这部分家庭对耐用消费品特别是汽车的需求。

三是基础设施投资速度放缓。2019年以来，财政收入和基金收入下降，导致地方财政收支平衡压力加大，支撑基建投资和公共服务投资的财力不足。大量地方政府隐性存量债务到期，还本付息压力加大，部分地方政府专项债用于偿还到期债务，影响了基建投资。地方政府隐性存量债务量大面广，缺乏有效化解办法，是平衡稳基建投资和防金融风险的主要问题。地方政府官员不作为、难作为也是基础设施投资速度放缓的重要原因。我国的基本矛盾已经变成人民日益增长的美好生活需要和不平衡不充分的发展之间的矛盾，涉及教育、医疗、养老、休闲、健康、环保、老旧社区改造、停车场等公共设施需求巨大，也有较好的投资收益，但往往涉及拆迁、补偿和部分居民不能受益甚至受损等利益分配诸多问题，需要不同层级政府周密规划、分工协作、密切配合、精心工作。由于财税制度、社会管理、官员考核、投融资等制度约束，地方官员对此类公共设施建设积极性不高，而往往热衷于修路、绿化、亮化等形象工程建设，公共设施投资缓慢。

四是宏观政策边际效应减弱。国有企业改革滞后，部分民营企业经营困难，官员不作为，消费者预算约束加大，微观主体行为变化和体制制约，导致宏观调控政策难以顺畅传导，财政支出对基础设施建设投资传导时滞明显拉长。货币政策效应不断减小，出现了宽货币、紧信用，融资难、融资贵现象。而一旦货币政策过于宽松，资金又可能继续流向房地产和国有企业，导致房价不断上升，国有企业大量兼并民企现象。

五是中美经贸摩擦的负面影响加大。随着企业分阶段"抢单"出口效应的消退，2020年我国对美出口将继续出现大幅下跌的局面。一些企业开始将订单转移至其他国家，产能向境外转移的现象加剧。中美经贸摩擦已经出现长期化、常态化、扩大化趋势，并从经贸领域向金融、科技、政治等领域扩散。

六是世界经济前景不乐观。2019年以来，受贸易不确定性和制造业活动放缓的影响，发达国家和发展中国家经济同步下行，据国际货币基金组织2019年10月预测，2019年世界经济仅增长3%，是2009年金融危机以来的最低增速。美国经济走过了长达近11年的增长后扩张周期正在接近尾部，日本提高消费税会拉低经济增速，英国脱欧给欧洲经济带来不确定性，2020年发达国家经济增速会继续走低。与此同时，2019年以来已有30多个国家实施了宽松货币政策，这些政策有利于拉动各国内需，印度、巴西等发展中国家经济增速会有所回升，预计2020年世界经济增长3.4%。国际经济环境不利于我国扩大出口和利用外资。

三 2020年经济面临下行压力

（一）2020年我国内需企稳

2019年以来积极的财政政策和稳健的货币政策会对2020年的制造业投

资、基建投资和消费产生一定的拉动作用。2020年,制造业增值税减税约4000亿元,拉动制造业投资提高1个百分点,但由于工业品价格下跌,企业利润下降,制造业投资仍会低位徘徊,预计全年制造业投资增速在3%左右。地方政府专项建设债发行节奏较快,专项建设债在部分基建项目中可以做资本金。同时,2019年要提前下达2020年专项债部分新增额度,重点用于交通、能源、生态保护、民生服务、物流、产业园区等领域,基建投资逐月会有所增加,预计2020年基建投资会增长6%左右。2017~2018年开发商土地购置面积增幅较大,房地产投资处于高位,但房地产调控政策不能动摇,房地产投资总体上出现减缓趋势,2020年,房地产投资增长7%左右。居民收入稳定增长有利于消费的稳定,但部分居民的高负债率会继续挤压汽车等耐用消费品的消费,预计2020年社会消费品零售总额增长7.5%左右。库存成为稳定经济的一个重要因素。随着基础设施不断完善、信息技术不断发展和新商业模式不断涌现,库存波动明显减小,库存调整对经济增长和价格变动的影响也随之减小,但我国仍然存在"两年左右去库存、两年左右加库存"的库存周期。2012年以来,我国库存增加占经济总量的比重在2%以内,年度库存变动对经济变动的作用在0.2%左右。从2018年7月开始,我国进入减库周期,预计到2019年底,库存进入低点,从2020年开始进入缓慢增加库存阶段,并对2020年经济起到一定支撑作用。

(二)中美经贸摩擦升级效应持续显现

2020年,中美经贸摩擦对我国经济的负面影响会更大,我国出口会继续回落,衰退性顺差也不可持续。从中美贸易摩擦看,数量经济模型估计,美国加征关税对中国出口的影响要持续2~3年时间。对中国2500亿美元出口商品征收25%的关税,影响我国对美出口减少约950亿美元。考虑出口乘数效应,我国GDP增速减少约1个百分点,其中,影响2019年经济增速下降0.4个百分点、2020年下降0.5个百分点、2021年下降0.1个百分点。2019年9月开始美国对其他3000亿美元中的1200亿美元加征10%关税,预计我国GDP增速减少约0.3个百分点,其中,影响2020年经济增速下降

0.1个百分点、2021年下降0.1个百分点、2022年下降0.1个百分点。两项合计，影响2020年我国经济增速下降约0.6个百分点。

从长期看，贸易摩擦会影响双边贸易、投资、技术转移、人员交流，进而影响我国的科技创新能力和产业链、供应链安全，对我国经济产生较大的影响。我们估计，改革开放40年，对外贸易、利用外资、科技交流等的技术外溢效应对中国经济增长的贡献每年在0.9个百分点左右，中美经贸摩擦对经济的影响不可低估。

（三）价格形势复杂

2019年工业品价格对2020年的翘尾影响几乎为零，需求不足会导致我国工业品价格稳中趋落，2020年，工业品价格低位徘徊。2019年9月，生猪和能繁母猪存栏量继续下降，第四季度，猪肉价格会继续上涨，并带动居民消费价格居高不下，加上2019年居民消费价格对2020年的翘尾影响在2%左右，预计2020年全年CPI在3.5%左右。但剔除禽肉价格后的居民消费价格总水平上涨幅度不会超过2%，物价会给部分低收入居民的生活带来较大影响，但不构成实施稳健偏松货币政策的掣肘。

如果中美贸易摩擦不继续升级，国内维持目前的宏观调控政策力度，综合考虑投资、消费、进出口等因素，2020年我国经济增速将减慢。

经济增长情况表明，目前我国的实际经济增长率可能略低于潜在经济增长率，我国潜在经济增长率应在6%偏上一点。考虑到2020年实现全面建成小康社会目标，要求经济增长速度在6%左右。要基本满足800多万名大学生和300万名左右农村居民到城市就业需求，也需要经济增长6%左右。建议2020年把经济增长目标定为6%，居民消费价格控制在3%左右。

四 用改革和开放的办法稳定需求，确保经济平稳运行

2019年下半年至2020年将是考验我国驾驭经济能力、应对各种风险挑战的关键时期，必须未雨绸缪，积极主动采取应对措施。要继续坚持稳中求

进工作总基调，按照高质量发展要求，以供给侧改革为主线，继续实施宏观调控逆周期调节。把更多精力聚焦到国企、土地、财税、市场准入等重点领域改革上，提高企业家、创新人才、广大干部干事创业的积极性，改善营商环境，提振市场信心，激发微观主体活力。在不断优化微观主体行为的基础上，增强财政和货币政策协同效应，保持经济平稳增长。

（一）货币政策与名义经济增速匹配

要按照9%左右的名义经济增速的调控目标，匹配社融规模、信贷规模、M2增长速度，通过降准、降息，保持流动性合理充裕。深化利率市场化改革，降低社会融资成本，缓解民营企业和小微企业融资难问题。推动银行通过发行永续债等方式多渠道补充资本金，保证银行体系的放贷能力。保持人民币汇率弹性，维持人民币汇率在合理均衡水平上的基本稳定。

（二）继续实施积极的财政政策

中央财政赤字可增至3%，继续减税降费，切实减轻企业特别是制造业企业税收负担，支持企业科技创新。在2019年提前下达2020年专项债部分新增额度的同时，增加地方政府专项债额度，加快推进有利于带动消费结构升级的文化、教育、医疗、养老、旅游等方面的公共设施投资，加大老旧住房、过街天桥加装电梯等改造力度，加快城市停车场建设。应择机推出房地产税并明确作为地方政府税源，激励地方政府进行公共设施投资、改善区域环境的积极性。由中央政府直接投资高铁、水利、电信基础设施等基础设施项目。中央政府通过转移支付，激励地方政府进行公共设施投资。

（三）通过加快改革释放内需潜力

推动国有企业改革取得实质性进展。推动土地制度改革取得实质性突破，逐步释放出农村约4200万亩集体建设用地，允许城市资本进入农村建设用地市场，一方面可增加农民财产性收入，另一方面也可扩大城市土地供给，降低土地价格，稳定房地产市场。

（四）继续加快推进开放政策落地

尽快加入高水平的自贸区和投资协定的谈判。继续打造高级生产要素集聚新区，扩大自贸区先行先试的自主权，压缩外商投资负面清单，推动医疗、教育、文化等领域的对外开放。

（五）加强物价预期引导，防止供给面冲击引起的结构性物价上涨干扰宏观调控

猪肉等禽畜肉类价格、原油价格上涨是由供给冲击造成的，是个别商品的价格上涨，不是全面的物价上涨。在当前世界经济和国内经济下行的背景下，不会引发物价工资联动进而造成物价螺旋上升。同时，应积极扩大禽肉进口，平抑物价；通过价格引导作用，扩大猪肉生产和鸡肉等替代品生产；在元旦、春节等关键节点加大储备肉投放力度，对退休职工、在校学生、贫困人群等关键人群实行价格补贴。防止物价上涨干扰宏观调控政策特别是稳健货币政策的实施。

附表　2020年主要宏观经济指标预测

指标	2018年 总量（亿元）	2018年 同比增速（%）	2019年预测 总量（亿元）	2019年预测 同比增速（%）	2020年预测 总量（亿元）	2020年预测 同比增速（%）
GDP	900310	6.6	967650	6.1	1040000	6.0
第一产业	64734	3.5	68300	3.0	72100	3.0
第二产业	366001	5.8	387300	5.4	427000	5.0
第三产业	469575	7.6	512050	6.9	540900	6.7
规模以上工业增加值	—	6.2	—	5.5	—	5.0
城镇固定资产投资	635636	5.9	670590	5.5	707500	5.5
房地产投资	120264	9.5	131090	9.0	140300	7.0
社会消费品零售总额	380987	9.0	411450	8.0	440200	7.5
出口（美元）	24874	9.9	24710	−0.3	24710	0.0
进口（美元）	21356	15.8	20610	−3.5	21640	5.0
居民消费价格指数		2.1		2.7		3.5
工业生产者出厂价格指数		3.5		−0.3		0.0

参考文献

［1］汤铎铎、刘磊、张莹：《长期停滞还是金融周期》,《经济学动态》2019 年第 10 期。
［2］祝宝良：《当前我国经济形势及展望》,《中国金融》2019 年第 2 期。
［3］祝宝良：《2018 年中国经济形势和 2019 年展望》,《中国经济报告》2019 年第 1 期。
［4］蔡昉：《稳就业就是稳定经济大局》,《中国经济报告》2019 年第 4 期。

B.4
2020年经济形势展望及重点政策建议

陈昌盛 杨光普*

摘 要： 当前我国经济运行的外部环境严峻复杂，全球经济周期性下行与内需持续走弱碰头，中长期供给冲击与高质量发展攻坚碰头，中美经贸摩擦长期化与国内风险化解攻关碰头，各类不确定性和风险挑战有增无减，供需两端疲软态势尚未有明显改善迹象，经济运行下行压力依然较大。为避免经济增速降至潜在增速以下，仍要坚持稳中求进工作总基调，坚持深化供给侧结构性改革，保持战略定力巩固"三去一降一补"成果，通过强化竞争政策基础性地位增强微观主体活力，以夯实产业基础能力为根本提升我国产业链水平，以完善要素市场化配置机制为重点畅通国民经济循环，同时把逆周期调节宏观政策放在更加突出位置，围绕"稳、扩、调"三结合思路，确保积极财政政策精准发力，提高货币政策逆周期调节效力，顶住下行压力，为经济平稳运行、供给侧结构性改革顺利推进和推动高质量发展创造良好环境，努力实现"十三五"规划确定的目标，确保完成全面建成小康社会的任务。

关键词： 下行压力 稳中求进 逆周期调节

---

* 陈昌盛，国务院发展研究中心宏观经济研究部部长、研究员，主要研究方向为宏观经济、财税体制和货币金融政策；杨光普，国务院发展研究中心宏观经济研究部副研究员，主要研究方向为宏观经济、货币政策和竞争政策。

2019年以来，面对更加错综复杂的国内外形势，在以习近平同志为核心的党中央坚强领导下，各地区各部门坚持稳中求进工作总基调，坚持以供给侧结构性改革为主线，加大宏观政策逆周期调节力度，有力有效应对中美经贸摩擦，经济运行保持在合理区间，预计全年经济增长6.1%。展望2020年，我国经济运行的外部环境更加严峻复杂，经济运行下行压力依然较大，不排除经济增速降至潜在增速以下的风险。因此，要坚持深化供给侧结构性改革，增强微观主体活力，提升产业链水平，畅通国民经济循环，顶住下行压力，为经济平稳运行、供给侧结构性改革顺利推进和推动高质量发展创造良好环境。

一 2020年我国经济运行的外部环境

2020年，经贸摩擦持续升级将继续拖累全球经济，政治问题经济化将给全球经济带来更多不确定性，国际金融市场的脆弱性进一步增加，而主要经济体的应对政策空间有限，我国经济发展的外部环境更加复杂严峻。

（一）经贸摩擦持续升级依然是拖累全球经济的最主要因素

2019年以来，美国继续高举贸易保护主义大旗，与中国、日本、印度和欧盟等经济体之间的经贸摩擦不断升级，并且这种示范效应已经开始向日、韩等非美经济体扩散。受此影响，2019年前9个月全球货物贸易量增速已下降到1%左右，创下2012年以来最低水平。经贸摩擦对主要经济体制造业造成直接冲击，多国制造业采购经理指数（PMI）已跌破荣枯线。与此同时，制造业的收缩效应正逐步外溢到服务业。2019年二季度以来，服务贸易增速开始下行，航空、航运、金融、信息和通信技术等生产性服务贸易均呈现下跌趋势。若贸易紧张局势延续，2020年全球服务贸易将面临下行风险，全球货物贸易甚至会出现负增长。更加值得警惕的是，不断加剧的经贸摩擦正在冲击全球供应链，跨国企业为了规避高关税，正在加速调整全球生产布局，部分领域供应链受到阻隔甚至断裂的风险增大。从中长期看，全球供应链重构对我国企业在国际市场中的位势将产生重大影响。

（二）国际金融市场的脆弱性进一步增加，而主要经济体应对经济下行的政策空间有限

全球经济不确定性上升加剧了金融市场动荡。2019年，全球主要股市波动的频率和幅度明显加大，股票波动指数年内先后出现三次较大幅度上升。房地产市场、债券市场、外汇市场、金融衍生品市场也都出现大幅波动。资金大量涌向防御性资产，长期国债收益率持续下降，并与短期利率出现倒挂，全球负利率债券已突破17万亿美元。自年初以来，黄金价格持续上涨，已突破1500美元/盎司的重要关口，创下历史新高。随着全球主要经济体货币政策转向宽松，利率中枢显著下移，全球金融资产估值屡创新高，尤其是全球避险资产价格加速上涨，收益率持续下降，2020年防御性资产的价格将维持高位运行，风险资产价格波动幅度和频率将继续加大，国际金融市场脆弱性进一步增加。一旦金融市场出现大跌导致再次发生金融危机或经济危机，主要经济体的应对政策空间将非常有限，且目前的全球治理体系也将很难实现主要经济体之间的政策协调。

（三）政治问题经济化将给全球经济带来更多不确定性

2020年是美国的大选之年，美国对华政策将成为各方讨论的焦点，尤其在全球民粹主义持续升温的背景下，经济问题政治化与政治问题经济化的趋势会更加明显，共和、民主两党都会炮制出更多涉华议题并进行炒作，包括市场经济地位、发展中国家待遇、WTO改革、人民币汇率、金融安全、意识形态、人权、民族宗教等多个领域，美国对华经贸政策存在反复的可能性。美国借台湾地区"大选"、香港地区"暴动"等议题进行炒作，对我国进行抹黑，并将继续利用台海、南海问题等牵制我国，政治因素驱动的摩擦事件将明显增多。同时，2020年也是英国的"脱欧"之年，英国、欧盟及全球经济都将受到直接或间接的影响和冲击，主要经济体之

间的投资贸易关系也将发生改变，由此带来的一系列不确定性值得高度关注。中东紧张局势不断升温，各种冲突此起彼伏，将加剧国际原油及大宗商品市场的波动。此外，美国插手香港、台湾、南海问题，将进一步加剧发展环境的复杂性。

二 2020年国内经济依然面临较大下行压力

当前，我国经济运行总体平稳，主要宏观经济指标保持在合理区间。但也要看到，受内外环境共同影响，长短期因素交互作用，全球经济周期性下行与内需持续走弱碰头，中长期供给冲击与高质量发展攻坚碰头，中美贸易摩擦长期化与国内风险化解攻关碰头，各类不确定性和风险挑战有增无减，市场预期较为脆弱，企业投资信心不足，供需两端疲软态势尚未有明显改善迹象，2020年我国经济依然面临较大下行压力，不排除经济增速降至潜在增速以下的风险。

（一）全球经济周期性下行和内需持续走弱碰头

2019年，全球经济周期性下行态势明显，90%以上的经济体增速同步回落，尤其是美国和欧元区的放缓态势超出预期，全年增速回落至金融危机以来最低水平，这一态势可能延续至2020年。全球经济同步下行将使我国外需进一步承压，叠加中美经贸摩擦的影响，2020年我国出口负增长的可能性不断加大。与此同时，我国内需增长仍然乏力，消费和投资需求持续走弱。一方面，受居民收入增速放缓、家庭部门债务负担持续加重等因素影响，居民消费支出意愿不强，社会消费品零售总额增速延续缓慢下行态势，近两年年均下降1个百分点。如果剔除价格因素，2020年实际消费增速预计将下降至6%以下。另一方面，固定资产投资短期内难有明显回升。受外需不足、预期不稳、订单增长缓慢、盈利能力下降等因素影响，制造业企业投资意愿难有明显改观。国务院发展研究中心三季度企业问卷调查结果显示，有48.0%的企业表示销售利润率在5%以下（含亏损），有31.9%的企业表示销售利润率在5%~10%，总体销售利润率仅为6.5%左右。与此同时，表示未来一段时间有增加投入计划的企业占比不足50%，而有16%的受访企业表示计划缩减投入或退出部分业务甚至完全退出市场。地方政府可用于项目建设的资金不足，加之项目储备不足和土地、环境容量等制约，基础设施投资回升空间仍然有限。受房地产调控政策趋严的滞后影响，房地产投资高位增长的态势难以延续。

（二）中长期供给冲击与高质量发展攻坚碰头

中美经贸摩擦不断升级对我国经济的冲击不仅体现在需求端，也体现在供给端，并且对供给端的冲击更为持久与广泛。从调研情况看，以美国为主要市场的劳动密集型企业向东南亚国家转移的规模正在扩大，电子信息技术企业向我国台湾地区、韩国、日本回流的态势显现，并带动关联配套企业外移，加之美国将我国更多企业纳入出口管制实体清单，我国产业链不稳不强不安全的特征显现，我国产业链的脆弱性，尤其是关键核心技术受制于人的问题进一步暴露，产业升级的难度明显加大。与此同时，随着我国经济由高速增长阶段转向高质量发展阶段，环保、能源、土地、资源、杠杆、安全等方面的约束不断强化，供给端短期内尚不能完全消化这些成本，产品附加值和利润率较低的企业生存空间不断收窄，加上"僵尸企业"退出进程缓慢，企业的破产清算、重组并购、注销退出，劳动力再就业以及其他生产要素的重新配置一定程度上还不够顺畅，要素市场化改革依然需要加快推进，结构调整阵痛持续显现，新旧动能转换速度有所放缓。国务院发展研究中心的企业问卷调查显示，部分地区、部分行业、部分企业生产经营仍面临较多困难，企业销售利润率下降，减员压力有所增加，"融资难"问题尚未明显缓解，部分企业"杠杆率"仍然偏高，加上中美经贸摩擦的持续冲击，企业对未来发展前景的预期尚未明显改善。

（三）中美经贸摩擦长期化与国内风险化解攻关碰头

经过一年的谈判，中美经贸磋商已取得阶段性进展。但必须认识到，美

国对我国战略遏制和加大施压力度的态势不会改变，中美经贸摩擦长期化、复杂化、扩大化的态势不会改变，即便中美达成阶段性协议，但未来相当长时间，打打谈谈或打打停停将是一种常态。除了对我国出口、科技、产业链造成直接冲击以外，中美经贸摩擦还可能进一步向深层次多领域扩散，依然是干扰我国经济运行和市场预期的外部最大不确定因素。与此同时，国内经济运行中长期积累的风险尚未消除，甚至部分领域风险还在加速暴露。中小金融机构经营压力增大，不良贷款余额反弹，加大了金融系统的脆弱性。金融资源持续向房地产领域过度集聚，居民部门杠杆率持续上升，房地产市场风险继续积累。猪肉价格高企扰动通胀预期。2020年猪肉供给仍有较大缺口，初步估计要到下半年才会有所缓解。部分地方基层财政困难凸显，保工资、保运转、保基本民生的矛盾突出，部分地方到期偿债压力较大，地方政府隐性债务风险有可能向金融体系转移。

总体来看，随着宏观政策逆周期调节效应进一步显现，2020年投资、消费增速降幅有望收窄，出口增速有望与2019年持平，供给侧结构性改革的深化也将增强经济增长的内生动力，但全球经济周期性下行与内需持续走弱碰头，中长期供给冲击与高质量发展攻坚碰头，中美经贸摩擦长期化与国内风险化解攻关碰头，2020年各种风险挑战更多更大，我国经济下行压力持续增大。从增速来看，2020年经济增速会略低于2019年，预计在6%左右。从就业来看，目前企业用工情况总体稳定，50.7%的受访企业表示用工数量较以往没有明显变化，36.2%的受访企业表示用工数量有所增加，考虑到中美经贸摩擦升级和经济下行压力加大影响，失业率存在小幅上升的可能，预计2020年城镇调查失业率在5.5%左右。从物价来看，近期CPI波动主要是猪肉价格波动带来的，剔除食品和能源价格以后的核心CPI涨幅温和，考虑到2020年猪肉价格同比涨幅会较2019年有所回落，新涨价因素很难超过2019年，叠加翘尾因素后，CPI涨幅有望控制在3.0%左右。从国际收支来看，预计2020年出口增速与2019年大体持平，同时进口增速有望由负转正，经常账户顺差将进一步收窄，国际收支大体平衡。

三 2020年经济工作思路及政策重点

当前的宏观调控面临国际与国内、总量与结构、供给与需求的多重制约。我们要从长期大势把握当前走势，更加注重长短结合，更加注重供需平衡，更加注重内外统筹，保持战略定力，坚持以经济建设为中心，坚持稳中求进工作总基调，牢牢把握结构性体制性矛盾大于周期性因素的总体特征，抓住主要矛盾，坚持深化供给侧结构性改革，努力实现"十三五"规划确定的目标，确保完成全面建成小康社会的任务。

（一）围绕"稳、扩、调"三结合思路，确保积极财政政策精准发力

2020年要继续坚持实施积极的财政政策，围绕"稳、扩、调"三结合思路，明确重点、主攻要点、精准发力。2019年我国实施了更大规模减税降费，全年预计减税降费超过2万亿元，对改善企业盈利和提振市场信心成效显著。与此同时，这一政策也造成一定财政压力，部分地方政府收支平衡困难加大。因此，2020年我国不具备开展新的大规模减税空间，而应进一步完善减税政策细节措施，着力解决政策实施中少数行业减负不明显、减税降费红利传导不畅等问题，巩固减税降费成果，等待税基扩大，发挥减税降费促进投资和消费的作用。同时，可适当提高赤字率和扩大地方政府专项债规模，充分发挥资金撬动作用，保持总需求稳定增长。建议将2020年赤字率调高至3.0%，并将新增赤字规模主要用于弥补减税降费带来的预算收支缺口、保障基层财政正常运行。这样的安排，有利于强化宏观政策逆周期调节，有利于向外界释放加大积极财政政策力度的信号，进一步引导企业预期，增强市场信心。如果2020年经济下行压力进一步加大或不可预期的负面因素持续增多，必要时可将赤字率提高到略高于3%。此外，应继续调整支出结构，突出财政支出支持重点，在足额保障"三保"等刚性支出基础上，将财政资金更多用于创造新经济增长点的领域，包括5G网络等新型基础设施建设、城市老旧小区改造，以及沿江高铁、烟大隧道、琼州海峡隧道

等重大项目建设在内的跨区域重大基础设施建设，为开启全面建设社会主义现代化国家打基础。

（二）货币政策要提高逆周期调节效力

2020年稳健的货币政策要保持松紧适度，强化逆周期调节力度，保持广义货币（M2）增速和社会融资规模增速与名义GDP增速相匹配，保持流动性合理充裕，下大力气疏通货币政策传导机制，加大对实体经济特别是中小微企业、民营企业的融资支持力度，加强对制造业中长期贷款的支持。这样的安排既能体现货币政策的连续性，也能体现逆周期调节的取向，更有利于引导预期。与此同时，在经济下行压力不断加大的背景下，要增强对宏观杠杆率短期反弹的容忍度，将重点放到优化杠杆结构，加快处置传染性强、危害性大的杠杆风险。同时，强化宏观审慎政策与货币政策的协调配合，重点是推动银行特别是中小银行多渠道补充资本金，通过兼并重组、地方救助等多种方式化解中小银行风险，为我国经济的健康运行提供稳定的金融环境。

（三）保持战略定力巩固"三去一降一补"成果

深化供给侧结构性改革，既要坚持既定方向，丰富政策内涵，又要根据经济发展的最新变化，增强政策的针对性和有效性，更多用市场化、法治化的方法，巩固"三去一降一补"成果。去产能方面，坚持用市场化、法治化手段推动钢铁、煤炭、煤电行业化解过剩产能，加快建立"僵尸企业"有效退出的体制机制，强化产能置换指标交易等市场化手段，鼓励先进企业重组并淘汰落后产能，释放各类存量要素资源；去库存方面，把增加土地的有效供应放在更加突出位置，推进租购并举住房制度建设，促进房地产市场平稳健康发展，持续加大去库存力度，加快化解非住宅商品房库存和房地产市场风险；去杠杆方面，把提高企业营业收入和盈利能力放在更加突出的位置，积极引导企业更加重视分母增速高于分子增速以实现可持续去杠杆；降成本方面，持续贯彻落实国家减税降费政策，进一步推进"放管服"改革，切实降低全社会各类营商成本,包括企业用能、物流、社保等成本;补短板方面,瞄准经济社会发展关键短板,加大生态环保、农业农村、社会民生等领域补短板力度。在下一步的去产能、去杠杆、严监管、强环保工作中,应减少行政手段的干预,严格执行质量、环保、安全、风控等标准,让市场机制发挥作用,通过市场竞争淘汰落后产能,防止行政干预带来新的供求失衡,影响下游产业的竞争力。

(四)通过强化竞争政策基础性地位增强微观主体活力

聚焦实体企业和中小企业面临的突出问题,以进一步强化确立竞争政策的基础性地位为主线,从体制、法律、政策等方面多管齐下,重点在产权保护、依法执政、公平竞争等关键领域有所突破,加快稳定市场预期,增强企业信心,增强微观主体活力。认真贯彻落实中共中央、国务院《关于完善产权保护制度依法保护产权的意见》,及时修订宪法、物权法、知识产权保护法中对不同产权的差异化描述,加强政策的法治化,规范政府行为,强化各级政府的契约精神和对市场的敬畏意识,减少监管政策对企业利益的不合理侵犯,杜绝因政府换届造成的违约、毁约现象。加快梳理相关法律法规,对涉及市场主体经济活动的规章、规范性文件和其他政策措施开展公平竞争审查,及时修订与竞争政策相抵触的条文,向社会公布详细的工作计划,并定期公布审查结果。加快落实党的十九大精神,加快实现对国有企业从以"管企业"为主向以"管资本"为主的转变。以公平竞争审查制度为基础确立"竞争中立"原则,确保政府的行为不给任何实际的或潜在的市场参与者尤其是国企带来任何"不当的竞争优势"而破坏市场竞争,在税收征管、财政补贴、研发创新、人才管理、行业监管、政府采购等方面给予不同所有制企业以同等待遇,以减少对竞争环境的扭曲和破坏。推进具有垄断势力的国有企业所在行业的体制改革,在军工、电力、民航、电信、石油、供销、农垦、铁路等领域迈出实质性步伐,降低市场门槛,吸引民间资本、社会资本等。完善改革的支撑配套条件,提高社会各界对改革方案制定的参与度,凝聚改革共识,让更多的人参与改

革、推动改革。只有微观主体有活力，宏观经济增长才有动力，国家发展才有竞争力。

（五）以夯实产业基础能力为根本提升我国产业链水平

要充分发挥集中力量办大事的制度优势和超大规模的市场优势，以夯实产业基础能力为根本，以自主可控、安全高效为目标，以企业和企业家为主体，以政策协同为保障，坚持应用牵引、问题导向，坚持政府引导和市场机制相结合，坚持独立自主和开放合作相促进，推动科研资源和力量的整合，集中优势力量突破"卡脖子"技术，解决跨行业、跨领域的关键共性技术问题，提高关键设备和基础软件的自主研发生产能力，补齐我国产业链短板，着力解决我国产业链不稳不强不安全问题。积极采取措施，稳住跨国公司和高新技术企业的总部和研发、设计等关键环节，稳住关系产业链安全的核心企业，支持上下游企业加强产业协同和技术合作攻关，增强产业链韧性，提升产业链水平，在开放合作中形成更强创新力、更高附加值的产业链。健全职业技术教育体系，提高职工的专业技术能力和业务素质，发挥企业家精神和工匠精神，培育一批"专精特新"中小企业，提升产品质量。

（六）以完善要素市场化配置机制为重点畅通国民经济循环

国民经济的运行是通过各具体环节的运行流转来实现的。如果各环节处处"摩擦""梗阻"，国民经济循环就会受阻，政策传导机制不畅，经济状况就会恶化。要打通梗阻，重点是要加快完善要素市场化配置机制，畅通货币政策和减税降费政策传导机制，促进要素自由流动，实现资源的优化配置，提升宏观政策的逆周期调节效力。以深化户籍制度改革为突破口，以完善劳动就业法律制度为抓手，深化劳动力市场改革，打破城乡、地域、行业分割和身份、性别歧视，积极顺应新产业和新用工形式的发展，使有能力在城镇稳定就业和生活的常住人口有序实现市民化，实现劳动力在城乡之间自由流动。深化金融体制改革和利率市场化改革，把为实体经济服务作为出发点和落脚点，全面提升金融服务能力和水平；健全金融监管体系，加快相关法律法规建设，完善金融机构法人治理结构；加强宏观审慎管理制度建设，加强功能监管和行为监管，守住不发生系统性金融风险的底线。逐步改变供给主体单一、土地市场不统一、用地结构不尽合理的格局，严格用途管制和用地规划管理，完善农村集体经营性建设用地权能，加快建设城乡统一的建设用地市场，实现农村集体经营性建设用地与城市建设用地同等入市、同权同价。坚持需求导向和企业主体，深化技术市场改革，强化技术转移和成果转化法律法规和政策保障，加强人才培养体系和公共服务平台建设，创新技术成果确权、流通、增值与退出机制，形成有利于技术转移和成果转化的新机制、新模式和新业态，加快形成全国技术市场服务网络。

（七）进一步扩大开放

以进一步扩大对外开放倒逼国内深化改革，加大对自贸试验区和自由贸易港改革探索授权力度，在医疗卫生、教育、电信等领域加大开放的先行先试力度。加快解决金融等服务业领域"大门开了、小门不开"问题。进一步自主降低关税水平，努力消除非关税贸易壁垒，大幅削减进口环节制度性成本。以参与更高水平多边贸易协定对冲中美经贸摩擦影响，加快推进RCEP谈判进程，争取年内取得实质性进展。加快做好加入CPTPP谈判的可行性研究和前期准备，有效制衡美对我经贸施压。以高水平对外开放营造更有吸引力的外商投资环境，尽快出台实施新《外商投资法》细则，压缩外商投资负面清单条目。

参考文献

[1] 王一鸣、陈昌盛、杨光普：《对9932家企业三季度生产经营状况的问卷调查报告》，《调查研究报告》2019年第190号。

[2] 陈昌盛、杨光普：《以提升全要素生产率为重点推动高质量发展》，《调查研究报告》2019年第107号。

［3］王一鸣、陈昌盛等：《打造升级版：深化供给侧结构性改革》，中国发展出版社，2019。

［4］陈昌盛：《深化六项改革推动高质量发展》，《中国经济时报》2018年12月18日。

［5］杨光普、陈昌盛：《加快确立竞争政策的基础性地位》，《经济日报》2018年11月29日。

B.5
2019年经济形势分析及2020年展望

中国宏观经济研究院经济研究所课题组 *

摘　要： 2019年我国经济保持了总体平稳、稳中有进的发展态势，经济运行呈现"宏观稳、结构优、韧性足"的总体特征。我国经济运行面临的外部环境趋紧，国内实体经济发展较为困难、局部性和区域性问题凸显、债务和金融风险隐忧累积等长短期风险挑战交织叠加，均对经济平稳运行形成一定掣肘。展望未来，供给面或将保持整体平稳，需求面景气度有望回升，价格涨幅仍处温和区间，短期经济运行仍将呈现稳中趋缓态势。为此，应全面做好"六稳"工作，把稳增长放在更加突出的位置，发挥政策合力，释放微观主体活力和经济内生动力，力促经济在平稳运行中高质量发展。

关键词： 经济形势　经济展望　高质量发展

2019年以来，我国经济发展面临全球经济减速、中美贸易摩擦升级、地缘政治紧张等新的不确定性和挑战，在一系列供给侧结构性改革和逆周期调

---

* 中国宏观经济研究院经济研究所课题组：孙学工，中国宏观经济研究院经济研究所研究员、所长，主要研究方向为中国宏观经济、财政金融、国际经济；杜飞轮，中国宏观经济研究院经济研究所副研究员、宏观经济形势研究室主任，主要研究方向为宏观经济形势分析与预测；刘雪燕，中国宏观经济研究院经济研究所副研究员、宏观经济形势研究室副主任，主要研究方向为宏观经济形势分析与预测、经济增长战略、宏观经济模型；杜秦川，中国宏观经济研究院经济研究所助理研究员，主要研究方向为宏观经济形势分析与预测；何明洋，中国宏观经济研究院经济研究所助理研究员，主要研究方向为宏观经济形势分析与预测、数量经济模型。

节政策措施的有力推动下，我国经济依然保持了总体平稳、稳中有进的发展态势，能够取得这样成绩实属不易。展望2020年，经济发展环境仍然严峻，经济运行中的不确定不稳定性因素较多，经济下行压力依然较大。为此，要增强底线意识，把稳增长放在更加突出的位置，加大政策力度，优化政策组合，发挥政府和市场两个积极性，促进经济平稳运行，着力推动经济高质量发展。

一 2019年经济运行的总体特征

2019年初以来，在国内外环境日趋复杂多变的背景下，我国经济延续了总体平稳、稳中有进的发展态势，主要宏观经济指标继续运行在合理区间，呈现"宏观稳、结构优、韧性足"的总体特征。

主要经济指标运行平稳。一是经济增长稳。2019年供需增长虽较上年有所回落，但经济增长稳态未改。前三季度，国内生产总值（GDP）增长6.2%，预计全年增速也将保持在该增长水平，可望实现全年6.0%~6.5%的既定目标。二是就业稳。1~9月，全国城镇新增就业1097万人，与上年同期基本持平，已完成全年目标任务的99.7%。城镇失业人数持续下降，2019年上半年相较上年同期减少22万人，同比下降2.27%。9月，城镇调查失业率为5.2%，与2019年上半年基本持平，其中25~59岁就业人员调查失业率为4.6%，低于总体调查失业率0.6个百分点。招聘机构的数据显示，第三季度我国就业景气度较上半年有所回升，保险、教育培训、互联网等行业就业形势整体较好，东部、中部地区人才市场需求依旧旺盛。三是价格稳。前9个月，居民消费价格指数（CPI）同比上涨2.5%，虽然食品价格尤其是畜肉价格上涨带动物价结构性上涨明显，但非食品类商品价格总体平稳、稳中趋弱。剔除食品和能源后的核心CPI相对稳定在1.6%左右，较上年同期回落0.2个百分点。四是国际收支稳。前9个月，人民币汇率小幅贬值，下半年人民币对美元在破7后运行仍然相对稳健。贸易规模持续扩大，1~9月，累计贸易顺差达2.05万亿元，较上年同期多增6271.6亿元。

外汇储备规模基本稳定在3万亿美元以上。五是居民收入稳。前三季度，全国居民人均可支配收入实际增长6.1%，与经济增长基本同步。

经济结构持续优化。随着供给侧结构性改革的不断深入以及促进形成强大国内市场相关政策的有序推进，供需结构不断改善。一是内需对经济增长贡献更加凸显。消费需求在我国经济中的占比不断上升，作为经济发展的"压舱石"和"稳定器"作用更加明显。2019年前三季度，最终消费支出增长对经济增长的贡献率为60.5%，较上半年提高0.4个百分点，服务消费和发展享受型消费占比提高，新兴消费快速增长。前9个月实物商品网上零售额同比增长20.5%，快于全部消费12.3个百分点，休闲康养、文化旅游、教育培训等改善型、提升型消费均实现快速发展。二是我国产业结构不断优化。传统产业转型升级步伐加快，工业和服务业新动能加速发展，新旧动能加快转换，供给体系质量不断提高。前三季度，全国技术改造投资增长8.9%，增速高于全部制造业投资6.4个百分点，高技术产业、装备制造业、战略性新兴产业等工业新动能增加值水平以快于全部工业2~4个百分点的增速迅猛发展，战略性新兴服务业、科技服务业、高技术服务业等服务业新动能企业营业收入持续提升。三是出口结构日趋优化。2018年以来，中美经贸摩擦不断升级、全球经济减速态势日趋明显，对我国外部贸易形势带来挑战，但伴随着我国一系列有针对性的政策和举措，2019年前9个月出口增速始终维持在5%以上水平，除美国以外的其他主要出口市场外贸增速均基本保持平稳，"一带一路"沿线国家等新兴市场的加速开拓使得出口结构日趋多元，抵御外部风险尤其是个别市场波动的能力逐步提升。1~9月，我国对欧盟的出口增速始终保持在10%以上的较高水平，同期对日本、东盟的出口状况基本平稳，共建"一带一路"的逐步推进使得我国与沿线国家的合作水平大幅提升，"一带一路"贸易额指数和货运量指数分别由年初的123.6和121.2升至8月的133.7和144.9。

主要市场保持基本稳定。一是房地产市场稳定运行。2019年前9个月，房地产开发投资完成额同比增长10.5%，高于全部固定资产投资5.1个百

分点，成为支撑2019年投资增长的重要因素，其中住宅投资增长14.9%，高于上年同期0.9个百分点。建筑工程投资和设备工器具购置投资分别增长10.6%和22.9%，带动上游钢铁、水泥、机械制造等行业实现较快增长。房屋施工和新开工面积分别增长8.7%和8.6%，商品房销售额同比增长7.1%，其中住宅类商品房销售额增速达10.3%，显示房地产市场供需总体平稳。去库存背景下，商品房待售面积持续回落，住宅和商业营业用房分别下降13.5%和5.8%，库存水平的回落为后续市场价格的稳定提供一定支撑。二是汽车市场逐步企稳。上半年汽车市场产销领域总体低迷，年中以来各项指标逐步企稳，市场景气程度有所改善。前9个月，汽车制造业增加值同比下降0.8%，降幅较上半年减少0.6个百分点。下半年汽车产销降幅收窄，生产下行速度减缓，前三季度汽车产量增速较上半年提高2.2个百分点，汽车销量增速较年初提高5.5个百分点，汽车类商品限额以上零售额同比下降0.7%，增速较年初提高2.1个百分点，汽车销售持续回落的局面有所改善。三是资本市场相对稳定。股票市场震荡运行，上证综指、深圳成指、创业板指等主要股指均在震荡中上行，三大股指分别由年初的2465点、7149点和1229点增至10月下旬的2954点、9660点和1675点，涨幅依次达19.8%、35.1%和36.3%。股票市场活跃程度总体趋升，9月股市成交数量和成交金额分别达8789亿股和91583亿元，较年初分别增加790亿股和26042亿元。债券市场总体运行平稳，月度债券发行规模始终保持在4万亿元附近。年中以来货币供应持续改善引导债券市场利率逐步下行，7月以来央行已连续3个月实现现金净投放，且投放速度逐步加快，5年期AAA级和AA级公司债月平均发行利率已分别由6月的4.72%和6.53%降至9月的4.08%和6.41%。刚兑预期的打破使得银行体系流动性分层现象日趋常态化，截至9月末国有银行和股份制银行3月期同业存单发行利率分别为2.66%和2.76%，而同期城商行和农商行同业存单发行利率均为3.28%，二者相差52~62个基点；1年期同业存单发行利率之间的差距同样明显，9月末股份制银行、城商行和农商行1年期同业存单发行利率分别为3.05%、3.51%和3.46%。

二 经济运行中的问题和风险挑战

外部环境趋紧，国内区域经济下行态势、金融债务领域隐忧、物价胀缩矛盾等问题凸显，长期的结构性矛盾叠加短期不稳定不确定性因素，加剧实体经济发展困难，对经济平稳运行形成掣肘。

全球经济调整趋势正在形成。由美国对全球主要经济体挑起的全球贸易摩擦等反复发酵，挫伤国际经济合作前景，世界经济回落迹象明显增强。全球制造业普遍陷入低迷，摩根大通全球综合PMI自2019年初以来总体持续回落，从2018年末的52.7回落至2019年9月的51.4。国际机构普遍下调2019年和2020年全球经济增速和贸易增速。OECD的9月最新预测将2019年全球经济增速从此前的3.2%下调为2.9%，对2020年世界经济的预测进一步降低0.4个百分点至3%，认为全球经济扩张情况创金融危机以来最弱。IMF在10月发布的最新一期《世界经济展望》中将2019年全球经济增长从此前预期的3.2%下调至3%，刷新金融危机以来新低；并将2020年全球经济增长预期从此前为3.5%下调至3.4%，将美国2019年GDP增长预期自2.6%下调至2.4%，2020年GDP增长预期下调至2.1%。世贸组织最新预计将2019年、2020年的全球贸易增速分别从此前的2.6%、3%下调至1.2%、2.7%。从增长看，全球主要发达经济体和新兴经济体经济增速普遍下行。2019年第二季度，美国和日本GDP环比折年率分别增长2.1%和1.8%，较第一季度均放缓1.0个百分点；欧元区GDP同比增长1.2%，创5年新低；印度GDP增长5%，为2013年第一季度以来的最低水平；俄罗斯和巴西陷入微增长，GDP仅分别增长0.9%和1%。从生产看，市场需求疲弱导致制造业产出持续萎缩。8月，美国Markit制造业PMI为50.3，创2008年国际金融危机以来新低；欧元区制造业PMI为47，连续7个月处于荣枯线下方；日本、印度、俄罗斯、巴西的制造业PMI也相继进入收缩区间。从金融看，预期转差导致资本市场波动加剧。股市投资悲观情绪上升，债市收益率持续走低，美国、英国等主要股指震荡下行，国债收益率"倒挂"愈演愈烈；新兴市场国家股市普遍陷

入调整，货币贬值明显，近一个月内俄罗斯、印度、巴西、南非等国家货币兑美元汇率均贬值4%以上。同时，全球货币政策纷纷总体转向宽松，各国降息潮汹涌而来更是加剧了资本市场风险偏好变化，投资者对未来经济发展的预期和信心明显下降。此外，一些干扰经济运行的其他因素，如英国无协议脱欧风险加剧、日韩贸易摩擦升级、沙特石油减产给国际原油市场带来冲击等问题频发多变，也对世界经济增长产生一定的拖累效应。

实体经济发展较为困难。2019年以来，受国内外环境不确定性增加、市场需求下滑影响，叠加劳动力、材料、资金等成本上升，企业经营预期谨慎、信心不足，加大了实体企业发展的难度。一是企业效益下滑，市场预期更趋谨慎。全国工业生产者出厂价格同比涨幅持续走低，PPI在7月再次进入负增长区间，并且降幅持续扩大，9月的PPI同比下降1.2%，较上年同期大幅回落4.8个百分点。由此导致规上工业企业效益增速持续下滑，1~8月，全国规上工业企业利润下降1.7%，企业经营压力不断增大。实体企业反映的生产成本上升、应收账款拖欠增多、资金紧张、销售困难、亏损扩面等问题变得更加显性化、普遍化。中国制造业采购经理指数（PMI）连续5个月处于50%的荣枯线之下，表明企业生产扩张意愿总体不强。二是融资难、融资贵问题凸显，有效信贷需求难以得到满足。环保政策、能耗政策、产业政策、行业监管政策等多方面的政策门槛或限制，造成信贷供给与信贷需求不相匹配，加剧资金紧张局面。尽管在降准、调低LPR等政策引导下，贷款利率出现明显下行，但由于评估、担保等其他隐性成本难以下降，企业实际融资成本仍然较高。比如，中国人民银行广州分行对辖内605家小微企业融资情况的问卷调查显示，申请银行贷款的企业中，超过50%的企业认为贷款利率同比下降，但有80%的企业认为评估、保险、审计险资等第三方机构费率和抵押登记、公证等行政事业性费率没有下降甚至有所上升，90%的企业认为担保、保证、风险金等担保费率并未下降。

局部性和区域性困难矛盾上升。一是部分地区经济增长明显下滑。2019年以来，作为我国经济重要引擎的沿海地区的江、浙、沪、粤的经济增速明显放缓。2019年第一季度，上海GDP仅增长5.7%，较上年同期大幅回落

1.1个百分点，前三季度GDP增速虽微幅回升至6.0%，但仍较上年同期回落0.6个百分点。此外，浙江省、江苏省、广东省2019年以来的季度GDP增速均呈现持续放缓态势：三省前三季度GDP分别增长6.6%、6.4%、6.4%，较上年同期分别回落0.9个、0.3个和0.5个百分点。二是部分地方财政收支平衡风险加大。由于财税收入减少、税收开源能力弱而刚性支出不减，地方财政收支困难加大。2018年下半年以来，部分地方经济增速放缓导致地方财政收入增速下滑。由于地方新增税源、税基总体不足，一些地方政府性基金收入落实进度缓慢，无法及时提供资金保障。然而，一些地方财政"三保"支出、"三大攻坚战"支出、民生保障和重点建设项目等刚性需求支出等依然较大。三是部分地区、部分行业潜在就业压力加大。经济下行压力加大，就业不稳定性增加。部分地区、部分行业出现裁员现象，部分岗位存在流失风险，低技能群体转岗就业比较困难。随着新订单数减少，不少企业已出现调整生产计划、减少加班和员工轮休的现象，招工也更趋谨慎。四是部分领域消费价格上涨过快。前三季度，全国CPI同比上涨2.5%，主要是猪肉、果蔬等食品价格涨幅较大。猪肉价格大幅攀升，带动同期牛羊肉、禽肉和蛋类价格也出现了不同程度的上涨。物价结构性大幅上涨，特别是肉、菜、果等与居民生活密切相关的食品价格超预期上涨，直接关系到居民的刚性需求支出，部分低收入群体和生活困难群众反映较为强烈。

债务和金融风险隐忧仍在累积。一是债务杠杆率趋升。中国社会科学院国家金融与发展实验室报告显示：中国实体经济部门杠杆率从上年末的243.7%上升至2019年上半年的249.5%，总体上升5.8个百分点。其中，地方政府杠杆率上升了1.6个百分点至22%，家庭部门杠杆率上升了2.1个百分点至55.3%，而非金融企业部门上升了2.1个百分点至155.7%，地方政府和家庭部门是上升最快的部门。截至2019年8月末，全国地方政府债务余额达21.4万亿元，较2018年末增加30277亿元。一些中西部地区省份如新疆、甘肃、云南、贵州、青海等负债率均在60%以上，偿债和付息压力都较大。部分地区债务融资进入还本付息高峰期等，隐性债务甚至高于显性债务，但化债手段主要依赖财政资金。居民部门特别是低收入家庭债务

水平上涨过快，"短借长用""借新还旧"等问题增多。由于低收入购房家庭面对房价下跌的抗风险能力较弱，如果收入水平难以支撑债务负担，未来可能会卖房还债，恐引致风险传递至房地产、消费等市场。二是中小金融机构信用偏紧。包商银行被银保监会接管事件曾一度引发市场对中小微金融机构短期流动性的担忧，后经相关部门处理得到妥善处置。当前，虽然货币流动性总体较为充裕，但流动性在大中小金融机构间分布不均，一些小微金融机构的流动性总体仍然偏紧，不同程度影响一些小微金融机构正常商业经营。三是股市蕴含股权质押风险。5月以来，受多重因素影响，股市重回调整和下跌状态，市场悲观观望情绪有所加剧，一些股权质押公司股票流动性进一步变差，部分上市公司股权质押问题再次暴露，恐将引发新一轮股权质押及次生风险。四是债市违约风险增多。据中金公司测算，2019年各种到期的金融债、信用债等总量超过6万亿元，较上年增加约15%。总体来看，2019年以来出现的企业债券违约较上年增多。截至8月末，2019年新增及处置进展发生变化的违约债券共92只，其中2019年新违约债券88只，高于上年同期，2018年之前违约债券在2019年1~8月期间处置进展发生变化的仅有4只。

三 下一步经济走势及主要运行指标预测

经济发展的潜能和韧性将继续巩固中国经济基本面，经济增长的宏观动力相对稳定，但外部环境和市场风险也会继续释压，短期经济运行仍将呈现稳中趋缓的态势，价格总水平也有上涨的惯性。预计2020年GDP增长6.0%左右，CPI上涨3.0%左右。

供给面整体保持平稳。从工业经济看，增长保持稳中承压。2019年下半年以来，工业增长在波动中逐步下行，前三季度增速为5.6%，分产业看，新动能行业普遍保持较高增速，而下游行业尤其是以汽车制造业为代表的设备制造业增速下滑是工业增长减速的主要拖累。从2020年走势来看，在新动能行业快速增长、汽车行业景气度回升和贸易摩擦升级导致部分产业受到冲击以及去库存周期延续等因素综合影响下，预计2020年工业整体增速较2019年下半年呈回升态势。从有利条件来看，一是汽车行业生产增长将有所回升。2019年以来，汽车行业在经过连续几个月低增长、去库存之后，当前库存水平明显偏低，未来整个行业的库存回补将拉动汽车制造行业的生产有所恢复。且当前汽车销售端已经有所好转，负增长幅度大幅缩小，预计未来运行中销售端的好转将进一步向生产端传导，加之2019年基数较低，对2020年汽车行业较快增长形成支撑。二是新动能行业保持较快增长速度。2019年工业行业中战略性新兴产业、装备制造业和高技术制造业等新动能行业持续快速增长，前三季度，三者同比分别增长8.4%、6.0%和8.7%，均高于全部规上工业增速。随着供给侧结构性改革的持续推进，新动能行业方兴未艾，加之政策倾斜支持，产业规模持续扩张，成为拉动2020年工业增长的重要力量。三是政策效应持续显现，缓解企业生产经营困难。2019年出台的一系列稳增长政策尤其是下半年出台的政策效应将在2020年陆续显现，如针对制造业的信贷倾斜政策，央行表示MPA评估中已增设制造业中长期贷款和信用贷款等指标，如持续推进的减税降费政策，都将在一定程度上解决企业的生产经营困难，推动企业恢复和扩大生产。从不利条件来看，一是贸易预期的高度不确定性影响企业生产。近期世界银行和IMF等国际机构纷纷调低2019年和2020年的全球经济增长和贸易预期，并警告全球经济面临重大下行风险，加之中美贸易摩擦的前景仍然具有高度不确定性，企业出口订单缺失，部分企业面临整体搬迁，将对工业生产造成一定程度的影响。二是部分行业去库存周期仍将延续。2019年以来，工业企业进入去库存周期，对企业生产造成较为显著的影响。从当前PMI中的产成品库存指数来看，虽较前几个月略有降低，但仍处于较高水平，显示近期去库存仍将延续，对工业生产形成制约。三是低迷的工业生产者出厂价格指数影响企业效益。近期工业生产者出厂价格指数（PPI）持续走低，预计2020年出现负增长的压力将进一步加大，不利于企业的利润增长，进而影响企业对未来的预期，影响企业扩大生产。

从服务经济看，景气度总体较高。2019年以来，服务业保持较快增长，成为经济增长的重要支撑，前三季度同比增长7.0%，分别高出国内生产总值和第二产业增速0.8个和1.4个百分点，对国民经济增长的贡献率达到60.6%，高出第二产业24.3个百分点。2020年的服务业增长在服务出口日渐扩大、新动能和新兴服务业快速增长以及消费升级等因素促进下，预计将继续保持较好增长态势。从有利条件来看，一是2019年以来以信息传输、软件和信息技术服务业与租赁和商务服务业为代表的服务业新兴行业，以战略性新兴服务业、高技术服务业和科技服务业为代表的服务业新动能持续保持快速增长势头，增长速度均高于服务业整体增速，预计2020年这种势头仍将持续。二是服务贸易出口逐渐扩大。2019年1~8月，我国服务贸易出口增长9.7%，高于进口增速10个百分点，其中知识密集型服务贸易表现更为突出。这将为服务业的高速增长提供新的动力。三是减税降费、降低融资成本以及培育拓展新的商品和服务消费增长点等一系列政策措施成效持续释放。从不利条件来看，主要是工业生产收缩使得与生产紧密相关的传统物流、金融等生产性服务业增速放缓。

需求面景气度有所回升。从投资看，持续回落态势或将有所缓解。2019年以来，固定资产投资增长低迷，增速持续走低，预计2020年在扩大有效投资等政策效应持续显现影响下，新动能行业和补短板投资快速增长，基建投资增速有所提高以及制造业投资有所恢复，预计2020年固定资产投资增长不会延续2019年持续回落态势。从有利条件看，一是2019年出台的扩大有效投资相关政策效应持续显现，预计2020年基建投资增长将延续当前的反弹态势，总体增速将高于2019年。二是补短板投资和新动能行业投资快速增长。2019年前三季度高技术制造业和高技术服务业投资增长分别达到12.6%和13.8%，文化、体育和娱乐业投资增长15.5%，是整体投资增长的重要拉动力。三是如前所述，预计2020年工业增长持续下滑的态势将得到扭转，因此2019年拖累整体投资增长的制造业投资总体增长态势将会在一定程度上出现好转。从不利条件来看，一是地方政府面临的资金约束较多。减税降费政策大力实施、土地市场景气度不高以及地方政府债务负担较重等因素制约了地方政府的资金来源,对固定资产投资增长形成制约。二是企业家信心和预期仍具有高度不确定性。全球经济增长前景黯淡、中美贸易摩擦前景不明以及国内经济增长速度回落等因素使得企业家信心不足、预期谨慎,抑制了扩大投资的需求。

从消费看,继续保持平稳运行态势。未来消费增长中,生活必需品消费保持稳定,汽车消费降幅收窄,加之升级类消费保持较高增速对稳定消费增长起到支撑作用。预计2020年在消费环境持续改善、减税降费、个人所得税抵扣政策落实以及促消费政策逐步显效等多因素带动下,消费有望继续保持平稳增长。从有利条件来看,一是汽车销售有所好转。2019年前三季度,消费增长低迷主要受到出行类商品尤其是汽车销售的影响,据国家统计局测算,出行类商品拉低社会消费品零售总额增速超过0.8个百分点,如果扣除出行类商品后,第三季度消费品市场增速比第二季度加快0.4个百分点。近期出行类商品特别是汽车销售下降增长幅度显著缩小,预计第四季度和2020年在基数较低等因素影响下将进一步好转。二是升级类消费仍将保持较高增速。在消费升级大趋势下,消费升级类商品销售同比增速增加,前三季度,可穿戴智能设备、智能家用电器和音像器材、新能源汽车等消费升级商品销售快速增长。预计2020年这种趋势仍将延续。三是居民收入和就业保持稳定。在各地贯彻落实就业优先战略和稳就业各项政策作用下,2019年以来就业形势保持总体稳定,居民收入增长平稳,前三季度,居民人均可支配收入实际增长6.1%,与经济增长基本同步。从不利条件来看,一是价格上涨压力较大。在猪肉等畜肉价格快速走高带动下,2019年CPI逐步走高,9月触及3%,预计2020年猪肉仍然总体供给不足,CPI上涨压力大于2019年,个别月份可能破4,对消费增长形成一定制约。二是居民部门杠杆率持续走高抑制居民消费增长。截至2018年末,中国居民部门的杠杆率为52.6%,2019年上半年进一步上升至55.3%,北京、上海、广东、浙江等部分地区居民部门杠杆率超过60%。2019年7月,中国人民银行报告显示,控制人均可支配收入、社会融资规模等因素后,居民杠杆率水平每上升1个百分点,社会零售品消费总额增速会下降0.3个

百分点左右。

从出口看，下行压力依然较大。在全球经济贸易增长放缓、中美贸易摩擦持续升温等影响下，即便企业出口转移起到一定作用，整体出口下行态势仍难以扭转。从有利条件来看，非美贸易有所增长。2019年以来我国对非美国家的出口增长普遍好于对美出口，2020年贸易伙伴多元化将进一步强化，这将在一定程度上弥补对美出口带来的缺口。从不利条件来看，一是全球经济放缓，外需疲软。8月全球制造业PMI为49.5，连续4个月处于枯荣线下；美、欧、日制造业PMI分别为49.1、47、49.3，均处于荣枯线以下，美国连续5个月下滑。二是中美贸易摩擦加剧，美对华2500亿美元和3000亿美元商品加征关税规模分别提高至30%和15%。从前期加征关税的影响期限来看，预计出口承压可能要到2020年达到峰值。

价格涨幅仍处于温和区间。对未来CPI影响最大的有三个部分：猪肉价格、国际油价和需求拉动因素。首先是猪肉等食品类价格，和大多数商品价格受到供需两端影响不同的是，猪肉、鲜菜、蛋类和鲜果等食品类消费需求总体稳定，受到供给端的影响更为剧烈。从生猪供给面数据来看，至少截至2020年第一季度，生猪供给缺口还将面临较大压力。并且受到非洲猪瘟高传染性、高致死率的持续影响，生猪供给的实际情况可能更悲观，有可能2020年全年都将面临生猪供给缺口，猪肉价格仍将是CPI上涨的主要因素。其次，原油价格大幅上涨可能性不大。随着全球经济放缓，原油整体将处于供过于求的状态，价格大幅上涨的可能性不大。最后是全球和国内经济景气度低迷使得价格失去上涨的基本动力。全球经济复苏步伐再次放缓，主要经济体经济下行压力加大，价格上涨缺乏经济基本面的支撑。综合来看，2020年CPI涨幅仍将处于温和区间。对PPI走势影响最为显著的因素有两个：一是大宗商品价格上涨带来的输入性压力。但当前全球经济低迷使得大宗商品价格上涨缺乏动力，PPI输入性通胀压力不大。二是国内需求拉动。虽然2020年需求面景气度有所回升，但仍然处于较弱区间，加之翘尾较低等统计因素的影响，预计2020年PPI负增长压力将进一步加大。

表1 2020年主要宏观经济指标预测

单位：%

指标	2019年	2020年
GDP	6.2	6.0
全社会固定资产投资	5.3	5.0
社会消费品零售总额	8.0	8.0
规模以上工业增加值	5.4	5.0
服务业增加值	6.9	7.0
出口（人民币）	2.0	-5.0
CPI	2.6	3.0
PPI	-0.2	-1.0

四 相关政策建议

立足当前经济形势的深刻变化，需强化战略思维和底线思维，抓住主要矛盾和矛盾的主要方面，更加注重发展过程中转危为机，在做好"六稳"工作的基础上，把稳增长放在更加突出的位置，着力化解和缓解最突出、最关键的矛盾问题和潜在风险隐忧，强化稳增长与稳民生共进，充分发挥供给侧结构性改革和逆周期调节政策合力，释放微观主体活力，因势利导提升经济内生动力，力促经济在平稳运行中高质量发展。

有效防范应对外部风险。在此轮全球经济格局调整过程中，我国是新供给、新需求、新模式、新体系等"增量"的主要贡献者之一，必然会面临较大的外部压力。为此，必须灵活有效应对外部压力，将其对我国经济发展的冲击降低到最低限度。具体而言，妥善应对中美经贸摩擦，既坚持维护自身利益底线，又有效管控风险。加强同世界主要经济体在经贸规则上的协调，尽可能防范现有多边经贸规则体系受到破坏性冲击；在深化改革、扩大开放的前提下运用更加精准、更加科学、更加灵活的手段维护经济安全。同时，持续提升经济综合实力，为在更高层次参与构建全球经济新格局做好准备。

逆周期调节政策继续加力提效。用好政策空间，发挥好逆周期政策托底的作用，维护宏观环境的大体稳定。一是财政政策供需双向调节，在供给端致力于降成本，落实好现有减税降费政策，切实减轻重点企业的负担，增强企业获得感；在需求端，适度扩大财政支出规模，特别是加大对三大攻坚战和补短板的支持力度。二是松紧适度的货币政策致力于保持流动性充裕及合理配置。提高货币流动性管理水平，规范银行同业借贷行为，引导金融机构错位竞争，促进货币供给结构更加合理；积极发展普惠金融，改善货币政策传导机制，加快推动利率两轨并一轨进程，引导市场利率水平下行。综合运用再贷款、再贴现、定向降准等政策工具，引导金融机构加大对绿色经济、"三农"、脱贫攻坚等领域，以及小微企业、民营企业和科技型企业的支持力度。

深化供给侧结构性改革推动高质量发展。落实好"巩固、增强、提升、畅通"八字方针，切实提高供给体系质量和效率。一是深化"放管服"改革和国有企业改革。进一步健全权力清单和责任清单制度，逐步推广"最多跑一次"改革；提高项目审批服务效率，有效解决项目各前置环节时间长问题。在减税降费的基础上，进一步降低企业制度性交易、融资、社保、用能等成本，切实降低实体经济经营成本。加快国有企业混合所有制改革和国有资本管理体制改革，提高国有资本投资效率。二是着力推动要素市场化改革攻坚。加快户籍制度改革，有序引导农民工市民化；促进农业集体经营性建设用地与城市建设用地同等入市、同权同价；完善资源型产品定价机制，推动土地、排污权、用能等资源要素自由交易和市场化配置。三是深入推进创新驱动发展战略。鼓励支持企业提高创新能力，围绕重大关键技术和共性技术，加快制定实施一批重点产业创新发展行动计划。四是加快推进金融供给侧结构性改革。加快构建银行、股票、债券和风险投资等全方位的金融支持服务体系，搭建"政府—金融机构—企业"对接平台，协调金融机构为企业提供多样化金融产品和服务，提升金融服务实体经济的效能。积极推进科创板建设，推动形成有活力有韧性的资本市场体系；完善逆周期、跨市场系统性金融风险的早期识别预警、事中监测控制和事后救助处置等机制，防范各类金融市场风险共振而引发系统性风险。

着力稳定内需促进形成强大国内市场。以更多的市场化方式和改革的办法稳定扩大国内有效需求。一是持续释放消费增长潜力。鼓励汽车更新消费，促进汽车消费优化升级。挖掘旅游消费新亮点，推动体育旅游、康养旅游等新业态发展。加快发展幸福产业、育婴产业和托育服务产业。推动农村消费提质升级，实施"互联网+农产品"出村进城工程。改善优化消费环境，多渠道提升产品和服务质量，满足本地消费需求。二是积极扩大有效投资。加快推进已确定的基础设施建设等重大工程项目落地，强化在建项目资金保障；加强产业发展短板、行业发展标准等投资，增强制造业投资意愿；进一步放开铁路、能源、电信、市政等领域市场准入，吸引民间投资参与建设，推动投资主体多元化和高效化。规范有序推进PPP项目建设，鼓励引导社会资金投向社会公益服务、公共基础设施、农业农村、生态环境保护、重大科技进步等公共领域。

切实加强保障和改善民生。从民众的根本利益诉求出发，有效解决当前面临的实际困难。一是多措并举稳就业。强化对受中美经贸摩擦、去产能等影响的重点企业就业分类指导和精准帮扶，扩大援企稳岗规模。引导产业资本和社会力量进入养老等领域，进一步开拓就业空间。全面落实失业保险技能提升补贴政策，补助在岗转岗培训，推进灵活就业社保补贴。做好农民工等重点群体就业帮扶，加大创业担保贷款支持力度，降低创业补贴申领门槛。二是千方百计促增收。健全全社会各类从业人员工资正常调整机制，加大工资清欠力度，完善保障工资增长的第三方机制。逐步增加城镇低收入人群、普通从业人员的收入，提高居民社会保障待遇。进一步加大对低收入群体、贫困人口、特殊困难地区的帮扶力度，拓宽农牧民增收渠道。三是统筹平衡稳物价。密切跟踪监测与民生密切相关的商品市场价格变化，及时防治市场投机异常波动，加大对涨幅较大的与民生相关的鲜活农产品的供给力度。建立和完善猪肉等"菜篮子"产品储备制度，统筹产销平衡。建立社会救助和保障标准与生活必需品物价上涨挂钩的联动机制，确保农产品价格上涨不影响困难群众的生活水平。

参考文献

［1］ Organization for Economic Co-operation and Development, "OECD Economic Outlook", https：//doi.org/10.1787/b2e897b0 – en, 2019.

［2］ International Monetary Fund, "World Economic Outlook：Global Manufacturing Downturn, Rising Trade Barriers", https：//www.imf.org/en/Publications/WEO/Issues/2019/10/01/world – economic – outlook – october – 2019, October 3, 2019.

［3］ World Trade Organization, "World Trade Report 2019：The Future of Services Trade", https：//www.wto.org/english/res_e/publications_e/wtr19_e.htm, 2019.

［4］ World Bank, "World Development Report 2020：Trading for Development in the Age of Global Value Chains", https：//openknowledge.worldbank.org/handle/10986/32437, 2019.

［5］ 杜飞轮、刘雪燕、何明洋、杜秦川：《经济运行缓中趋稳　内生动力活力仍需增强——2019年一季度经济形势分析》，《宏观经济管理》2019年第5期。

［6］ 杜飞轮、刘雪燕、何明洋：《2019年上半年经济形势分析及政策建议》，《中国经贸导刊》2019年第15期。

财政形势与税收分析篇

Financial Situation and Tax Analysis

B.6 财政运行分析、展望及财政政策建议

杨志勇*

摘　要： 2019年，财政收入增速明显放缓，财政收入增长面临较大压力，而财政支出保持较快增速。财政运行总体平稳，同时部分地方财政面临较大的压力。2020年应继续坚持加力提效的积极财政政策，在合理评估政策效果的基础上，进一步完善减税降费政策，将减税政策和税制改革更好地协调起来；进一步提高财政赤字率，可以适当突破3%的约束，进一步扩大地方债规模；进一步将财政政策与建立现代财政制度有机地结合起来，推进国家治理体系和治理能力现代化。

关键词： 财政收入　财政支出　财政政策　财政改革

---

* 杨志勇，中国社会科学院财经战略研究院研究员，主要研究方向为财政理论与比较税制。

一　2019年财政运行分析

（一）2019年财政收入增速明显放缓，财政收入增长面临较大压力

2019年1~9月，全国一般公共预算收入150678亿元，同比增长3.3%，比2019年预算的全年同比增速（5%）低1.7个百分点。

图1显示2018年和2019年1~9月一般公共预算收入分月（1~2月合并）的同比增长情况。从总体上看，2019年同比增速低于2018年，但2018年同比增速先高后低，2019年同比增速显现"V"形特征，即先高中低再高。2019年一般公共预算收入压力明显加大，5月同比增长率为负（-2.06%），为全年最低点。

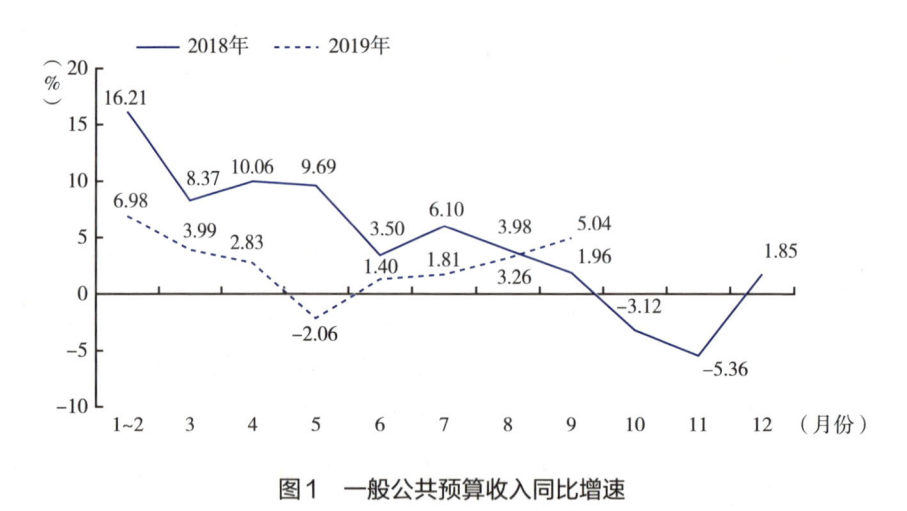

图1　一般公共预算收入同比增速

注：原始数据来源于CEIC数据库，同比增速为作者计算而得，保留小数点后2位。

2019年1~9月一般公共预算收入中的税收收入和非税收入增长情况形成极大的反差。税收收入126970亿元，同比下降0.4%；非税收入23708亿元，同比增长29.2%。可见，非税收入在保持一般公共预算收入的增长方面发挥了至关重要的作用。

图 2 显示 2018 年和 2019 年 1~9 月税收收入分月（1~2 月合并）的同比增长情况。总体上看，2019 年税收收入同比增速明显低于 2018 年，2018 年同比增速先高后低，2019 年同比增速 5 月处于最低点，为 -6.98%。2019 年 5 月开始，月度税收收入同比增速一直为负，但也表现出降速趋缓的特征。由于税收收入是一般公共预算收入的主要形式，税收收入降速趋缓并在第四季度可能恢复正增长（2018 年第四季度税收收入分月同比增速均为负数），对于 2019 年一般公共预算收入的增长有着特别重要的意义。

图 2 税收收入同比增速

注：原始数据来源于 CEIC 数据库，同比增速为作者计算而得，保留小数点后 2 位。

图 3 给出 2018 年和 2019 年 1~9 月非税收入分月（1~2 月合并）的同比增长情况。2019 年非税收入增速远高于 2018 年，总体上处于高位运行的态势。2018 年 1~9 月分月非税收入一直保持负增长，10 月之后增速为正，12 月同比增速高达 42.98%。2019 年非税收入保持较快增速，在很大程度上缓解了税收收入负增长所带来的一般公共预算收入增长压力。由于 2018 年第四季度基数较大，2019 年第四季度非税收入同比增速难以保持 1~9 月的分月增速。

图3 非税收入同比增速

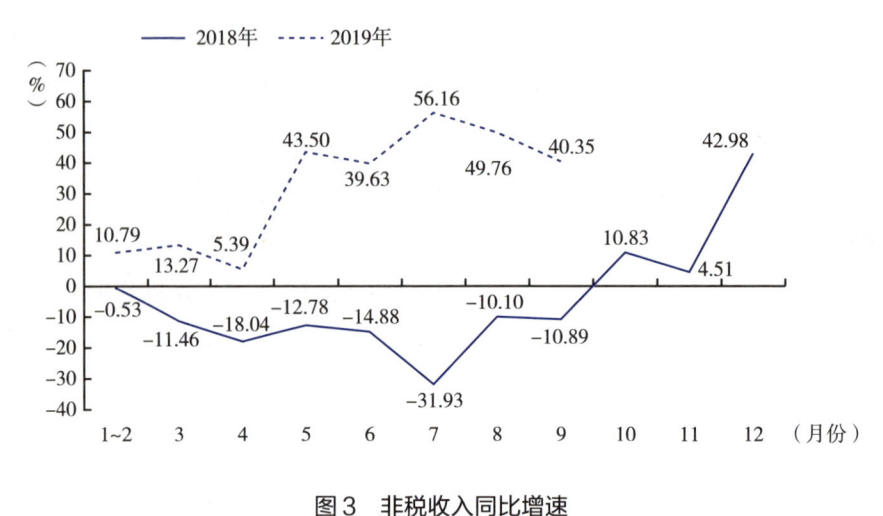

注：原始数据来源于CEIC数据库，同比增速为作者计算而得，保留小数点后2位。

政府性基金预算收入情况：2019年1~9月，全国政府性基金预算收入53163亿元，同比增长7.7%，比2019年预算的全年同比增速（3.4%）高4.3个百分点。

图4显示2018年和2019年1~9月政府性基金预算收入分月（1~2月合并）的同比增长情况。2018年政府性基金预算收入分月同比增速波动较大，5月同比增速高达64.95%，7月只有0.31%，8月又恢复到46.42%的高位，之后又继续波动。2019年政府性基金预算收入总体增速较低，4月之前分月同比增速为负，后保持正增长。土地出让收入是政府性基金预算收入的主要形式，土地出让收入增速决定了政府性基金预算收入增速。

中央和地方一般公共预算收入情况：2019年1~9月，中央一般公共预算收入72045亿元，同比增长3.5%；地方一般公共预算本级收入78633亿元，同比增长3.1%。

图5和图6分别显示2018年和2019年1~9月一般公共预算收入中的中央一般公共预算收入和地方一般公共预算本级收入分月（1~2月合并）的同比增长情况。2018年中央一般公共预算收入同比增速呈现的"先高后低"特征比较明显。2019年1~9月中央一般公共预算收入增长总体上处于

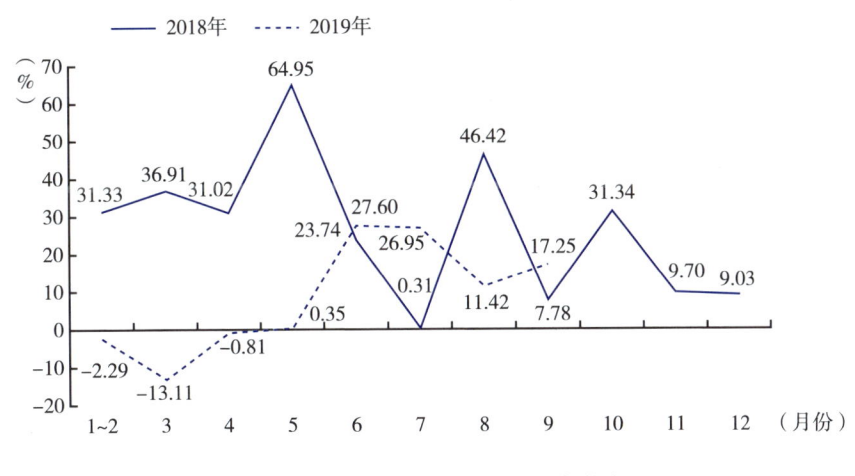

图4 政府性基金预算收入同比增速

注：原始数据来源于财政部网站与CEIC数据库，同比增速为作者计算而得，保留小数点后2位。

较低的水平。2018年地方一般公共预算本级收入同比增速总体上看快于2019年。2019年5月地方一般公共预算本级收入同比增速为-4.93%，之后虽然返正，但6~8月也只是保持在较低的正增长水平上，可见地方财政的压力。

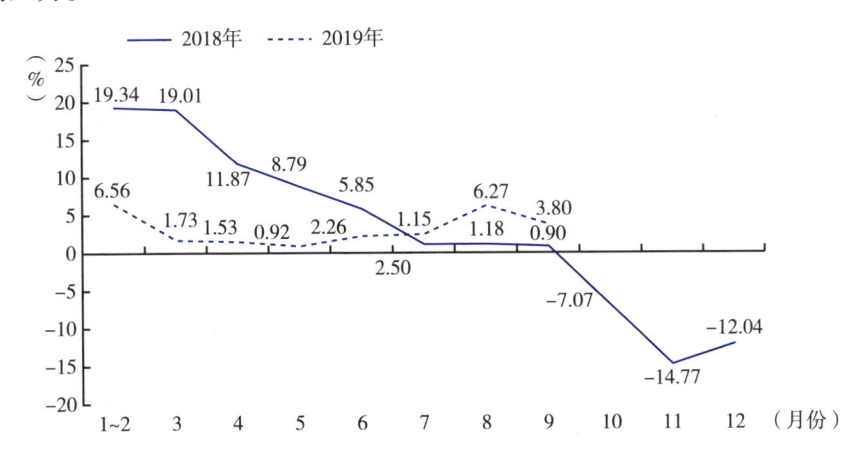

图5 中央一般公共预算收入同比增速

注：原始数据来源于CEIC数据库，同比增速为作者计算而得，保留小数点后2位。

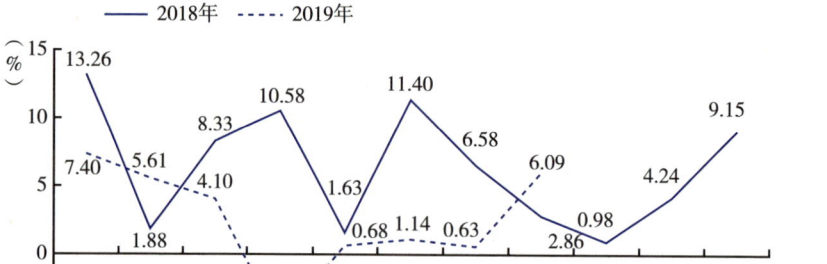

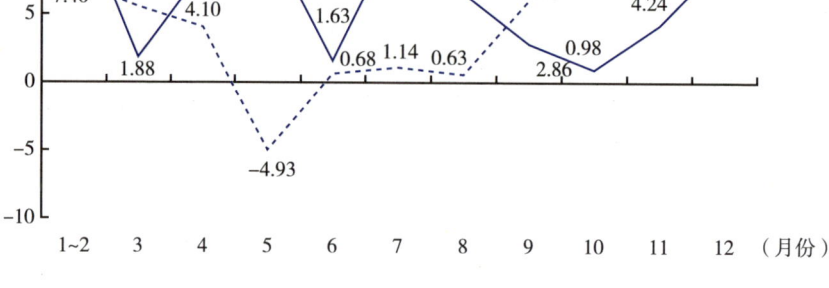

图6 地方一般公共预算本级收入同比增速

注：原始数据来源于CEIC数据库，同比增速为作者计算而得，保留小数点后2位。

从政府性基金预算收入来看，中央和地方政府性基金预算收入情况有较大的不同。2019年1~9月，中央政府性基金预算收入3086亿元，同比下降0.5%；地方政府性基金预算本级收入50077亿元，同比增长8.3%，其中土地出让收入同比增长5.8%。根据2019年预算，中央政府性基金收入4193.15亿元，增长4%。1~9月，中央政府性基金收入未能按照预算设定的速度增长，反而出现负增长。根据2019年预算，地方政府性基金本级收入73754.56亿元，增长3.3%，其中，国有土地使用权出让收入67077.39亿元，增长3%。可见，1~9月，地方政府性基金预算收入比2019年预算的全年同比增速快了5个百分点。政府性基金预算收入在地方政府收入体系中有重要地位，其正增长有助于缓解地方政府收入的压力。

（二）2019年财政支出保持较高增速

2019年1~9月，全国一般公共预算支出178612亿元，同比增长9.4%，比2019年预算的全年增速（6.5%）高2.9个百分点。

图7显示2018年和2019年1~9月一般公共预算支出分月（1~2月合并）的同比增长情况。2019年1~9月一般公共预算支出保持了较高的增

速，财政支出扩张力度较为明显、动作快，3月和4月同比增速远远超过2018年同期。

图7　一般公共预算支出同比增速

注：原始数据来源于CEIC数据库，同比增速为作者计算而得，保留小数点后2位。

政府性基金预算支出情况：2019年1～9月，全国政府性基金预算支出61768亿元，同比增长24.2%，与2019年预算的全年同比增速（23.9%）基本持平。

中央和地方一般公共预算支出情况：2019年1～9月，中央一般公共预算支出25079亿元，同比增长9.2%；地方一般公共预算本级支出153533亿元，同比增长9.4%。

从政府性基金预算支出来看，2019年1～9月，中央政府性基金预算支出1838亿元，同比下降7.2%；地方政府性基金预算本级支出59930亿元，同比增长25.5%，其中土地出让收入安排的支出下降1.7%。

（三）2019年的财政赤字和债务情况

2019年全国预算安排赤字27600亿元，比2018年增加3800亿元，赤字率从2.6%提高到2.8%。同时，安排地方政府专项债券21500亿元，比2018年增加8000亿元。近年来，由于所使用的财政赤字口径，财政收支涉

及财政预算稳定调节基金的调入和调出，年末实际财政赤字和预算赤字完全一致。财政赤字指标只是一般公共预算的赤字，不涉及政府性基金预算，因此，地方专项债券的发行不影响财政赤字率。但是，对于地方来说，专项债券提供了可支配财力。

对于财政运行来说，最大的风险在于地方债。2019年1~9月，全国发行地方政府债券41822亿元。其中，发行一般债券16676亿元，发行专项债券25146亿元；按用途划分，发行新增债券30367亿元（包括新增一般债券9070亿元、新增专项债券21297亿元），发行置换债券和再融资债券11455亿元。2019年全国地方政府债务限额为240774.3亿元。其中，一般债务限额133089.22亿元，专项债务限额107685.08亿元。2019年9月末，全国地方政府债务余额214150亿元，控制在全国人大批准的限额之内，这说明地方政府债务风险总体上是可控的。显性地方债完全可控，需要加以防范的是隐性地方债。隐性地方债本身就是一个有争议的概念。地方债风险争议多由隐性地方债规模的认定不同所致。近年来隐性债的显性化，让地方债管理进入了一个新阶段。

（四）财政运行总体平稳

2019年财政运行总体上看是平稳的，财政收入承受较大压力，部分地方财政压力更大，主要原因包括以下两个方面。一是经济增速趋缓。2018年国内生产总值同比增长6.6%，2019年前三季度国内生产总值同比增长6.2%。应该说，中国经济在较高基数上继续保持中高速增长，在国内外经济环境日趋复杂的背景下，这样的成绩取得是殊为不易的，反映了经济增长的稳中求进特点。但经济增速趋缓，必然会对财政收入增长带来一定的影响。二是减税降费政策对财政收入有较大的影响。2019年减税降费规模预计超过2万亿元，力度之大，前所未有，这是积极财政政策加力提效的重要表现。短期内，大规模的减税降费已经影响到财政收入的增长。例如，2019年4月1日开始实施的增值税税率调整，原适用16%税率的，税率调整为13%，原适用10%税率的，税率调整为9%，直接导致 5 月之后增值税收入大幅下降。增值税是中国第一大税种，税收收入因此出现负增长。

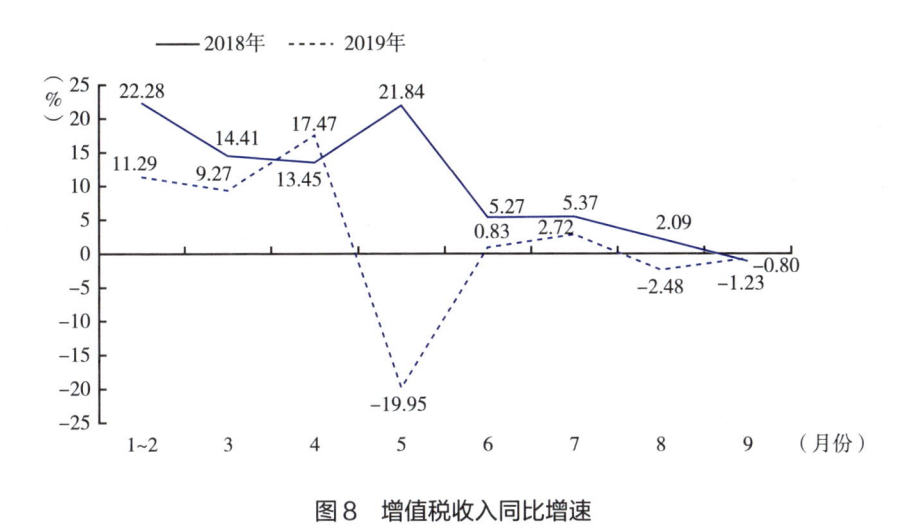

图 8 增值税收入同比增速

注：原始数据来源于 CEIC 数据库，同比增速为作者计算而得，保留小数点后 2 位。

财政支出保持较高增速，是积极财政政策加力提效的要求。在财政收入承压的情况下，一般性支出被压缩，但财政支出总额保持增长，这与减税降费政策一样，体现了财政政策逆周期调节的要求。由政府性基金专款专用的要求所决定，政府性基金支出与收入密切相关，支出不超过收入，收入增速低，支出增速也相应下降。政府性基金收入中最主要的形式是土地出让收入。为了保持房地产市场平稳健康发展，"房住不炒"定位进一步得到落实，土地出让收入增速出现下降甚至负增长都是正常的表现。

较大力度的减税降费政策，在一定程度上影响了地方财政收入的增长，部分地方财政承担了较大的收入压力。一方面，地方政府积极采取措施，保证了地方财政的平稳运行。另一方面，中央财政也通过转移支付，加快出台一些政策措施，帮助地方财政渡过难关。例如，国务院发布《实施更大规模减税降费后调整中央与地方收入划分改革推进方案》，增值税收入继续实施"五五分成"，增强了制度确定性预期；增值税留抵退税的配套措施可以缓解一些地方的财政压力；消费税征收环节后移，先对高档手表、贵重首饰

和珠宝玉石等条件成熟的品目实施改革，再结合消费税立法对其他具备条件的品目实施改革试点，为健全地方税体系指明了一条路，这既配合了减税降费政策的落实，又在构建更加规范的中央和地方财政关系方面迈出了一大步。与开征房地产税相比，在短期内，这条路的可行性更强。一些地方的财政可持续性较差，税收收入增速较低甚至出现负增长是清理欠税等一次性收入手段发挥作用的结果，非税收入高速增长也主要是一次性收入手段发挥作用的结果。另外，房地产在经济增长中的地位和作用正逐步削弱，这也直接导致土地出让收入增速降低。

二 展望与政策建议

（一）2020年财政收支展望

1. 财政收入展望

2019年财政收入增长在1~9月经受较大压力，10月之后财政收入同比增速回升的概率大幅度提高。这一方面是因为积极的财政政策的作用逐步得到释放，宏观经济日趋稳定，给财政收入增长提供了强有力的支撑。房地产在地方政府的资金来源中所扮演角色的重要性正逐步削弱。另一方面，2018年10~12月财政收入基数较低，其原因是减税降费，例如2018年10月1日起个人所得税工资薪金所得减除费用标准由每月的3500元提高到5000元，个人所得税收入大幅下降，财政收入2018年10~11月的负增长，让2019年财政收入增速加快有了更大的可能。政府性基金收入主要来自国有土地使用权的转让。由于房地产行业定位的变化，土地出让收入未来将很难有较大幅度的增长，从而限制了政府性基金收入的增长速度。在中央和地方财力格局保持基本稳定的政策导向下，中央财政和地方财政的收入分配格局也将大致保持稳定，可以预期的是微调，而不会有大的调整。针对部分地方财政运行中所遇到的困难，中央通过财政转移支付或局部领域的收入划分调整来予以解决。

在减税降费政策和经济增长因素的共同作用下，2020年财政收入增长目标宜设定在5%左右。减税降费政策已经实施多年，特别是2017年、2018年和2019年三年减税降费规模迅速扩大，政策合力正在进一步释放，这样即使2019年只是出台小范围的减税降费政策，总减税降费规模也不会太小。这势必给财政收入增长带来压力。但2020年财政收入仍有增长空间。一是因为减税降费政策作用滞后反应，带来更大的财政收入增长的基数；二是扣除物价增长因素（3%左右），财政收入增长实际上处于非常低的水平。另外，2020年税收收入增长仍有一定空间。个人所得税综合征收部分在上半年汇算清缴，补缴税款可能带来一定的收入增长。

2. 财政支出展望

受国内外经济环境的影响，2020年中国经济将继续保持中高速增长，更加注重高质量发展。2020年财政收入仍将继续面临较大的压力，财政支出也将继续保持一定的扩张力度。2020年是三大攻坚战的最后一年。精准脱贫、污染防治、防范化解重大风险攻坚战都离不开强有力的财政支持。财政的刚性支出很难削减。例如，社会保险基金预算收入中来自财政补贴的金额越来越多，财政补贴将成为未来社会保险事业正常运行的重要保障。一般性支出压缩空间越来越小，部分项目支出有一定调整空间，但2020年财政政策仍有必要继续扩张，加力提效的积极财政政策仍需要坚持。这样，财政支出的节约和结构性调整是并行的，而且财政支出还应保持一定的增长速度，如保持同比增长8%左右的水平，以充分体现财政政策逆周期调节的要求。

3. 进一步提高财政赤字率，突破3%的约束

收支压力之下，财政赤字进一步扩大是大势所趋。应进一步提高财政赤字率，突破3%的财政赤字率这一所谓"警戒线"的约束，更务实地防范财政风险。财政赤字率3%和国债负担率60%的所谓"警戒线"均为欧盟国家讨价还价的结果，是政治妥协的产物。世界上不仅其他国家早就突破这样的"警戒线"，就连欧美国家也不一定遵守。中国更没必要因此困住手脚，压缩赤字和债务空间。2020年可将财政赤字率定为3%~3.2%。事实上，

由于当前中国所使用的财政赤字口径，不能充分地反映当年财政赤字，若以当年的财政收支计算，财政赤字率早已突破3%。现行的财政赤字口径可以反映当年可动用财力和实际动用财力的状况，有继续存在的必要。但无论如何，没有必要将财政赤字率限定在3%以下。提高财政赤字率，所提供的政府财力，对于规范发展政府和社会资本合作（PPP）而言有益。前些年，PPP野蛮式发展的部分原因是一些地方财力不足，进而采取了不规范的融资方式，但也损害到PPP的规范发展。

（二）政策建议

1. 财政运行应与建立现代财政制度联系起来，推进国家治理体系和治理能力现代化

根据党的十八届三中全会通过的《中共中央关于全面深化改革若干重大问题的决定》，2020年中国要基本建立现代财政制度。2019年党的十九届四中全会通过的《中共中央关于坚持和完善中国特色社会主义制度 推进国家治理体系和治理能力现代化若干重大问题的决定》，更是给现代财政制度的完善指明了方向。财政收支正常运行，是建立现代财政制度，推进国家治理体系和治理能力现代化的重要基础。2020年是"十三五"规划的收官之年，财政运行的正常，对于促进各项经济社会发展目标的实现有着非同寻常的意义。

财政收支正常运行，只是财政制度运行的最基本要求。财政是国家治理的基础和重要支柱。这就要求跳出财政看财政。宏观经济稳定，离不开财政政策的支撑。合理的经济增长速度、充分就业、物价稳定、国际收支平衡都需要财政政策直接或间接发挥作用。社会发展目标的实现同样离不开财政制度的支持。财政支出结构的优化、着力点的转换、税收优惠对象和方向的选择等，都可以助力某个领域的社会发展。财政的正常运行可以推进国家治理体系和治理能力现代化，反过来，国家治理体系和治理能力的现代化也可以保障财政的正常运行。财政事务，并不仅仅是政府体系中的资金往来，而且要体现深刻的政策目标。财政支持什么、限制什么，都会直接影响经济和社

会的发展。在国内外经济形势依旧复杂的背景下，财政运行还应充分考虑全球经济的因素，在全球化背景中制定合理的财政政策，并推进相应的改革。

2. 继续推行积极财政政策，在评估的基础之上进一步创新财政政策

积极的财政政策应在政策效果评估的基础上进一步优化。减税降费政策是这一轮积极财政政策的一项重要内容。仅以此为例加以说明。

落实落细减税降费政策，应进一步加强政策效果评估，并提出完善方案。减税降费政策在实施中也遇到一些问题。一些企业受上下游行业挤压，减税降费之后，政策受益不明显，或甚至受损，因此对减税降费政策效果提出质疑。对此，应加以深入分析。纯市场因素所致的企业利益受损，不应该设定为减税降费政策的完善方向。减税降费政策普惠，但即使是受惠者，受惠程度也不尽相同。市场因素所致，应理解为市场正常发挥作用的结果，没有进一步完善的必要。减税降费政策有滞后效应，后期政策可能有累积效应。因此，仅以短期内经济增长有限为由来抱怨减税降费政策效果不好，可能并不符合实际。减税降费政策实施之后，民间资本是不是因此更加活跃，还需要做进一步判断。

积极的财政政策应加大创新力度。市场在资源配置中的决定性作用尚未得到充分发挥时，减税降费政策的传导机制必须进一步畅通。为此，要在减税降费政策传导机制上大做文章，进一步畅通财政政策传导机制，让减税降费政策带来更多的市场活力。创新积极的财政政策，还需要稳健的货币政策的协调配合。积极的财政政策对资本市场环境提出了要求，只有市场上有充分的资金供应，债务融资才可能顺利地进行。

3. 减税政策应与税制改革协调

减税政策与税制改革协调，可以最大限度地巩固政策效果。非对称性减税，如增值税税率下调幅度不同，16%下降3个百分点，10%下降1个百分点，带来的进项税额下降相对较少从而税负上升问题，需要结合税制改革来加以应对。为此，应加快税制改革，更快实现增值税税率三档并两档，减少多税率所带来的增值税扭曲效应。

名义税负、法定税负增减对市场主体不是最重要的，感受更深的是资本

回报率。税后资本回报率对各行各业来说，更为重要。市场的活跃度与资本回报率密切相关。资本回报率指标对于各行业来说更具有可比性，更容易成为政策调整的参照指标。减税降费政策的总规模是最重要的。市场主体之间的税负转嫁、价格调整，政策制定者往往很难观察到具体的行为，且不见得有必要全面掌握。只有非市场因素，政府特许、行政性垄断等所致的受惠效果不明显，才是应该解决的问题。

减税政策还可考虑与企业所得税改革联系起来。美国特朗普政府减税之后，一些国家跟着降低企业所得税税率，中国企业所得税25%的税率有进一步下调的必要。下调之后，某些行业的税负可能下降较多。这些行业中国有企业相对较多，可以通过增加上缴利润的方式加以弥补。降低企业所得税税率，收入下降幅度有限，但因此可以换来更多的企业和市场活力。企业所得税在降低税率的同时，可以将前期的税基优惠式税收优惠在到期后调整，或设置一定的过渡期，让改革方案更容易被接受。

4. 进一步加强地方债管理，防范重大财政风险

2015年以来，随着新《预算法》的实施，地方债正式启动。存量隐性地方债的显性化、地方债置换为地方债风险防范打下了坚实的基础。存量地方债很难通过未来的地方收入流量来解决，应重点考虑采取将当年地方债资金形成的地方政府资产变现的方式，为地方债偿还积极拓展有效的资金来源渠道。与此同时，为了更好地贯彻"开前门、堵后门"的原则，适当开大前门，才能真正堵住后门，让地方公共服务有更加灵活的资金支持。总之，应进一步扩大地方债规模，并合理确定地方专项债券和一般债券的比例和资金投向。专项债券的适用范围应该是能够带来充分现金流的项目。未来仍应高度防范专项债券一般化的风险。不能带来充分现金流的项目不宜通过专项债券进行融资。

需要认识到地方债问题是多年形成的实际情况。在2015年之前，形成的地方债未在财政赤字中体现。地方债置换可缓解地方债务清偿问题，但问题只是累积到未来。地方债短期和中长期问题需要结合起来。短期内很难解决所有的地方债风险问题，必须与政府资产管理统筹起来。要积极防范地方

债风险中可能出现的踩踏风险。

特定条件的专项债券融资可以作为项目资本金的规定不宜滥用。既然是债，无论是一般债券，还是专项债券，都是需要偿还的。是通过债务融资的方式筹集资金，还是直接安排财政资金，应基于实际情况，并防止软预算约束问题的出现。根据显性债务计算，赤字率和债务率都不是大问题。隐性债务、或有债务是最受关心的。政府资产规模、政府资产变现能力、现金流等，都是政府应对债务风险时所必须考虑的问题。尽快摸清可动用政府资产的家底，并启用相应的程序，让政府资产可以在地方债风险的应对中发挥重要作用。

参考文献

［1］杨志勇、张斌主编，汤林闽执笔《中国政府资产负债表2017》，社会科学文献出版社，2017。

［2］杨志勇：《央地收入划分，向更规范的央地财政关系迈出了一大步》，https：//www.thepaper.cn/newsDetail_ forward_ 4664642，2019年10月13日。

［3］杨志勇：《中国财政体制改革40年（1978～2018）》，社会科学文献出版社，2018。

B.7
中国税收形势分析及展望

付广军*

摘　要： 2019年税收收入，一季度累计增速为7.9%，高于经济增速1.5个百分点；二季度累计增速为3.0%，较一季度略有回落，但已呈低于经济增速运行态势，低3.3个百分点；三季度累计增速为0.6%，低于经济增速5.4个百分点。主要税种收入增速除个人所得税较上年大幅度下降外，其余大部分税种收入增速均小幅提高。重点税源大省，除北京增速较高外，广东、上海、江苏均出现负增长，其他多数省份较上年增速回落，直接影响到全国税收收入呈现较低增长态势。2019年中国宏观经济形势处于低速运行态势，加上实行减税降费宏观政策，四季度税收收入增速继续回落，全年税收收入增速会远远低于经济增速，2020年税收收入增速低于经济增速成为大概率事件。

关键词： 税收形势　税收收入　减税降费

2019年前三季度，受国内经济增长、国际贸易摩擦、建筑材料价格上涨、劳动力成本增加、宏观上减税降费政策以及税务机构加强征管等因素的影响，中国税收收入及主要税种收入增速均较上年出现不同程度的回落，并呈现"前高后低"的趋势。税收收入方面，1月同比增长7.7%，2月同比增长6.7%，均较上年出现较大回落，进入5月，特别是三季度税收收入增速转为

---

* 付广军，国家税务总局税收科学研究所研究员、民建中央财政金融委员会副主任。

负增长，到9月增速为-6.2%。应该是减税政策继续发挥作用的结果，预计四季度税收收入增速还会继续下滑，全年税收收入负增长已成定局。中国税收收入将在2020年进入低速增长时期，继续保持低于经济增速态势。

一 2019年前三季度税收形势分析

2019年前三季度（1~9月），全国税收收入①实现137615.83亿元，比上年增加833.54亿元，同比增长0.6%，比上年同期下降12.1个百分点。

（一）2019年1~9月分季度税收收入走势分析

2019年一季度，税收收入实现51019.62亿元，同比增长7.9%，比上年同期下降9.2个百分点，国内生产总值（GDP）实现213432.8亿元，按可比价同比增长6.4%，税收收入增速高于GDP可比价增速1.5个百分点；上半年，税收收入实现100770.19亿元，同比增长3.0%，比上年同期下降11.2个百分点，GDP实现450933.2亿元，按可比价同比增长6.3%，税收收入增速低于GDP可比价增速3.3个百分点；前三季度，税收收入实现137615.83亿元，同比增长0.6%，比上年同期下降12.1个百分点，GDP实现697798.0亿元，按可比价同比增长6.0%，税收收入增速低于GDP可比价增速5.4个百分点（见表1）。

表1 2019年税收收入分季度运行状况

单位：亿元，%

指标名称	一季度累计		二季度累计		三季度累计	
	绝对数	同比增速	绝对数	同比增速	绝对数	同比增速
税收收入	51019.62	7.9	100770.19	3.0	137615.83	0.6
GDP	213432.8	6.4	450933.2	6.3	697798.0	6.0
宏观税负	23.9		22.3		19.7	

资料来源：国家税务总局收入规划核算司：《税收月度快报》，2019年9月。

---

① 本文税收收入是指税务部门统计口径，不包括关税和船舶吨税，未扣减出口退税。

（二）2019年前三季度分月度税收收入运行分析

一是增速总体趋势是前高后低，逐月下降，与上年趋势类似，但下降幅度高于上年，从5月以后出现负增长。1月实现23636.60亿元，同比增长7.7%；2月实现13428.79亿元，同比增长6.7%；3月实现13954.24亿元，同比增长9.4%；4月实现17797.18亿元，同比增长0.5%；5月实现15435.56亿元，同比下降2.0%；6月实现16510.95亿元，同比下降3.4%；7月实现16277.66亿元，同比下降2.3%；8月实现9817.47亿元，同比下降6.9%；9月实现10750.50亿元，同比下降6.2%。1~4月较上年增长，5月以后增速开始变负，较上年同期下降。全年增速均低于上年同期。

二是前三季度税收收入除1月最高外，呈"中间高、两头低"的态势，除8月外，其余所有月份收入均在万亿元以上，其中1月最高，税收收入为23636.60亿元，8月最低，税收收入为9817.47亿元，此特点与上年类似（见表2、图1）。

表2　2018年前三季度、2019年前三季度分月度税收收入运行状况

月份	2019年 绝对数（亿元）	2019年 同比增加（亿元）	2019年 同比增长（%）	2018年 绝对数（亿元）	2018年 同比增长（%）	与2018年增速比较（个百分点）
1	23636.60	1684.11	7.7	21894.31	18.3	-10.6
2	13428.79	841.34	6.7	12645.63	19.6	-12.9
3	13954.24	1193.50	9.4	12760.74	13.0	-3.6
4	17797.18	86.04	0.5	17711.14	13.7	-13.2
5	15435.56	-320.07	-2.0	15755.63	11.9	-13.9
6	16510.95	-573.88	-3.4	17084.83	9.1	-12.5
7	16277.66	-650.54	-2.3	16928.20	11.1	-13.4
8	9817.47	-723.49	-6.9	10540.96	9.1	-16.0
9	10750.50	-710.35	-6.2	11460.85	6.4	-12.6

资料来源：国家税务总局收入规划核算司：《税收月度快报》，2019年9月。

中国税收形势分析及展望

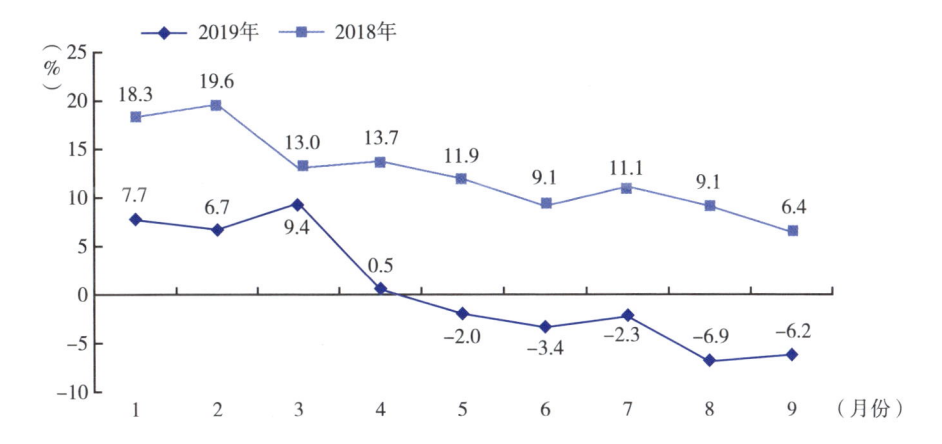

图1 2018年前三季度、2019年前三季度分月度税收收入增速

月份	1	2	3	4	5	6	7	8	9
2019年	7.7	6.7	9.4	0.5	-2.0	-3.4	-2.3	-6.9	-6.2
2018年	18.3	19.6	13.0	13.7	11.9	9.1	11.1	9.1	6.4

（三）2019年前三季度税收收入结构分析

表3 2019年前三季度税收收入运行状况

单位：亿元，%

指标		绝对数	同比增加	同比增长	占全部收入比
税收收入		137615.83	833.54	0.6	100.0
分产业	第一产业	131.60	-14.40	-9.9	0.1
	第二产业	59468.42	355.00	0.6	43.2
	第三产业	78015.80	492.94	0.6	56.7
分地区	东部	91645.29	154.78	0.2	66.6
	中部	23652.01	439.09	1.9	17.2
	西部	22318.53	244.47	1.1	16.2

资料来源：国家税务总局收入规划核算司：《税收月度快报》，2019年9月。

分产业看，第一产业税收收入131.60亿元，比上年同期减少14.40亿元，同比下降9.9%，仅占全部税收收入的0.1%，占比基本保持稳定，即使是负增长对税收收入也影响不大；第二产业税收收入59468.42

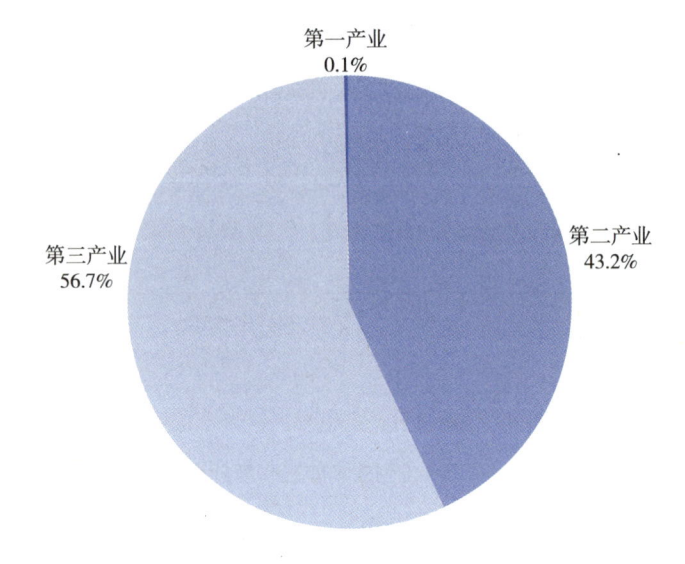

图 2　2019 年前三季度税收收入分产业结构

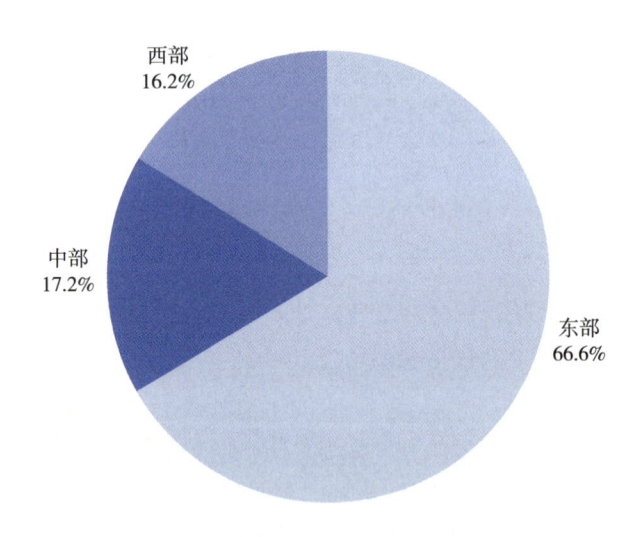

第一产业 0.1%
第二产业 43.2%
第三产业 56.7%

图 3　2019 年前三季度税收收入分地区结构

西部 16.2%
中部 17.2%
东部 66.6%

亿元，比上年同期增加 355.00 亿元，同比仅增长 0.6%，占全部税收收入的 43.2%，与上年持平；第三产业税收收入 78015.80 亿元，较上年同期增加 492.94 亿元，同比仅增长 0.6%，占全部税收收入的 56.7%，与上年持平。

分地区看,东部地区税收收入91645.29亿元,较上年增加154.78亿元,同比增长0.2%,占全部税收收入的66.6%,较上年下降0.3个百分点,由于占比较大,其增速对税收收入增速运行影响较大;中部地区税收收入23652.01亿元,较上年增加439.09亿元,同比增长1.9%,占全部税收收入的17.2%,较上年提高0.2个百分点;西部地区税收收入22318.53亿元,较上年增加244.47亿元,同比增长1.1%,占全部税收收入的16.2%,较上年提高0.1个百分点。

中国2019年前三季度税收收入增速仅为0.6%,主要影响因素有:一是从产业看,第一产业税收收入负增长,第二产业、第三产业税收收入增速与全部税收收入增速持平,第二、第三产业是维持税收收入增长的主要因素。二是从地区看,东部地区税收收入增速低于全国平均增速,中部、西部地区税收收入增速高于全国平均增速,三者互相作用,将税收收入增速保持在中间状态,中部、西部地区经济欠发达省份成为影响税收收入增长的重要因素。

(四)2019年前三季度主要税源大省税收收入运行分析

2019年前三季度主要税源大省税收收入增幅表现差异较大,税收收入前3名的广东省、上海市、江苏省增速均为负增长,广东省增速为-1.1%,比上年下降14.0个百分点,上海市增速为-4.8%,较上年下降13.0个百分点,江苏省增速为-0.6%,较上年下降15个百分点。北京市增速为4.7%,较上年提高5.5个百分点;河南省由于税收增速为3.8%,位次提升较大,从上年的排在10名以外,取代天津,跃居第10位。

2019年前三季度,10个主要税源大省税收收入合计92356.31亿元,比上年增加469.95亿元,占全国税收收入的67.1%,比上年下降0.1个百分点(见表4、图4)。

表4 2019年前三季度税收收入前10名省份运行状况

项目	2019年前三季度税收收入			2018年前三季度税收收入		与2018年同比增速比较（个百分点）
	绝对数（亿元）	同比增加（亿元）	同比增长（%）	绝对数（亿元）	同比增长（%）	
全国	137615.83	833.54	0.6	136777.49	12.7	-12.1
广东省	18482.27	-202.79	-1.1	18685.06	12.9	-14.0
上海市	13903.58	-702.21	-4.8	14605.79	8.2	-13.0
江苏省	12087.80	-76.22	-0.6	12164.02	14.4	-15.0
北京市	11380.39	511.46	4.7	10868.93	-0.8	5.5
浙江省	10583.70	375.92	3.7	10207.78	18.1	-14.4
山东省	8692.11	170.07	2.0	8522.04	16.3	-14.3
四川省	4456.62	76.84	1.8	4379.78	20.4	-18.6
河北省	4313.24	62.35	1.5	4250.89	16.1	-14.6
湖北省	4295.98	100.00	2.4	4195.38	12.6	-10.2
河南省	4160.62	153.93	3.8	4006.69	17.6	-13.8
前10名合计	92356.31	469.95	—	91886.36	11.4	—
占全国税收收入比重	67.1	—	—	67.2	—	—

注：广东、浙江、山东3省税收收入均包含所辖计划单列市。

资料来源：国家税务总局收入规划核算司：《税收月度快报》，2019年9月、2018年9月。

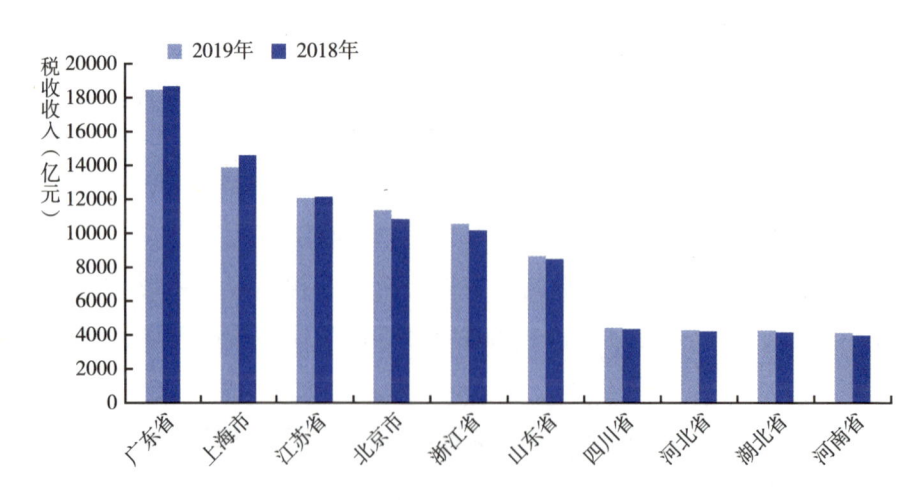

图4 2019年前三季度税收收入前10名税源大省

二 2019年前三季度税收收入运行特点及原因

(一) 2019年前三季度税收运行主要特点

与2018年同期比，2019年税收收入增速平稳小幅增长。2019年1~9月税收收入增速为0.6%。

与生产经营相关的主体税种收入增速较上年均有不同程度的回落。1~9月国内增值税同比增长4.5%，比上年同期增速回落8.0个百分点，主要是营改增已经完成，改革的因素影响消失，增值税增速恢复常态；消费税同比增长15.0%，比上年同期增速回落1.2个百分点；企业所得税同比增长2.3%，比上年同期增速回落10.0个百分点。

个人所得税因提高费用扣除标准等改革，减税效果十分明显。1~9月，个人所得税7966.13亿元，比上年同期减少3373.51亿元，同比下降29.7%。其中，工资薪金所得4697.47亿元，比上年同期减少3126.63亿元，同比下降40.0%；劳务报酬所得316.23亿元，较上年同期减少108.23亿元，同比下降25.5%；财产转让所得同比下降6.6%，房屋转让所得同比增长6.2%，限售股转让所得同比增长21.1%。

房地产有关税收情况。1~9月，土地增值税实现5035.59亿元，比上年同期增加469.98亿元，同比增长10.3%；契税实现4771.10亿元，比上年同期增加275.93亿元，同比增长6.1%。房地产业税收实现21006.89亿元，比上年同期增加1053.86亿元，同比增长5.3%。

实体经济税收收入增速回落较大，值得关注。1~9月来自工业的税收为52368.51亿元，比上年同期仅增加11.78亿元，同比增速几乎与上年持平。其中，来自制造业的税收为44787.97亿元，比上年同期增加182.23亿元，同比增长0.4%；来自采矿业的税收为4625.15亿元，比上年同期减少52.41亿元，同比下降1.1%，采矿业中的来自煤炭开采和洗选业的税收收入同比下降1.4%，来自石油和天然气开采业的税收收入同比下降4.6%。一是实体经济

利润总额减少，导致企业所得税税基应纳税所得额较少，来自工业的企业所得税为8063.28亿元，较上年减少543.69亿元，同比下降6.3%，其中，来自成品油、原油的企业所得税分别下降8.3%、17.2%，来自煤炭行业的企业所得税同比仅增长3.5%。二是来自工业中的建材、钢坯钢材行业增值税增长较快，同比增速分别为31.5%、29.5%，再次印证了原材料价格提高造成部分行业增值税大幅度增加。

海关代征进口税收增速出现负增长。1～9月，海关代征进口增值税为11508.20亿元，同比减少1006.80亿元，同比下降8.0%；消费税为616.88亿元，同比增加19.01亿元，同比增长3.2%。海关代征进口税收为12125.07亿元，比上年同期减少987.79亿元，同比下降7.5%。

第三产业税收增加同样对税收增长起到支撑作用。1～9月来自第三产业的税收为78015.80亿元，比上年同期增加492.94亿元，同比增长0.6%，较上年同期下降12.1个百分点。其中，部分行业下降幅度较大，批发和零售业同比下降3.8%，邮政业同比下降7.5%，住宿和餐饮业同比下降10.9%；然而，部分行业也出现较快增长，金融业同比增长9.1%，房地产业同比增长5.3%。

（二）影响税收收入增长的主要税种分析

国内增值税成为税收增长贡献最大的税种。1～9月，税收收入增长速度明显提高，作为影响税收增长的第一大税种的国内增值税，比上年同期增加2101.94亿元，同比增长4.5%（见表5），拉动税收增长1.5个百分点。

企业所得税是仅次于增值税的第二大税种。1～9月，企业所得税实现31643.59亿元，同比增加717.76亿元，占全部税收增加额的86.1%，拉动税收增长0.5个百分点。

国内消费税重新成为第三大税种。1～9月，国内消费税实现11514.99亿元，同比增加1504.84亿元，拉动税收增长1.1个百分点。

总之，国内增值税、企业所得税、国内消费税、个人所得税是中国税收收入中的前四大税种，这四大税种收入合计达100454.08亿元，占全部税收收入的73.0%，对税收收入增长的贡献率高达114.1%。由于提高费用扣除标准等个人所得税改革，个人所得税收入较上年同期减少3373.51亿元，同比下降29.7%。可以这样说，这四大税种收入的结果直接决定着中国税收收入的运行状态和结果。

表5　2019年前三季度税收入及主要税种增长情况

税种	2019年前三季度			2018年前三季度		与2018年同比增速比较（个百分点）
	绝对数（亿元）	同比增加（亿元）	同比增长（%）	绝对数（亿元）	同比增长（%）	
税收收入合计	137615.83	833.54	0.6	136777.49	12.7	-12.1
其中：国内增值税	49329.37	2101.94	4.5	47227.43	12.5	-8.0
国内消费税	11514.99	1504.84	15.0	10010.15	16.2	-1.2
企业所得税	31643.59	717.76	2.3	30925.83	12.3	-10.0
个人所得税	7966.13	-3373.51	-29.7	11339.64	21.2	-50.9
城镇土地使用税	1524.16	-230.51	-13.1	1754.67	-1.4	-11.7
城市维护建设税	3692.91	-21.83	-0.6	3714.74	13.6	-14.2
证券交易印花税	1072.17	186.35	21.0	885.82	-4.8	25.8
土地增值税	5035.59	469.98	10.3	4565.61	14.8	-4.5
房产税	1967.69	3.33	0.2	1964.36	6.9	-6.7
耕地占用税	1071.40	63.71	6.3	1007.69	-28.7	35.0
契税	4771.10	275.93	6.1	4495.17	19.7	-13.6

资料来源：国家税务总局收入规划核算司：《税收月度快报》，2019年9月、2018年9月。

三　2019年税收收入预测及2020年初步展望

（一）2019年税收收入预测

从2019年前三季度税收运行情况看，排名前三的省份（广东、上海、江苏）税收收入增速为负，排名第四的北京税收收入增速为4.7%，排名第五的浙江税收收入增速为3.7%，这五个省份的税收运行状况对全国税收运行影响巨大。全国多数省份税收收入增速较上年明显回落，中部、西部经济欠发达地区多数省份税收收入增速出现负增长，这些省份的税收收入在全国税收收

入中所占份额较小,虽然省份众多,但对全国税收收入的影响不大,加上2019年减税政策效果凸显,因此,全国税收增速基本保持了较上年同期小幅增长状态,到年末的三个月内,这种低幅增长状态难以维持下去,并且受经济运行下行压力的影响,2019年全年税收收入增速可能进入负增长状态。

我们根据2018年税收分季度运行情况,对2019年税收收入进行简单类比预测:2018年前三季度税收收入136777.49亿元,占2018年全年税收收入169956.57亿元的80.5%。2019年前三季度税收收入137615.83亿元,假设2019年前三季度仍保持2018年前三季度占全年收入同样的比重,2019年全年税收收入为170951.34亿元,同比增长0.6%。

考虑到2019年前三季度税收运行增速较高,后三个月减税力度会进一步加大,减税效果会凸显出来,估计2019年全年税收收入会低于前述预测值,假如保持2019年全年比前三季度低3.0个百分点的情况,2019年全年税收增长-2.4%,则2019年全年税收收入为165877.61亿元。我们采用平均法,则2019年税收收入为168414.48亿元,同比增长-0.9%(见表6),这只是乐观预测,如果2019年四季度经济继续下滑,这可能是税收收入的高限,税收收入实际运行还会低于此数值。

表6　2019年全年税收收入预测分析

单位:亿元,%

年份	一季度累计		上半年累计		前三季度累计		全年累计	
	绝对数	同比增长	绝对数	同比增长	绝对数	同比增长	绝对数	同比增长
2011	25087.54	33.2	52429.58	30.1	77788.22	27.4	99564.68	23.3
2012	28555.90	9.4	60005.07	10.0	84214.57	8.3	110740.04	11.2
2013	29419.16	3.0	63426.51	5.7	90273.08	7.2	119942.99	8.3
2014	32337.33	9.9	68662.91	8.2	97199.24	7.7	129541.07	8.0
2015	33345.59	3.1	71895.39	4.7	102536.22	5.5	136021.48	5.0
2016	35503.16	6.5	76805.90	6.8	107632.80	5.0	140499.04	3.3
2017	40390.09	13.8	85692.94	11.6	121360.88	12.8	155734.72	10.8
2018	47300.68	17.1	97852.29	14.2	136777.49	12.7	169956.57	9.1
2019	51019.62	7.9	100770.19	3.0	137615.83	0.6	168414.48	-0.9

注:2019年为预测值。
资料来源:历年《税收快报》。

（二）2020年中国税收形势初步展望

从2019年前三季度主要税收指标分析，2019年是中国"十三五"规划的后期，从前三季度的经济形势看，经济增长低于上年水平，为6.0%，较上年回落0.7个百分点。固定资产投资、工业生产与销售、国内贸易及货币信贷增速均较上年有所回落。

从2019年前三季度税收收入的走势和全年预测分析，2019年税收收入较上年呈现负增长，保持大大低于经济增速的状态。

根据有关方面对2020年经济预测，如果经济增长保持在6.0%以下，预计2020年全年税收收入增速将大大低于2019年，为-1.2%~0.2%，税收收入初步估计为166393.51亿~168751.31亿元。

需要说明的是，自1994年税制改革以来税收收入增速超经济增速现象，已从2013年起出现转折，虽然2017年又出现短暂的税收收入增速超经济增速的现象，但这种税收收入增速低于经济增速态势已保持了多年，并将在2019年延续，随着中央减税降费政策的实施，2020年以后税收收入增速仍然会低于经济增速，减税效果继续显现。

四　减税降费政策梳理以及对税收形势的看法和建议

（一）2019年减税降费政策措施梳理

1. 小微企业普惠性税收减免政策

为贯彻落实党中央、国务院决策部署，进一步支持小微企业发展，2019年1月9日国务院常务会议决定，对小微企业实施一批新的普惠性减税措施。1月17日，财政部、国家税务总局联合发布《关于实施小微企业普惠性税收减免政策的通知》（财税〔2019〕13号），自2019年1月1日至2021年12月31日，对小微企业实施普惠性税收减免政策。

随后，国家税务总局发布《关于实施小型微利企业普惠性所得税减免政策有关问题的公告》（国家税务总局公告2019年第2号）、《关于修订

《中华人民共和国企业所得税月（季）度预缴纳税申报表（A类2018版）》等部分表单样式及填报说明的公告》（国家税务总局公告2019年第3号）、《关于小规模纳税人免征增值税政策有关征管问题的公告》（国家税务总局公告2019年第4号）、《关于增值税小规模纳税人地方税种和相关附加减征政策有关征管问题的公告》（国家税务总局公告2019年第5号）等有关配套文件，明确了若干征管事项。

根据财税〔2019〕13号文，对月销售额10万元以下（含本数）的增值税小规模纳税人免征增值税。此外，对小型微利企业①年应纳税所得额不超过100万元的部分，减按25%计入应纳税所得额，按20%的税率缴纳企业所得税；对年应纳税所得额超过100万元但不超过300万元的部分，减按50%计入应纳税所得额，按20%的税率缴纳企业所得税。

文件还规定，由省、自治区、直辖市人民政府根据本地区实际情况，以及宏观调控需要，对增值税小规模纳税人可以在50%的税额幅度内减征资源税、城市维护建设税、房产税、城镇土地使用税、印花税（不含证券交易印花税）、耕地占用税和教育费附加、地方教育附加。

此外，根据通知，《财政部　税务总局关于创业投资企业和天使投资个人有关税收政策的通知》第二条第（一）项关于初创科技型企业条件中的"从业人数不超过200人"调整为"从业人数不超过300人"，"资产总额和年销售收入均不超过3000万元"调整为"资产总额和年销售收入均不超过5000万元"。

2. 制造业等实体经济结构性增值税优惠政策

近年来，党中央、国务院高度重视制造业发展，出台了一系列减税降费措施，有效减轻了企业负担，促进了制造业转型升级。

增值税减税是政府对企业的直接让利，提升了企业发展空间，又能通过价格效应促进消费扩大内需，对整体经济环境改善有明确利好。2019年3月20日，发布《财政部　税务总局　海关总署关于深化增值税改革有关政

---

① 小型微利企业是指从事国家非限制和禁止行业，且同时符合年度应纳税所得额不超过300万元、从业人数不超过300人、资产总额不超过5000万元等三个条件的企业。

策的公告》（财政部　税务总局　海关总署公告2019年第39号）。4月1日，作为2019年减税降费"重头戏"的深化增值税改革正式落地，制造业等行业税率由16%降至13%，交通运输业和建筑业等行业税率由10%降至9%。新一轮深化增值税改革落地，所有增值税一般纳税人都是受益者。

3. 降低社会保险费率

从2018年9月国务院常务会议首次提出，一直处在"抓紧研究"状态的降低社会保险费率政策终于出炉。2019年3月5日，李克强作政府工作报告时表示，明显降低企业社保缴费负担。下调城镇职工基本养老保险单位缴费比例，各地可降至16%。继续执行阶段性降低失业和工伤保险费率政策。4月1日，《国务院办公厅关于印发降低社会保险费率综合方案的通知》（国办发〔2019〕13号）出台，自5月1日起正式实施，为贯彻国家的部署和要求，各地区结合实际对相关政策做了细化规定。目前，城镇职工基本养老保险单位缴费比例高于16%的地区，此次均降低至16%。例如，北京市自5月1日起将企业职工和机关事业单位基本养老保险的单位缴费比例降低至16%，失业保险总费率1%继续执行至2020年4月30日。

企业职工基本养老保险和企业职工其他险种缴费，原则上暂按现行征收体制继续征收，即原由社保部门征收的继续由社保部门征收，原由税务部门征收的继续由税务部门征收。

社保费降率不设条件，也不是阶段性政策，而是长期性制度安排，政策力度大、普惠性强、减负效果明显，彰显了中央减轻企业社保缴费负担的鲜明态度和坚定决心。

社保费用是企业成本的重要构成，社保降费减轻企业负担，提高企业的利润水平和发展空间，同时也有利于稳就业。社保费率下降可增厚企业留存利润，与降低企业所得税有异曲同工之效。

此次养老保险缴费比例下调是2015年启动社保降费以来，费率降幅最大的一次，也是企业社保减负程度最大的一次。

分企业类型来看，央企和地方国企社保缴纳率较高，均在80%以上，而民营企业2017年社保缴纳率仅有50%。也就是说，对于社保合规率较高

的国企来说，社保降费政策确实能减负。而对于民营企业，特别是小微企业来说，社保降费政策的实惠，可能不能完全抵消社保征管体制改革后社保实缴产生的负面影响。

以养老保险为例，有些地方一个员工的企业缴费负担一年最低也要四五千元，在北京等社平工资较高的地区则达到七八千元。对此，政府工作报告特别提出，2019年务必使企业特别是小微企业社保缴费负担有实质性下降。

（二）对经济和税收形势的看法

1. 部分实体经济经营困难，税费负担依然较重，减税降费政策应继续保持

按照税收与经济量（GDP）对比的宏观税负分析，实体经济相对其他经济税负并不高。问题是实体经济（主要是制造业）GDP中所含工资薪金比例较高，工资薪金在国民经济核算上是增加值，是新创造的经济量，但对实体经济来说实际上属于人工成本，属于增值税的税基，不能抵扣。同样，社保费用也是企业的人工成本。因此，未来减税降费措施要有针对性，要更加精准。根据前述分析，减税降费应聚焦在增值税和社保费上，并向劳动密集型的实体经济、小微企业、民营企业倾斜。

2. 积极财政政策中减税政策应唱主角

为了应对宏观经济下行、国际贸易摩擦、企业用工成本上升等压力，一直以来我国主要采取了积极的财政政策和适度宽松的货币政策。其中，货币政策方面，不断采取降准、降息、增发货币的办法，在一定程度上刺激了经济增长，但是一味地实施宽松的货币政策，会面临极大的通货膨胀压力，也很难长久保持下去，从长远看其效果会逐渐减弱。积极的财政政策主要采取扩大政府投资、增发国债的方式，但增发国债已经造成地方政府债务负担不断加重的现象，地方债务风险不断累积，长期下去总有一天会爆发危机；积极的财政政策另一个手段是增加政府投资，实践证明依靠大量追加政府投资，不仅效率低，而且对民间投资存在挤出效应，近年民间投资下滑就是政府投资挤出效应的有力证明。因此，采取减税降费属于全局性的政策，对所有企业都有利，直接降低企业的成本。

(三)进一步减税降费的建议

1. 继续加大减税降费力度

深化增值税改革,完善增值税三档变两档改革,降低制造业等行业增值税税率,继续推出一系列支持创业创新和小微企业发展的减税措施;继续取消或停征一批政府性基金和行政事业性收费,清理规范经营服务性收费和行业协会商会会费。

2. 多措并举降低民营企业要素成本

采取有效措施降低融资、人工、用能、物流成本,持续提高直接融资比重;具备条件的地区应进一步下调工伤保险费率;降低电网环节收费,大力推进电力市场化交易;全面推进高速公路差异化收费,精减中央定价港口收费项目,规范市场自主定价的港口经营服务性收费。

3. 着力降低制度性交易成本

继续简化商事制度,大幅降低企业创设成本;加快推进"双随机、一公开"监管;推行"互联网+政府服务",推动政务服务一网通办。

总之,在当前国际形势错综复杂的情况下,进一步激发我国市场活力和民营企业经营能力,关键举措就是继续加大减税降费力度,推进减税降费措施不断落地,降低企业负担,促进我国经济高质量发展。

参考文献

[1] 付广军:《中国税收统计与计量分析》,中国市场出版社,2005。
[2] 高云龙主编《中国民营经济发展报告(2017~2018)》,中华工商联合出版社,2019。
[3] 李平主编《2019年中国经济前景分析》,社会科学文献出版社,2019。
[4] 国家税务总局税收科学研究所编著《改革开放40年中国税收改革发展研究:从助力经济转型到服务国家治理》,中国税务出版社,2018。

B.8
2019年中国税收形势分析及2020年展望

张 斌*

摘 要： 2019年前三季度税收收入增速分别为5.4%、-3.3%和-3.7%，累计增速为-0.4%，预计第四季度仍会维持负增长的态势。2019年前三季度累计减税15109亿元，增值税和个人所得税分别减税7035亿元和4426亿元，预计2019年全年减税降费将超过2万亿元。2019年及2020年中国的宏观税负水平预计将进一步下降，要关注减税降费政策对财政运行的影响，在评估政策效应的基础上进一步优化相关政策。

关键词： 税收收入 减税降费 宏观税负

2013年以来，受经济增速下行和陆续出台的减税降费政策的影响，中国税收收入增速持续低于名义GDP增速，税收收入占GDP的比重由2012年的18.7%逐年下降至2018年的17.4%。2019年前三季度，由于经济增速下行压力加大和更大规模减税政策的实施，税收收入出现了多年来罕见的负增长。2019年4月1日起实施的增值税改革等减税措施，使2019年第二季度税收收入增速由第一季度的5.4%降至-3.3%，第三季度进一步降至-3.7%。① 预计第四季度税收收入增速仍会延续负增长的态势，2019年全

---

* 张斌，中国社会科学院财经战略研究院研究员，主要研究方向为财政税收理论与政策。
① 本文数据如不加特别说明，财政税收数据均来自财政部网站财政数据栏目公布的月度财政收支情况，经济运行数据均来自国家统计局网站国家数据，减税降费数据均来自国家税务总局网站。

年的税收收入很有可能出现1978年以来的首次负增长。2020年，在更加积极的财政政策和供给侧结构性改革的大背景下，税收收入增速仍会低于名义GDP增速，税收收入占GDP比重将继续呈现下行趋势。

一 2019年前三季度全国税收形势分析

2019年前三季度，全国一般公共预算收入150678亿元，同比增长3.3%。其中，税收收入126970亿元，比上年同期减少516亿元，增速为-0.4%。非税收入23708亿元，同比增长29.2%，非税收入的高速增长维持了一般公共预算收入的3.3%的增幅。但作为财政收入的主体，税收收入增长态势对政府整体财力的变化具有决定性作用。

（一）2019年前三季度分季度税收收入走势分析

2018年以来，受中美贸易摩擦等内外部因素的影响，中国经济下行的压力增加，季度GDP增速呈现逐步下降的趋势，由2018年第一季度的6.8%降至2019年第三季度的6.0%。经济增速下行的同时，作为更加积极的财政政策的重要措施，减税降费政策也加大了力度，税收收入同比增速开始大幅下降，2018年第三季度开始低于名义GDP增速，2018年第四季度税收收入增速出现了大幅下滑，仅为-7.5%。2019年第一季度税收收入增速回升至5.4%，但从第二季度开始，税收收入出现负增长，为-3.3%，第三季度为-3.7%。

从2018年以来分季度累计GDP与税收收入同比增长率变化情况来看，受2018年第四季度税收收入增速大幅下降的影响，2018年全年税收收入8.3%的增速尽管高于实际GDP增速，但低于名义GDP全年9.7%的增速，税收收入占GDP的比重出现了持续下降的趋势。2019年前三季度，分季度累计税收收入的增速进一步下降，均低于名义和实际GDP的同期增速，这导致税收收入占GDP的比重与2018年同期相比明显下降，2019年第一季度降低了0.5个百分点，2019年上半年和2019年前三季度累计均降低了1.5个百分点。

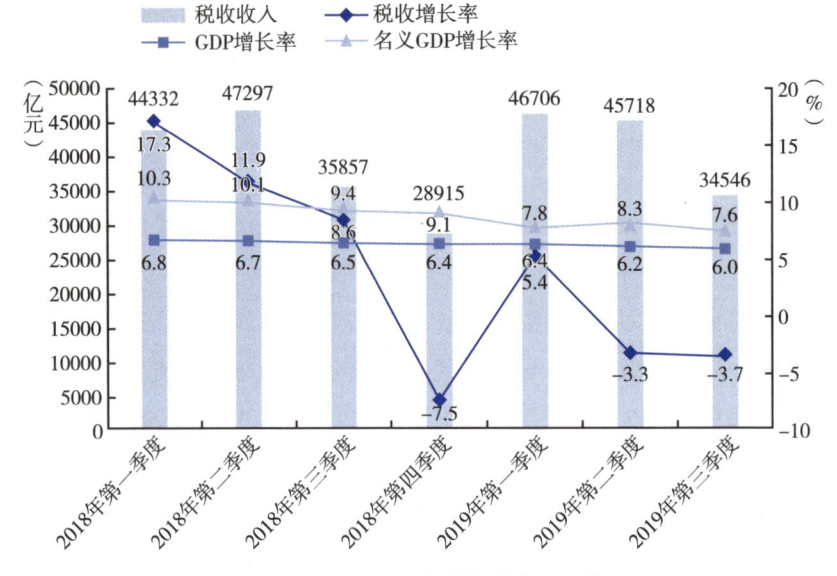

图1 分季度GDP增速与税收运行状况

表1 分季度累计GDP与税收收入

单位：亿元，%

季度	GDP			税收收入		税收收入占GDP的比重
	绝对数	GDP增长率	名义GDP增长率	绝对数	增长率	
2018年第一季度	197920.0	6.8	10.3	44332	17.3	22.4
2018年上半年	417215.4	6.8	10.2	91629	14.4	22.0
2018年前三季度	646710.9	6.7	9.9	127486	12.7	19.7
2018年全年	900309.5	6.6	9.7	156401	8.3	17.4
2019年第一季度	213432.8	6.4	7.8	46706	5.4	21.9
2019年上半年	450933.1	6.3	8.1	92424	0.9	20.5
2019年前三季度	697798.2	6.2	7.9	126970	-0.4	18.2

资料来源：GDP数据来自国家统计局网站，税收数据来自财政部网站。

（二）2019年前三季度分月度税收收入走势分析

从月度数据看，2019年1~2月，税收收入仍保持了6.6%的增速，但从3月开始，增速明显下降，从5月到9月，税收收入同比增速一直为负值。其中，2019年5月税收收入同比增速的降幅最大，为-7.0%，收入额比2018年同期减少了1111亿元；6月同比增速为-6%，税收收入减少了888亿元，7~9月降幅有所收窄，但每月税收收入同比减少额都在400亿元以上（见表2）。

2019年1~9月税收收入的月度同比增速均显著低于2018年同期，增速差均在10个百分点以上，其中2019年5月与2018年5月税收收入增幅差高达19.8个百分点。

表2 月度税收收入比较

月度	2018年		2019年			与2018年增速比较（个百分点）
	税收收入（亿元）	增长率（%）	税收收入（亿元）	与同期差额（亿元）	增长率（%）	
1~2月	32952	18.4	35114	2162	6.6	-11.8
3月	11380	14.3	11592	212	1.9	-12.4
4月	16566	14.6	16986	420	2.5	-12.1
5月	15912	12.8	14801	-1111	-7.0	-19.8
6月	14819	8.0	13931	-888	-6.0	-14.0
7月	16080	11.4	15622	-458	-2.8	-14.2
8月	9508	6.7	9088	-420	-4.4	-11.1
9月	10269	6.0	9836	-433	-4.2	-10.2

资料来源：财政部网站。

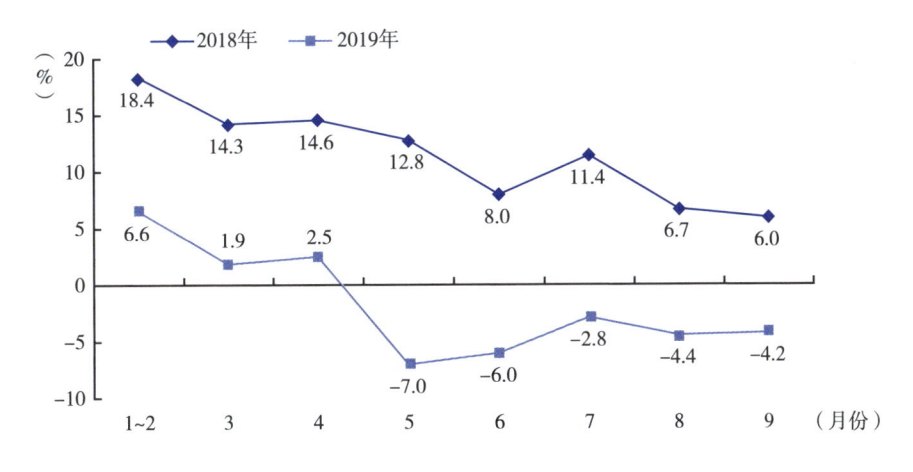

图2 月度税收收入增速对比

（三）2019年前三季度各税种收入情况分析

2019年前三季度，税收收入同比减少516亿元。从各税种情况看，税收收入下降的主要税种是个人所得税、城镇土地使用税、关税和车辆购置税。其中，个人所得税的降幅最大，前三季度累计收入减少了3368亿元，降幅高达29.7%；城镇土地使用税减少了232亿元，降幅为13.2%；关税减少了67亿元，降幅为3.0%；车辆购置税减少了10亿元，降幅为-0.4%。

表3 分税种收入情况

税种	2019年前三季度			2018前三季度		增速比较（个百分点）
	绝对值（亿元）	增减额（亿元）	增长率（%）	绝对值（亿元）	增长率（%）	
税收收入	126970	-516	-0.4	127486	12.7	-13.1
国内增值税	49336	1980	4.2	47356	12.0	-7.8
国内消费税	11448	1562	15.8	9886	16.3	-0.5
城市维护建设税	3696	2	0.1	3694	13.7	-13.6
进口货物增值税、消费税	12148	-1072	-8.1	13220	12.0	-20.1
出口退税	-12860	-1457	12.8	-11403	9.2	3.6
关税	2149	-67	-3.0	2216	-5.2	2.2
进出口相关税收合计	1437	-2596	-64.4	4033	8.9	-73.3
主要流转税合计	65917	948	1.5	64969	12.5	-11.0
企业所得税	31572	818	2.7	30754	12.5	-9.9
个人所得税	7981	-3368	-29.7	11349	21.1	-50.8
所得税合计	39553	-2550	-6.1	42103	14.7	-20.8
契税	4800	283	6.3	4517	19.3	-13.0
土地增值税	5077	494	10.8	4583	14.7	-3.9
房产税	1970	3	0.2	1967	6.8	-6.6
耕地占用税	1098	72	7.0	1026	-29.2	36.2
城镇土地使用税	1528	-232	-13.2	1760	-1.6	-11.6
房地产相关税收合计	14473	620	4.5	13853	7.7	-3.2
车辆购置税	2674	-10	-0.4	2684	11.4	-11.8
印花税	1989	180	10.0	1809	1.2	8.8
资源税	1407	149	11.8	1258	22.0	-10.2
车船税等	958	148	18.3	810	19.5	-1.2
其他税收合计	7028	467	7.1	6561	11.1	-4.0

注：出口退税增长的影响为减收。车船税等包括车船税、环境保护税、船舶吨税和烟叶税。其他税收合计是车辆购置税、印花税、资源税、车船税等的合计。

资料来源：财政部网站。

此外，受增值税税率下降及进口额下降①的影响，2019年前三季度累计进口货物增值税、消费税减少了1072亿元，降幅为8.1%；受出口退税率提高和出口额增加②的影响，2019年前三季度累计出口退税12860亿元，比2018年同期增加了12.8%，导致税收收入减少1457亿元。由于进口货物增值税、消费税和关税均为负增长，同时出口退税增加，进出口相关税收合计减少收入2596亿元。加上个人所得税、城镇土地使用税和车辆购置税，各减收项目合计的减收额为6206亿元。

从收入增加的税种看，2019年前三季度累计国内增值税仍保持了4.2%的增长，并且贡献了最大的增收额，为1980亿元；其次是国内消费税，增长率为15.8%，增收额为1562亿元；排第三的是企业所得税，增长率为2.7%，增收额为818亿元；排第四的是土地增值税，增长率为10.8%，增收额为494亿元；排第五的是契税，增长率为6.3%，增收额为283亿元。此外，印花税、资源税、车船税等其他小税种③则保持了10个百分点以上的增速，增收额共计为477亿元。各增收税种合计增收额为5690亿元。

从流转税、所得税等税类看，2019年前三季度，增值税、消费税及其附加税城市维护建设税累计贡献了3544亿元的增收额，但进出口相关税收的减收额为2596亿元，增减抵消后主要流转税合计收入为65917亿元，增长了1.5%，增幅为948亿元，占税收收入的比重为51.9%，比2018年同期的51.0%提高了0.9个百分点。

由于个人所得税大幅减收，与企业所得税合计收入为39553亿元，下降了6.1%，减收额为2550亿元，占税收收入的比重为31.2%，比2018年同期的33.0%降低了1.8个百分点。

房地产相关税收中土地增值税保持了10.8%的较高增速；耕地占用税

---

① 2019年1~9月累计进口额为104341.9亿元人民币，同比下降0.1%。数据来源：海关总署网站《2019年9月全国进出口月度总值表（人民币值）》。
② 根据财税〔2018〕93号文和财税〔2018〕123号文，自2018年9月15日和2018年11月1日起两次提高出口退税率。2019年1~9月累计出口额为124803.4亿元人民币，同比增长5.2%。数据来源：海关总署网站《2019年9月全国进出口月度总值表（人民币值）》。
③ 包括车船税、环境保护税、船舶吨税、烟叶税等四个税种。

扭转了2018年同期大幅下降29.2%的态势，同比增长了7.0%；契税虽然保持了6.3%的增长，但与2018年同期19.3%的增速相比，增长率也有显著下降。2019年前三季度，房地产相关五个税种收入合计为14473亿元，增长率为4.5%，增收额为620亿元，占税收收入的比重为11.4%，比2018年同期的10.9%提高了0.5个百分点。

车辆购置税、印花税、资源税、车船税等7个税种收入合计为7028亿元，增长率为7.1%，增收额为467亿元，占税收收入的比重为5.5%，比2018年同期的5.1%提高了0.4个百分点。

从与2018年同期增长率的对比来看，2019年前三季度除关税、耕地占用税和印花税三个税种的增速有所提高外，其他各税种（项目）的增速均有不同程度的下降。税收收入的增速总体下降了13.1个百分点。其中，进出口相关税收的增速由2018年前三季度的8.9%降为2019年同期的-64.4%；个人所得税的增速由2018年前三季度的21.1%降为2019年同期的-29.7%。

2019年前三季度，由于个人所得税的大幅减税，个人所得税由第三大税种降为第四，国内消费税成为第三大税种。国内增值税、企业所得税、国内消费税和个人所得税占税收收入的比重分别为38.9%、24.9%、9.0%和6.3%，前四大税种合计占税收收入的比重为79.0%，加上房地产五税11.4%的份额，在全部18个税种中，上述9个税种占税收收入的比重高达90.4%。

二 2019年前三季度减税降费政策的实施情况

（一）2019年新增减税降费政策概述

2018年12月召开的中央经济工作会议，对宏观经济形势做出了"经济运行稳中有变、变中有忧，外部环境复杂严峻，经济面临下行压力"的基本判断，明确提出了"积极的财政政策要加力提效，实施更大规模的减税降费"的要求。在 2018 年减税降费 1.3 万亿元的基础上，2019 年政府工作报告按照"普惠性减税与结构性减税并举"的原则，做出了再减轻企业税收和社保缴费负担近 2 万亿元的部署。

2019 年新增减税降费政策主要包括深化增值税改革减税、小微企业普惠性减税、个人所得税减税和社保费率下调四个部分。

其中，增值税改革减税政策自 2019 年 4 月 1 日起实施，具体措施有：16% 和 10% 两档税率分别降至 13% 和 9%，扩大增值税抵扣范围和缩短不动产进项税额的抵扣时间，对生产、生活性服务实行加计递减。小微企业普惠性减税降费政策主要包括：提高增值税小规模纳税人免税标准，放宽小型微利企业标准加大企业所得税优惠力度，增值税小规模纳税人地方"六税两费"①减征 50%。个人所得税新增减税是 2019 年 1 月 1 日起实施的专项附加扣除政策。社保费率下调政策自 2019 年 5 月 1 日起实施。

此外，2018 年 9 月 20 日财政部、税务总局、科技部发布的《关于提高研发费用加计扣除比例的通知》（财税〔2018〕99 号）规定，2018 年 1 月 1 日至 2020 年 12 月 31 日期间将研发费用加计扣除比例由 50% 提高至 75%，导致的企业所得税减税集中体现在 2018 年第四季度，从而使得 2019 年前三季度企业所得税也受翘尾减税因素的影响。

（二）2019 年前三季度减税降费政策实施的基本情况

从 2019 年减税政策的影响机制看，主要有 2019 年新实施政策导致的减税和 2018 年中出台减税政策在 2019 年的翘尾减税以及 2018 年到期后 2019 年延续实施的政策新增减税三部分。其中，2018 年 5 月 1 日增值税 17% 和 11% 两档税率分别降至 16% 和 10% 的政策与 2018 年 10 月 1 日起实施的个人所得税费用扣除标准提高以及税率级距调整政策分别形成 2019 年 1~4 月增值税的翘尾减税和 2019 年 1~9 月的个人所得税翘尾减税。

---

① 地方"六税两费"是指资源税、城市维护建设税、房产税、城镇土地使用税、印花税（不含证券交易印花税）、耕地占用税和教育费附加、地方教育附加。

根据国家税务总局公布的数据，2019年第一季度的减税额为3411亿元，其中新实施政策减税722亿元，包括小微企业普惠性政策新增减税567亿元、个人所得税专项附加扣除新增减税146亿元；2018年中出台减税政策在2019年的翘尾减税2652亿元，其中2018年5月1日增值税税率下降带来的翘尾减税976亿元，2018年10月1日个人所得税制改革带来的减税1540亿元；2018年到期后2019年延续实施的政策新增减税37亿元。

2019年上半年累计减税降费11709亿元，其中减税10387亿元，2019年5月1日实施的社保费降费1322亿元。2019年4月1日起实施的深化增值税改革各项政策在2019年4月减税1113亿元，2019年5月减税1105亿元，2019年6月减税967亿元，2019年第二季度共计减税3185亿元。2019年4月，2018年增值税税率下降带来的翘尾减税为208亿元，与2019年第一季度合计该因素导致的减税总额为1184亿元。2019年第二季度，个人所得税翘尾及新增政策共计减税1391亿元，上半年累计减税3077亿元。

小微企业普惠性政策2019年第二季度新增减税597亿元，上半年累计减税1164亿元，其中提高增值税小规模纳税人免税标准新政减税349亿元，放宽小微企业标准加大企业所得税优惠力度新政减税481亿元，地方"六税两费"减征政策减税333亿元。

2019年前三季度累计减税降费17834亿元，其中减税15109亿元，社保费降费2725亿元。深化增值税改革各项政策第三季度减税2666亿元，前三季度累计减税5851亿元，加上2019年1~4月增值税翘尾减税1184亿元，前三季度增值税累计减税7035亿元，占全部减税降费的39.4%；小微企业普惠性政策第三季度减税663亿元，前三季度累计减税1827亿元，占全部减税降费的10.2%；2019年第三季度，个人所得税翘尾减税及新增政策共计减税1349亿元，前三季度累计减税4426亿元，占全部减税降费的24.8%。

2019年初预计减税降费的规模为2万亿元，2019年前三季度减税降费就已近1.8万亿元，预计全年实际减税降费将超过2万亿元。

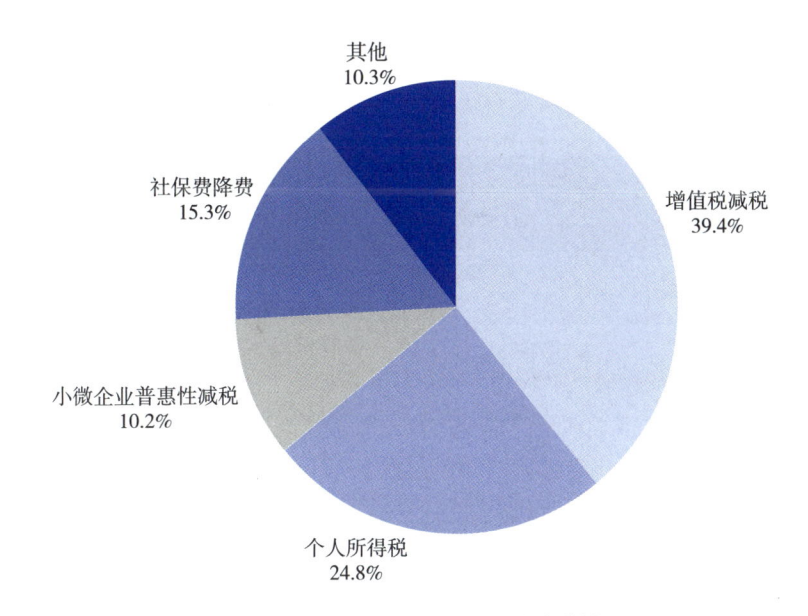

其他 10.3%
社保费降费 15.3%
增值税减税 39.4%
小微企业普惠性减税 10.2%
个人所得税 24.8%

图3　2019年前三季度累计减税降费情况

（三）2019年前三季度减税政策对主要税种的影响

从 2019 年第一、二、三季度各税种收入变化情况看，受减税政策的影响，国内增值税从第二季度开始增幅迅速缩小，第三季度增长率仅有 0.1%。由于增值税税率下降及 2019 年 5 月以来进口的负增长，进口货物增值税、消费税在第二季度后出现了大幅下降，第二和第三季度的增幅分别为 -8.5% 和 -17.9%。国内消费税的增速也出现了逐季大幅下降的趋势，由第一季度的 29.3% 降至第二季度的 14.8%，到第三季度则出现了负增长。而受增值税税率下降和 2019 年 8 月后出口增速下降等因素的影响，出口退税额在第三季度出现了大幅下降，由此缓解了主要流转税合计的增幅大幅下降的态势，第二季度主要流转税合计的增速由第一季度的 8.2% 大幅下降至 -3.6%，第三季度为 -1.5%。

受减税政策的影响，个人所得税三个季度的降幅都在 30% 左右；企业所得税第一季度增长 15.9%，第二季度增速为 -0.5%，到第三季度下

降至-6.6%。所得税合计增速的降幅则逐季扩大,到第三季度增速为-13.3%。

表4 分税种收入变化情况

单位:亿元,%

税种	2019年第一季度		2019年第二季度		2019年第三季度	
	绝对值	增长率	绝对值	增长率	绝对值	增长率
税收收入	46706	5.4	45718	-3.3	34546	-3.7
国内增值税	19601	10.7	15969	0.4	13766	0.1
国内消费税	5199	29.3	3272	14.8	2977	-1.3
城市维护建设税	1444	4.8	1162	-0.2	1090	-5.4
进口货物增值税、消费税	4458	2.9	3833	-8.5	3857	-17.9
出口退税	-5062	32.0	-4717	23.3	-3081	-17.7
关税	694	-6.7	711	0.1	744	-2.4
进出口相关税收	90	-92.7	-173	-116.1	1520	-11.6
主要流转税合计	26334	8.2	20230	-3.6	19353	-1.5
企业所得税	9888	15.9	15311	-0.5	6373	-6.6
个人所得税	3239	-29.7	2400	-31.8	2342	-27.3
所得税合计	13127	-0.1	17711	-6.3	8715	-13.3
契税	1514	6.8	1670	7.3	1616	4.7
土地增值税	1667	14.6	1898	6.8	1512	11.8
房产税	643	1.6	834	-2.0	493	2.1
耕地占用税	388	4.9	436	1.2	274	21.8
城镇土地使用税	541	-9.8	592	-16.5	395	-12.4
房地产相关税收合计	4753	6.2	5430	2.0	4290	5.8
车辆购置税	945	-3.1	917	10.2	812	-7.4
印花税	732	-4.8	657	24.0	600	17.6
资源税	494	21.7	465	7.1	448	7.2
车船税等	322	43.8	307	9.3	329	7.9
其他税收合计	2493	5.0	2346	13.0	2189	3.7

注:出口退税增长的影响为减收。车船税等包括车船税、环境保护税、船舶吨税和烟叶税。其他税收合计是车辆购置税、印花税、资源税、车船税等的合计。

资料来源:财政部网站。

图4是2019年税收收入前四位的四个税种月度收入增速变化情况,可以看出,个人所得税2019年1~9月增速均有显著的下降;2019年5月国内增值税同比增长-20%,从6月开始,同比增速与1~4月相比有大幅下降,

8月、9月出现了负增长。企业所得税从6月开始出现了负增长；国内消费税从7月开始增速大幅下降，8月、9月也出现了负增长。而且，从8月开始，四大税种的同比增速均出现了负增长。

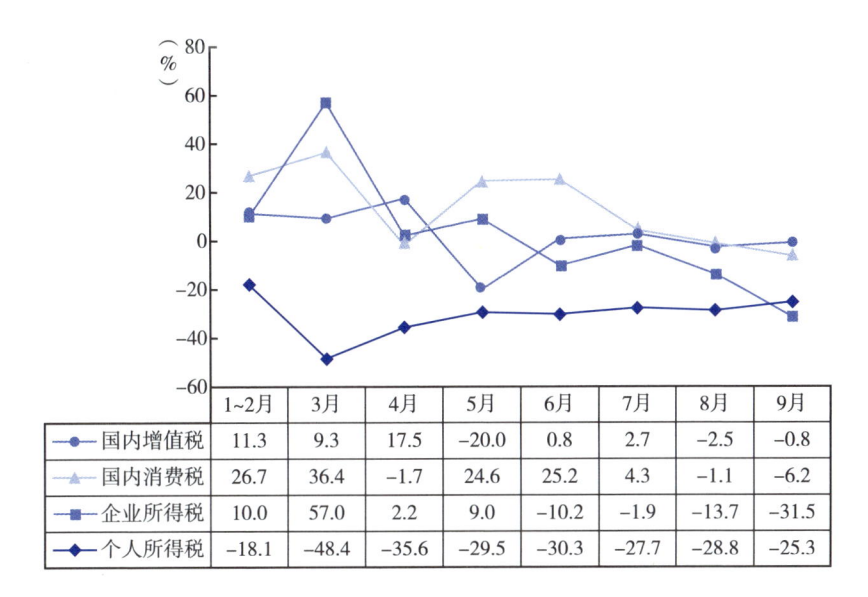

	1~2月	3月	4月	5月	6月	7月	8月	9月
国内增值税	11.3	9.3	17.5	-20.0	0.8	2.7	-2.5	-0.8
国内消费税	26.7	36.4	-1.7	24.6	25.2	4.3	-1.1	-6.2
企业所得税	10.0	57.0	2.2	9.0	-10.2	-1.9	-13.7	-31.5
个人所得税	-18.1	-48.4	-35.6	-29.5	-30.3	-27.7	-28.8	-25.3

图4 主要税种收入变化情况

三 2019年全年税收收入预测与2020年初步展望

（一）2019年全年税收收入预测

2019年第四季度，经济仍有较大下行压力，加上增值税留抵退税政策开始落地①以及2019年10月1日起对生活性服务业增值税加计递减比例由

---

① 增值税留抵退税政策规定自2019年4月税款所属期起，连续六个月（按季纳税的，连续两个季度）增量留抵税额均大于零，且第六个月增量留抵税额不低于50万元且符合其他条件的企业允许退还增量留抵税额。该项政策将于2019年10月开始产生对企业的留抵退税。2019年8月31日财政部、税务总局发布的《关于明确部分先进制造业增值税期末留抵退税政策的公告》进一步放宽了部分先进制造业留抵退税的条件。

10%升至15%等新增减税政策的实施将进一步加大减税的力度,由此预计税收收入将继续维持负增长的态势。按照2019年第二季度税收收入增速为-3.3%,第三季度增速为-3.7%,8月、9月增速分别为-4.4%、-4.2%的趋势,第四季度的增速很可能在-4.0%左右。2018年第四季度税收收入为28915亿元,按-4.0%测算的2019年第四季度的税收收入为27758亿元,2019年全年税收收入预测值为154728亿元,全年增长率为-1.1%。

考虑到2018年第四季度税收收入的增长率仅为-7.5%,较2018年前三季度有大幅下降,其占2018年全年税收收入的比重仅为18.5%,明显低于2016年的22.6%和2017年的21.7%。由于2018年第四季度的基数较低,按2019年第四季度税收收入占全年税收收入的比重保持在18.5%的水平不变测算,预测值为28821亿元,增长率为-0.3%;2019年全年税收收入预测值为155791亿元,全年增长率为-0.4%。

(二)2020年税收收入形势初步展望

从税基的角度分析,预计2020年的经济增长仍存在较大下行压力,中美贸易摩擦带来的不确定性难以短期内缓解。各项逆周期调节政策对2020年经济增长的影响将通过影响税基决定税收收入的基本形势。此外,要密切关注对外贸易、房地产与汽车市场以及企业盈利水平等因素对进出口相关税收、房地产税收、车辆购置税以及企业所得税的影响。

从税收政策的变化看,2020年是否出台新的减税政策、新增减税政策的力度如何将对2020年的税收收入产生直接影响,2019年10月16日国务院常务会议已明确要求研究对制造业重点行业增加研发费用及扣除比例。2019年中出台的政策也会产生翘尾减税的影响,其中应重点关注留抵退税制度在2020年带来的减税。此外,个人所得税综合与分类相结合改革后将在2020年迎来第一个申报期,综合所得的汇算清缴对个人所得税收入的影响也值得密切关注。

从近年来中国税收收入的发展趋势看,2012年以来税收收入占GDP的比重就呈逐年下降的趋势，2018年为17.4%，与2012年的18.7%相比下降了1.3个百分点，在2019年全年税收收入很可能出现负增长的情况下，宏观税负水平将有进一步的明显下降，预计2020年仍将维持下降趋势。

四 减税降费对财政运行的影响与政策建议

（一）减税降费对财政运行的影响

近年来实施的大规模减税政策带来了税收收入和一般公共预算收入增幅的大幅下降。从图5可以看出，2012年以来税收收入占GDP的比重就呈现持续下降的趋势，但2012~2015年一般公共预算收入占GDP的比重仍有所提高，2016年后也开始下降，一般公共预算收支差额占GDP的比重在2015年后呈现扩大趋势。

图5 税收收入与一般公共预算收支占GDP的比重

2019年前三季度，税收收入出现了负增长，但一般公共预算中非税收入的增幅高达29.2%。根据财政部的数据，非税收入中行政事业性收费2019年前三季度的增幅为-0.1%，国有资本经营收入4792亿元，同比增加3812亿元，拉高全国非税收入增幅21个百分点，主要是中央特定金融机

构和央企上缴利润 3701 亿元，同比增加 3045 亿元，地方也积极采取国企上缴利润等方式增加收入。国有资源（资产）有偿使用收入 6132 亿元，同比增加 1005 亿元，主要是地方行政事业单位资产等非经营性资产收入集中入库，拉高全国非税收入增幅 5 个百分点。①

从政府性基金预算看，2019 年 1～9 月，全国政府性基金预算收入 53163 亿元，同比增长 7.7%；中央政府性基金预算收入 3086 亿元，同比下降 0.5%；地方政府性基金预算本级收入 50077 亿元，同比增长 8.3%，其中，土地出让收入同比增长 5.8%。

在 2019 年实施更大规模的减税降费带来税收收入负增长的同时，为弥补财政收支的缺口，一般公共预算中的国有资本经营收入、国有资源（资产）有偿使用收入以及地方政府性基金收入保持了较高的增速。由于这些增收项目中大量属于一次性收入，需要进一步关注减税降费对未来财政运行的影响。

（二）政策建议

近年来，"减税降费"作为积极财政政策和供给侧结构性改革"降成本"政策的重要组成部分，在降低实体经济企业成本、优化营商环境、推动创新驱动战略的实施、鼓励大众创业万众创新等方面发挥了重要作用。2019 年出台的减税降费政策力度空前，直击当前市场主体的难点和痛点，有利于进一步稳定市场预期、稳定就业、扩大国内需求、促进创新和结构调整，是激发市场活力、释放发展潜能的重大举措。在进一步落实落细减税降费政策的同时，建议从以下三个方面进一步优化相关政策。

第一，要高度关注减税降费对地方政府，尤其是基层政府财政运行的影响，针对不同地区的特点制订切实有效的应对方案。在"开源节流"的同时，不仅要加大转移支付的力度，做好保运转、保基本公共服务等工作，也

---

① 财政部：《2019 年三季度财政收支情况新闻发布会》，http://www.gov.cn/xinwen/2019-10/18/content_5441622.htm，2019 年 10 月 18 日。

要高度关注地方政府财税法治建设，避免出现增加社会非税负担和通过加强国有企业行政性垄断谋取超额利润的情况。

第二，要结合经济运行态势对减税降费各项政策的效应进行全面、及时、深入的评估。政策效应评估要厘清各项政策的传导机制和政策时滞，重点评估减税降费政策对增加研发投入、扩大投资和促进消费等的作用，以此为基础对减税降费具体措施进行适时调整优化。

第三，减税降费政策要处理好逆周期调节与中长期税费制度优化的关系，要将集中于解决短期、周期性问题的临时性大规模减税降费措施与着力解决中长期、体制性、结构性问题的永久性税费制度优化措施有机结合，提高各项政策之间的协调配合水平。

参考文献

[1] 中华人民共和国财政部：《2017年—2019年前三季度月度财政收支情况》，http：//www.mof.gov.cn/zhengwuxinxi/caizhengshuju/，2019。
[2] 国家税务总局：《2019年一季度全国税务部门组织税收收入情况》，http：//www.chinatax.gov.cn/chinatax/n810214/n810631/c4285943/content.html，2019。
[3] 国家税务总局：《2019年上半年新闻发布会实录》，http：//www.chinatax.gov.cn/n810219/n1865308/c4540059/content.html，2019。
[4] 国家税务总局：《减税降费红利持续释放 便民服务举措继承推出》，http：//www.chinatax.gov.cn/chinatax/n810219/n810724/c5138718/content.html，2019。
[5] 张斌：《减税降费是激发市场活力、释放发展潜能的重大举措》，《中国财政》2019年第7期。

货币政策与金融市场篇

Monetary Policy and Financial Markets

B.9
逆周期调节取向下的货币金融运行

闫先东　刘　西　秦　栋＊

摘　要： 2019年我国经济运行总体平稳，但下行压力有所加大。前三季度GDP增长6.2%，比上年同期低0.5个百分点。中国人民银行坚持实施稳健的货币政策，在保持定力的同时，加强逆周期调节，做好预调微调，保持流动性合理充裕，加大金融对实体经济特别是对小微企业的支持力度，加快金融供给侧结构性改革。总体来看，当前银行体系流动性合理充裕，货币信贷和社会融资规模适度增长。预计2020年货币政策仍将保持稳健基调，前瞻性、灵活性、针对性进一步提高。

＊ 闫先东，中国人民银行调查统计司副司长；刘西，中国人民银行调查统计司经济分析处处长；秦栋，中国社会科学院研究生院博士研究生。本文只代表作者个人观点。

关键词： 广义货币　社会融资规模　信贷需求　利率改革

一　金融运行的实体经济环境

2019年前三季度，我国经济运行总体平稳，但国内外经济形势复杂严峻，国内经济下行压力较大。前三季度GDP同比增长6.2%，比上年同期低0.5个百分点。其中，三季度GDP同比增长6.0%，创1992年以来新低。

（一）工业生产增速放缓

2019年前三季度，第一产业增加值43005亿元，同比增长2.9%；第二产业增加值277869亿元，同比增长5.6%；第三产业增加值376925亿元，同比增长7.0%。

2019年三季度，三次产业增速分别为2.7%、5.2%、7.2%；与上季度相比，第一产业回落0.6个百分点，第二产业回落0.4个百分点，第三产业回升0.2个百分点。其中，第一产业增长放缓，主要是受猪瘟影响，三季度猪肉产量仅711万吨，同比下降42.1%。第二产业增速放缓，主要是工业增长处于较低水平。

（二）需求稳中趋缓

固定资产投资增速继续小幅回落。2019年前三季度，固定资产投资（不含农户）名义同比增长5.4%，比上年末低0.5个百分点，与上年同期持平。分大类看，制造业投资同比增长2.5%，比上年末低7.0个百分点，比上年同期低6.2个百分点；基础设施投资同比增长4.5%，比上年全年高0.7个百分点，比上年同期高1.2个百分点；房地产开发投资同比增长10.5%，比上年末高1.0个百分点，比上年同期高0.6个百分点。

消费增速边际回暖。2019年前三季度，社会消费品零售总额同比增长8.2%，比上年同期低1.1个百分点，比上年全年低0.8个百分点。9月，

社会消费品零售总额同比增长7.8%，比上月高0.3个百分点。

进出口回落较多，进口降幅大于出口导致顺差扩大。2019年前三季度，货物贸易进出口总额（美元计价）同比下降2.4%，而上年同期为增长15.8%，其中出口同比下降0.1%，进口同比下降5.0%；货物贸易顺差2984.3亿美元，比上年同期扩大791.2亿美元。

（三）CPI涨幅扩大，PPI陷入负增长

生猪供给偏紧推动CPI上涨。2019年前三季度，CPI同比上涨2.5%，涨幅比1~8月高0.1个百分点。9月，CPI同比上涨3.0%，涨幅比上月高0.2个百分点，主要是猪肉价格涨幅超预期。9月，CPI环比上涨0.9%，其中猪肉价格环比上涨19.7%，影响CPI上涨0.65个百分点。9月，国家统计局发布的剔除食品和能源的核心CPI同比持平于1.5%，仍为近43个月最低值。

PPI仍在探底过程中。前三季度，PPI与上年同期持平。9月，PPI同比下降1.2%，降幅比8月扩大0.4个百分点。分项来看，9月生产资料价格同比下降2%，影响PPI下降约1.52个百分点；生活资料价格同比上涨1.1%，影响PPI上涨约0.28个百分点。在主要行业中，石油和天然气开采业，石油、煤炭及其他燃料加工业，黑色金属冶炼和压延加工业，化学原料和化学制品制造业降幅扩大。

CPI和PPI的结构性分化还将持续一段时间。预计2020年1月受春节错月因素扰动，CPI将出现脉冲式峰值，同比涨幅可能突破4%，随后将逐步回落。2019年10月PPI可能下行至阶段性低点，同比下降1.6%左右，随后将逐步回升。

（四）劳动力供需双缩，但需求收缩更多，劳动者就业压力有所加大

居民就业状况受劳动力供给和需求两方面影响。当前劳动力市场供需双缩，但需求下滑幅度略高于供给下滑幅度，劳动者就业压力出现小幅上升。

2019年前三季度，全国城镇新增就业1097万人，比上年同期少0.9%；9月调查失业率为5.2%，比上年同期高0.3个百分点。

劳动力需求是一个快变量，主要受经济形势短期波动影响。当前劳动力需求收缩较多，9月，制造业PMI从业人员指数为47.0%，连续29个月处于收缩区间，持续处于2009年3月以来的较低水平；非制造业PMI从业人员指数也已连续13个月处于收缩区间。

劳动力供给也在逐步收缩。2014~2018年，我国15~64岁劳动年龄人口以平均每年减少241万的速度下降，年均降幅为0.24%。不过，相对于需求，劳动力供给是一个慢变量，主要影响长期潜在经济增速，短期变化不明显。

经济下行将导致劳动者就业压力小幅上升。基于当前劳动力供给测算，在2019年经济增速为6.2%、6.1%、6.0%三种情景下，对应的城镇新增就业分别为1320万、1300万、1278万人，比上年分别减少3.0%、4.5%、6.1%；对应的城镇调查失业率分别为5.2%、5.3%、5.4%，比上年分别提高0.3个、0.4个、0.5个百分点。

二 逆周期调节的货币政策及实施效果

2019年以来，中国人民银行坚决按照党中央、国务院部署，货币政策坚持稳健的取向，在保持定力的同时，加强逆周期调节，做好预调微调，保持流动性合理充裕，加大金融对实体经济特别是对小微企业的支持力度，加快金融供给侧结构性改革。总体来看，当前银行体系流动性合理充裕，货币信贷和社会融资规模适度增长，信贷结构优化。

（一）M2增速适度回升

2019年9月末M2同比增长8.4%，分别比上月末和上年同期高0.2个和0.1个百分点，增速有所回升，流动性处于合理水平，这是中国人民银行坚持稳健的货币政策，加强逆周期调节的效果体现。

2019年以来中国人民银行会同有关金融管理部门，综合运用多种政策工具，丰富银行补充资本的资金来源，适时降低存款准备金率，增强商业银行资金运用能力，推动了M2增速企稳回升，表现在：一是银行贷款保持较快增长，9月末增速为12.5%，比上月高0.1个百分点，保持在较高水平。二是银行债券投资持续较快增长，9月末同比增长15.2%，增速较高，较好地支持了政府债券和企业债券发行。三是商业银行以股权投资形式，对非银行业金融机构融出资金规模的降幅收窄，9月末下降5.8%，比上年同期收窄了4.1个百分点。

（二）社会融资规模同比多增，表外融资降幅明显收窄

2019年9月末社会融资规模同比增长10.8%，比上年同期高0.2个百分点。前三季度社会融资规模增量为18.74万亿元，比上年同期多3.28万亿元，显示出金融对实体经济的支持力度较大。从结构看，前三季度拉动社会融资规模同比多增的主要因素如下。

一是金融机构对实体经济的信贷支持力度持续增强。前三季度金融机构对实体经济发放的人民币贷款增加13.9万亿元，比上年同期多1.1万亿元。

二是企业债券多增较多，占比上升。前三季度企业债券净融资为2.39万亿元，比上年同期多6955亿元。从占比看，前三季度企业债券融资占同期社会融资规模的12.8%，比上年同期高1.8个百分点。

三是地方政府专项债券发行力度较大。前三季度地方政府专项债券净融资2.17万亿元，比上年同期多4704亿元。

四是表外融资下降态势明显好转。前三季度，表外融资三项降幅缩小，委托贷款减少6454亿元，比上年同期少减5138亿元；信托贷款减少1078亿元，比上年同期少减3589亿元；未贴现的银行承兑汇票减少5224亿元，比上年同期少减1562亿元。三项合计同比少减1.03万亿元。

（三）信贷结构优化，制造业中长期贷款增速回升

一是基础设施业中长期贷款平稳较快增长。2019年9月末，基础设施

业中长期贷款余额同比增长8.9%,比上年末高0.3个百分点,为2019年以来的高点。前三季度累计新增1.56万亿元,同比多增1733亿元。

二是制造业中长期贷款增速明显回升,其中高技术制造业中长期贷款保持快速增长。9月末,制造业中长期贷款余额同比增长11.3%,比上年末和上年同期分别高0.8个和5.2个百分点。前三季度累计新增3313亿元,同比多增549亿元。其中,高技术制造业中长期贷款余额同比增长41.2%,比上年末和上年同期分别高8.1个和21.2个百分点,比同期制造业中长期贷款增速高29.9个百分点。

三是不含房地产业的服务业中长期贷款增速明显提高。9月末,不含房地产业的服务业中长期贷款余额同比增长11.4%,比上年末和上年同期分别高2.0个和1.2个百分点。前三季度累计新增2.38万亿元,同比多增5825亿元,累计增量占全部产业中长期贷款增量的比重为55.2%,比上年同期高15.3个百分点。

四是房地产贷款增速回落。9月末,人民币房地产贷款余额43.3万亿元,同比增长15.6%,增速比上年末回落4.4个百分点,已连续14个月回落,前三季度增加4.6万亿元,占同期各项贷款增量的33.7%,比上年全年占比水平低6.2个百分点。其中,个人住房贷款同比增长16.8%,增速比上年末回落1个百分点;房地产开发贷款同比增长11.7%,增速比上年末回落10.8个百分点。

(四)民营、小微企业贷款增长较快

中国人民银行会同金融管理部门,认真贯彻落实党中央、国务院决策部署,结构性货币信贷政策在发挥引导作用、支持和改善民营和小微企业融资方面取得积极成效。

2019年9月末,民营企业贷款(包括集体控股企业、私人控股企业、港澳台商控股企业、外商控股企业贷款和个人经营性贷款)余额45.7万亿元,同比增长6.9%,增速比上年同期高0.2个百分点。前三季度,民营企业贷款累计新增3.1万亿元,同比多增5516亿元。

9月末，普惠小微贷款（包括单户授信1000万元以下的小微企业贷款及个体工商户和小微企业主经营性贷款）余额11.3万亿元，同比增长23.3%，增速比上年末高8.1个百分点。前三季度，普惠小微贷款累计新增1.8万亿元，是2018年全年增量的1.4倍。

三 金融运行需要关注的几个问题

（一）全球经济整体放缓，主要央行货币政策再宽松

当前全球经济仍呈整体放缓趋势。全球制造业呈疲软态势，2019年8月摩根大通全球制造业PMI为49.5%，连续四个月位于荣枯线以下。其中，美国制造业PMI自2016年8月以来首次跌破荣枯线，而欧元区制造业PMI自2019年1月以来持续位于荣枯线以下；8月全球制造业PMI新订单指数仍保持在49.0%的低水平。考虑到当前全球贸易紧张局势并未出现显著缓和迹象，预计未来全球制造业疲软状况仍难以改善。此外，全球贸易环境恶化对投资信心影响进一步加大。全球波动率指数（VIX）在7月出现一定程度缓和后，8月再度大幅反弹，反映出投资者避险情绪较高。近期经合组织（OECD）将2019年全球经济增长预测值由3.2%下调至2.9%，创10年来最低水平，同时将2020年全球经济增长预测值由3.4%下调至3.0%。主要是考虑到贸易不确定性对全球经济增长带来负面冲击，同时以英国脱欧为代表的地缘政治因素持续发酵。

美联储如期降息，对经济增长持乐观态度。美联储在近两次议息会议中连续下调联邦基金利率目标区间，符合市场预期。值得注意的是，尽管美联储如期降息，但票委内部分歧持续扩大，三位委员在9月的议息会议中反对降息25个基点，这是自2014年12月以来分歧最大的一次。

欧央行下调利率并重启QE，重振经济困难重重。2019年9月12日，欧央行在议息会议中将存款便利利率由-0.40%下调至-0.50%，同时开启新一轮的长期再融资操作，本轮重启QE距离上一轮结束仅9个月的时间。

目前欧元区利率已处于超低水平，欧央行的资产负债表规模较为庞大，货币政策操作空间愈发有限，市场对本轮 QE 的经济拉动作用并不看好。

日本央行维持现有政策不变，通胀疲软压力仍存。2019 年 9 月 19 日，日本央行公布利率决议，维持政策利率在 -0.1% 不变，同时维持资产购买规模不变，维持 10 年期国债收益率目标在 0% 不变。在美欧引领全球众多经济体进入降息周期的背景下，日本央行认为日本目前的内需、消费和投资等指标仍较为稳健，有理由坚持现有的货币政策框架。

（二）社会融资规模指标进一步完善，更加全面反映金融服务实体经济水平

社会融资规模是指实体经济从金融体系获得的资金支持。它统计了实体经济（非金融企业和住户）从金融体系获得的资金，扣除了金融体系内部的交易行为，是衡量金融支持实体经济比较全面、客观的指标。社会融资规模指标自 2011 年推出以来，在金融宏观调控中发挥了重要作用，也受到了市场和研究机构的密切关注。

近年来，我国金融创新迅速发展，相关金融制度安排变化加快，对社会融资规模的统计也带来了诸多挑战。为此，中国人民银行分别于 2018 年 7 月、9 月和 2019 年 10 月，对社会融资规模的统计口径进行了及时完善，将存款类金融机构资产支持证券、贷款核销，地方政府专项债券、交易所企业资产支持证券，先后纳入社融统计，这是在统计条件成熟情况下的正常修订工作。

进行修订的主要考虑：一是存款类金融机构资产支持证券的基础资产是住房贷款，证券化后该基础资产已从贷款中出表，若不将其纳入，社会融资规模会出现遗漏。二是贷款核销并不免除和改变借贷双方的债权债务关系，应纳入社会融资规模统计。三是地方政府专项债券的用途是有现金流的公益性建设项目，大多为金融机构持有，反映了金融对经济建设的资金支持，将地方政府专项债券纳入社会融资规模统计具有合理性。四是证券公司、基金公司子公司等相关主体在交易所市场发行资产支持证券，多以企业应收账款、小贷公司贷款等作为基础资产，是金融体系对实体经济的资金支持，与

企业债券性质类似。其中，企业应收账款是企业与企业之间的信用，通过资产证券化变成金融工具的基础资产，也是金融对实体经济的资金支持，符合社会融资规模的定义，因此将它纳入统计；表内小贷公司贷款已计入社会融资规模，不过，发行资产支持证券出表后，这些小贷公司贷款就不计入社会融资规模，因此有必要完善口径将其纳入。

从修订后的运行情况看，新的社会融资规模口径更加真实客观地反映了金融对实体经济的支持情况。未来，中国人民银行还将继续研究完善社会融资规模口径，更加全面反映金融服务实体经济情况。

（三）央行资产负债表收缩不代表货币政策趋紧

2019年以来，中国人民银行资产负债表有所收缩。与2018年9月相比，2019年9月中国人民银行资产规模减少4263亿元，主要是置换到期MLF 1.5万亿元导致的。中国人民银行坚持稳健的货币政策，保持政策定力，通过对基础货币规模和效率的协调把握，使宏观流动性处于合理水平。整体来看，2019年9月末M2增长8.4%，与前三季度名义GDP增速（7.9%）基本匹配，流动性处于合理水平。

为了满足经济发展需要，维持一定的货币增长速度是必要的。操作中，中国人民银行一方面可以通过扩张（或收缩）资产规模调节超额准备金的数量，另一方面可以通过调节存款准备金率改变超额存款准备金在基础货币中的比例，调节超额准备金的数量。目前，较大幅度的降准并适度收缩资产规模取得了较好的效果。

一是降准释放流动性的潜力得到充分发挥。我国银行存款准备金以法定准备金为主，而发达国家以超额准备金为主。通过调整存款准备金率增加超额准备金的占比，提升基础货币的效率，可以为经济发展提供稳定的长期流动性。

二是"降准+缩表"有利于降低宏观经济的流动性成本。如目前抵押补充贷款利率为2.75%，1年中期借贷便利利率为3.3%。通过"降准+缩表"的政策组合，将原来成本较高的流动性进行置换，有利于商业银行资金效率的提升和结构优化。

三是降准所释放的流动性具有长期性和稳定性。中国人民银行再贷款期限最长不超过1年，常备借贷便利的期限仅为1~3个月。而法准率调整所释放的流动性具有长期和稳定的特点，在一个金融周期内不会逆转。

四是与其他中央银行相比，中国人民银行降准空间较大，可操作性较强。在"三档两优"框架内，我国商业银行法定存款准备金率基本区间为8%~13%，远高于美国的0~3%、欧元区的0~1%、日本的0.05%~1.3%。

（四）信贷供给和需求较旺，但供需错配制约银行信贷投放

2019年9月末，各项贷款同比增长12.5%，比上年末低1个百分点，总体呈回落趋势。为准确判断未来信贷投放形势，2019年9月开展了调查，结果显示，当前信贷供给和需求均较为旺盛，但信贷供需错配导致贷款增速回落。如果供需错配情况能够缓解，未来贷款增速有望企稳回升。

信贷规模比上年略松，信贷供给能力较强。31%的银行认为2019年1~8月信贷规模比上年偏松，55%的银行认为与上年持平，仅14%的银行认为比上年偏紧。其中，39%的股份制银行认为1~8月信贷规模比上年偏松，比所有银行的平均值高8个百分点。银行信贷规模略松，主要是我国稳健的货币政策体现了逆周期调节的要求，在资管产品逐渐规范的背景下，加强政策协调，适当增加了表内信贷对实体经济的支持。

信贷需求比较旺盛，多数银行认为未来信贷需求会增加。对9~12月的信贷需求和投放，59%的银行认为信贷需求和投放量比上年同期增加，20%左右的银行认为与上年同期持平，20%左右的银行认为比上年同期会减少。分地区来看，63%的西部地区银行认为9~12月的信贷需求会增强，占比较东部地区高9个百分点。

企业信贷用信率不高。2019年1~8月，调研银行共审批通过28.7万亿元的贷款额度，8月末已发放贷款为15.7万亿元，用信率[①]为55%，其中个人住房贷款用信率为86.3%；企业审批通过的额度为25.2万亿元，使用

[①] 用信率是指已审批贷款额度中使用贷款的占比。

12.7万亿元，用信率仅50.3%。

行业、地区和企业性质的供需错配导致企业贷款用信率不高。一是信贷供需在行业间存在错配，主要有房地产业（35%）、基础设施建设业①（44%）以及租赁和商业服务业（47%）。这些行业现金流较好或者是有政府部门的担保，银行有放款意愿，但随着房地产调控的加强和政府财政纪律的严格，企业在使用贷款的时候存在较多限制。二是信贷供需在地区间存在错配。出于资产质量安全角度，银行向东部地区提供了较多的信用审批额度，但使用率不高。东部地区总体用信率为49%，比西部地区低3个百分点。三是信贷供需在企业性质和企业规模间存在错配。分企业规模看，中小型企业的用信率比大中型企业高10个百分点左右。分所有制性质看，私人控股企业的用信率比国有企业高10个百分点以上。这说明目前大中型企业和国有企业融资渠道更为广泛，对银行贷款需求并不如中小企业和私人控股企业旺盛。

四 关于2020年经济金融运行的政策思考

2020年国内外经济形势依然复杂严峻，全球经济增长放缓，外部不稳定不确定因素增多，国内经济面临较大的下行压力。面对错综复杂的形势，采取综合措施，统筹做好"六稳"工作，推动经济高质量发展。在这个过程中，有必要抓好以下着力点。

一是继续坚持稳健的货币政策，做到松紧适度。保持流动性合理充裕，实现货币供应量和社会融资规模增长与名义GDP增速基本匹配。通过改革的办法完善利率传导机制，疏通货币政策传导渠道，促进贷款实际利率下行。密切关注并前瞻性预判经济增长、物价、就业情况，适时适度强化逆周期调节，提高货币政策的前瞻性、灵活性和针对性。

---

① 基础设施建设业包括电力、热力、燃气及水生产和供应业，交通运输、仓储和邮政业，水利、环境和公共设施管理业。

二是提振微观主体信心。在宏观政策坚持逆周期调节的情况下，经济仍出现下行压力，与微观主体信心不足、预期偏弱有关。下一步，应着力增强微观主体信心，改善其对未来的预期。财政政策和货币政策要继续加强协调配合，激发企业主体活力。继续深挖减税降费空间，切实降低企业负担；通过实施定向降准、定向中期借贷便利等结构性货币政策，着力解决民营企业、小微企业融资难融资贵问题；持续深化"放管服"改革，简政放权，进一步放宽市场准入，营造公平竞争的市场环境。

三是发挥好消费的基础性作用和基建投资的托底作用，着力扩大有效内需。以改善民生为导向培育新的消费热点，合理扩大有效基建投资，"开前门、堵后门"多渠道为基础设施建设提供资金保障，盘活存量资金，提高基建资金使用效率；有效发挥地方政府专项债作为重大项目资本金的引导示范作用，优化政府和社会资本合作（PPP）模式，增强对社会资本的吸引。当然，扩大内需并非大水漫灌。力度上，以推动PPI转正、改善企业盈利和预期为宜。

四是立足企业贷款用信需求，化解信贷供需错配。通过政策支持、增加供给等方式，完善民营、小微企业的融资渠道。加强社会信用体系建设，为信用风险的市场化定价提供基础，让银行敢贷。民营、小微企业的融资供需不匹配在于信用风险的定价机制不完善，金融体系只能通过提高价格来防范风险，应通过社会信用的完善，提供信用定价的基础信息，让银行敢贷，让信用好的企业以较低的价格融资。还要客观评估基础设施投资的能力，满足基础设施建设融资的合理需求。

B.10
货币政策面临的新挑战与应对策略

何德旭　张　捷*

摘　要： 在"高债务"背景下，货币政策应该对名义价格的变化呈现不对称反应，即通胀的上行容忍度更高，对价格下行保持更大的敏感性和警惕性。货币政策要基于当前潜在产出率下行趋势和高债务实际背景，保持足够的下降弹性。在金融周期下行深化阶段，货币政策应着力应对私人部门"缩表"所带来的信用紧缩，央行资产负债表策略是潜在政策选项。金融中介在缩表过程中的资产、负债不对称螺旋式下降会对信用和货币创造产生不对称影响。"信用"和"货币"的周期宏观效应不同。在这个过程中，货币政策逆周期调控框架要相应发生重要调整。

关键词： 货币政策　潜在经济增长率　信用紧缩　信用风险定价

在2019年的货币政策运行中，出现了一些值得关注的现象。一是全球央行陆续降息，"负利率"资产大规模出现。这折射出当前全球经济增长呈现"低增长、低利率、低通胀、高债务"的"三低一高"特征，主要经济体的货币政策再次面临利率触及"有效下限"甚至"零利率下限"如何应对潜在增长率持续下滑的挑战。二是2019年所推进的LPR报价机制改革，其目的在于完善利率传导机制。当前我国金融周期进入下行深化阶段，金融

---

*　何德旭，中国社会科学院财经战略研究院研究员；张捷，国泰君安证券公司高级宏观研究员。

中介风险偏好降低并伴随结构性缩表趋势，"信用"有内在收缩压力，货币政策传导受阻。三是包商银行事件表明随着金融供给侧改革深入推进，我国信用风险定价体系重塑之路已经开启。未来，我国货币政策伴随经济周期阶段和增长特征的变化将面临一系列新挑战，需要寻找新的策略。

一 全球潜在经济增长率持续下滑

2019年以来，全球央行竞相降息，全球"负利率"债券规模已在十万亿美元以上。有效下限（Effective Lower Bound，ELB）与零利率下限（Zero Lower Bound，ZLB）相对，是虽然高于零但很低的利率。2008年金融危机以后，政策利率触及"零利率下限"，以美联储为代表的央行货币政策实施非常规的QE等。目前，美联储在考虑触及有效下限的应对策略，为要到来的经济下滑甚至衰退做准备。美联储利率有很大可能性跌至"有效下限"：一是中性均衡利率或者说长期自然利率的预估自1999年来降低2~3个百分点，二是持续低位的核心通胀水平，三是贸易摩擦对全球经济的拖累。全球央行货币政策在应对经济增速放缓、潜在生产率下行时又受到一个制约——高债务。2008年金融危机以来，政府部门债务扩张配合央行扩表，积压的公共债务令政府信用受损，令未来的政策选择受到制约，这一政策组合的空间和持续性值得忧虑。高债务、高杠杆率限制货币政策，低通胀又需要货币政策有更前瞻和更不对称的反应。因为需要警惕高债务存量下的通胀持续低位。名义价格如果持续下滑，将带来"债务—通缩"产出压力。从美国来看，失业率低于自然失业率，薪酬增速不低，但核心通胀率持续在目标通胀率2%以下。若通胀下行幅度与以往相同，将令美国基准货币利率更加接近有效下限（ELB）。欧洲央行、澳大利亚央行也都表现出了对通胀持续低位的担忧。回顾历史，1999~2007年期间的高能源通胀，一般核心通胀却迅速放缓。1999年1月到2008年9月，欧元区广义通胀率均值为2.4%，而核心通胀率整体为1.7%，85%的时间低于目标水平2%。即使在经济表现强劲的情况下，通胀仍然低位运行将引发在经济下行期的通缩预期。这是因

为,与1998年、2008年不同,较低的名义利率下,央行利率政策空间"不足"。目前美联储联邦基金目标利率已经降至2.0%,低于2008年超过5%的利率水平。当央行利率接近于零界限时,当真正潜在的经济衰退出现时令货币政策反应的空间不够。"低通胀"有两个原因。一是通胀的脱敏性。通货膨胀对资源利用的紧张程度变得不敏感,使得需要更大程度的劳动力市场紧缩,才能使通胀在经济复苏过程中回归目标。二是全球经济自20世纪70、80年代以来的金融周期特征。面对经济放缓,各国央行实施宽松货币政策刺激经济,资金更多流入资本市场,带来资产价格愈发频发的波动周期。金融化程度加剧高债务背景下的低通胀,低通胀增加存量实际债务负担,限制企业、家庭等私人部门增量加杠杆空间,货币政策的效力梯度下降,有效需求不足导致通胀率回升乏力。另外,债务期限结构也是重要影响因素。近年来,短期债务比例都呈下降趋势,长期债务比例上升。当通胀率降低时,借债成本上升,私人部门倾向减少借债,然而,由于还未到期,长期债务规模不能灵活调整,而长期债务规模有"黏性",因此必须要承受低通胀的成本,使得"债务—通缩"的风险更高。在这样的背景下,货币政策该如何应对?

第一,在"高债务"背景下,货币政策应该对名义价格的变化呈现不对称反应,即通胀的上行容忍度更高,对价格下行保持更强的敏感性和警惕性。"高债务"存量达到一定程度,会扭曲需求曲线,导致总需求曲线有可能是向上的。因为价格越低,家庭、企业等私人部门的债务负担越重,越需要减少消费、投资来偿还债务,产出越低,从而总需求曲线是向上倾斜的,这时候可以适当减少供给,推高价格水平,价格水平的提升会进一步减轻债务负担,增加对产品的需求,进一步推高价格,从而形成更高的产出。相应地,从总需求目标的角度,货币政策对通胀的反应应该是不对称的,背后源于高债务所带来的需求曲线的扭曲。对于我国而言,利率还有下行空间,表现为应该对下行更加敏感,对上行的容忍度要更高。高债务对低通胀敏感,货币政策一定极力对冲,前瞻性要增强。在低利率、低通胀、高债务环境下,实际利率越低,对产出和投资的刺激效果越不明显。然而,这并不意味着"低利率"政策失效,因为货币政策要着力应对"低通胀"风险,否则会增加经济的债务水平，导致产出增速更低。

第二，货币政策要基于当前潜在产出率下行趋势和高债务实际背景，保持足够的下降弹性。从长期趋势来看，基于20世纪90年代日本的经验，日本人口抚养比达到顶峰后，利率进入长期下行通道，表现为先快速下行，之后进入超低位波动；利率利差持续收窄；利率失去周期波动弹性。我国已越过人口抚养比拐点，未来将面临绝对人口数量的下降拐点。这是我国利率趋势面临的大背景。人口拐点从降低资产产出比、劳动参与率、人力资本三个方面拉低潜在产出率。潜在产出水平低，导致均衡自然利率下降是中长期趋势。同时，债务规模很大时，对应的利率水平较低，经济才能达到平衡。生产率降低、高债务规模共同导致了低自然利率。此时即使实际利率较低，如果仍高于自然利率（或均衡利率），经济仍然难以扩张并达到潜在产出水平。在单纯"高债务"下，货币政策要相对审慎，但如果高债务叠加"低通胀"，就要求实际利率在一定程度上低于均衡的潜在产出率。当前全球名义利率已经很低，名义利率对价格的敏感程度很低，降息的操作空间有限。当然，较好的应对方式是提高生产率，提高全要素生产率，提高经济增长率，推高经济潜在产出水平。

第三，严格盯住通胀目标的货币政策框架要从当前的注重广义通胀转向更加注重核心通胀。宣布通胀目标并将其设定在2%的基础上是在20世纪80年代奠定的，当时全球央行在两次石油危机的供给冲击下都急于降低通货膨胀率。现在大部分国家的通胀目标都基于整体而非核心指标。这是因为虽然核心指标波动性较低，对政策利率更敏感，但总体指标更易让公众熟悉。以欧洲央行为例，欧央行近似于严格盯住整体（广义）通胀目标2%。然而，整体通胀很大一部分由能源价格驱动，意味着利率要随能源价格呈现更大波动性。20世纪70、80年代以后，美国核心通胀保持低位稳定，广义通胀的波动从食品转向能源价格。严格的广义通胀目标导致核心通胀率徘徊在较低水平。在一些发展中国家，食品可能占CPI篮子的40%左右。然而，食品价格是一种不稳定的成分。原油、食品价格的冲击显示出了核心通胀指标的重要性。核心通胀率是潜在产出率、通胀率更稳定、确切的反映。

第四,货币政策的利率和汇率工具应更好平衡,警惕全球竞争性贬值的潜在苗头,汇率应该更加有弹性。面对全球经济放缓,叠加中美贸易摩擦带来的巨大不确定性,各国央行都在试图通过低利率影响通胀、融资条件。然而,2008年以来全球债务存量都出现了明显增长;各国核心通胀率都很低;名义利率都已经在较低位置。如果全球经济进一步加速放缓,在名义利率较低、空间不大的情况下,汇率工具将成为备选项。例如,美国的财政稳定是在联邦层面进行的,而欧元区缺乏一个中央财政工具来采取逆周期行动。欧元区是一个相对开放的经济体,贸易总额占GDP的51%,而美国为27%。这意味着负利率通过汇率对通胀、融资条件的影响更大。汇率具有明显的外溢效应。对于我国来说,从加权贷款名义利率来看,利率政策还有一定空间。我国的汇率政策该如何调整,这是目前需要提前考虑的问题。

二 私人部门"缩表"及其所带来的信用紧缩

金融周期进入下行阶段,金融中介资产负债表收缩是一个必然趋势,"信用"有内在收缩压力。"影子银行"在2014年后开始萎缩;2017年以后,金融杠杆率较实体杠杆率加速回落。2014~2015年,我国存贷款利率浮动上下限放开后"影子银行"规模占比回落。影子银行的"供给端"主要是中小银行、非银金融机构等,"需求端"主要是中小企业。影子银行萎缩,势必会引起供给端(中小银行、非银金融机构等)套利盈利的大幅缩减,以及需求端(中小企业)输血来源的大幅减少。"影子银行"的萎缩导致依附于其上的金融中介持续扩大资产负债表的基础削弱甚至消失。银行等金融中介在影子银行萎缩、利差收窄背景下,未来要更多依靠资产负债表的结构管理,而非规模扩张。2017年下半年以后,我国金融周期从顶部进入下行阶段,金融杠杆率比实体杠杆率下行更快,金融中介资产、负债表收缩趋势明显。在金融中介缩表的过程中,"资产"比"负债"收缩得更快。根据国家金融与发展实验室的数据,截至2019年二季度,金融部门资产方统计口径杠杆率和负债方统计口径杠杆率均为58.7%,分别较2016年四季度的高点回落19.6个、9.1个百分点。

金融中介在缩表过程中的资产、负债不对称螺旋式下降会对信用和货币创造产生不对称影响。金融中介的"资产端"在宏观上表现为"信用","负债端"在宏观上表现为"货币"。"信用"比"货币"收缩得更快,这会产生一系列重要影响,货币政策要应对这种影响。银行等杠杆型金融中介既创造信用,也创造货币;信托等通道型金融中介只创造信用,不创造货币。银行的影子收缩既影响信用,也影响货币;传统影子银行收缩只影响"信用",不影响"货币"。在二者同时收缩的过程中,就表现出资产端比负债端、"信用"比"货币"收缩得更快。未来,我们将看到"信用"比"货币"收缩得更快。"信用"和"货币"的宏观效应不同。"信用"更多地带来金融风险;"货币"更多地导致通货膨胀。"信用"更多地映射为房地产、股票等资产价格周期,"货币"更多地导致通胀周期。这可能会对我国经济小周期、资产周期、通胀周期、利率周期带来重要中长期影响:从通胀环境来看,未来从向上、向下两个方面,应注意通胀的不稳定性。历史的国别比较研究也发现,在人口拐点之后,价格水平趋向于通缩。但是通常会经历一段通胀不稳定期。在微观上,未来我们或许将看到广义社融增速、M2在波动下行中增速差不断收窄。从资产价格周期来看,我国的房地产小周期波动将进一步下降,继而导致库存、经济的小周期被拉长、波动性下降。货币政策应该对未来金融中介的内生性缩表及其影响有更高的警惕。2018年二季度以后,房地产新开工和销售持续背离。这背后是在高存量债务负担背景下,房地产企业开始主动去杠杆、缩表。房地产是重要的信用派生载体。此后,信用派生能力会下来,货币乘数会下来,M2会下来。"信用"的功能是驱动储蓄向投资转化。信用收缩,背后是人口周期、结构的大变化。如果储蓄向投资的转化不再进行,信用扩张肯定是为存量资产融资,导致资产价格泡沫、两极分化加剧。私人债务是具有内生性的,公共债务则更多地体现出外生性。现阶段,利率的下行体现为内生、外生双重驱动。私人债务更多地创造信用,公共债务更多地创造货币。未来,将从"信用"驱动(私人部门加杠杆)的增长向"货币"(中央政府部门加杠杆)驱动的增长转换。虽然

更多的是信用的子部分——货币驱动的增长，但本质上还是信用驱动的增长，问题是如何从私人部门信用转向政府部门信用。这些是统一在一起的。在这个过程中，货币政策框架也要相应发生重要调整。未来，财政、货币政策要更加有力度地配合。这体现在财政政策上要打破平衡性财政思维，货币政策要在基础货币等投放机制上做相应调整。财政政策和货币政策在宏观调控的领域、对象、作用机制以及调控方式方面存在差异，因此，实施效果取决于两者的有效配合程度。然而，合理恰当地将财政政策与货币政策结合起来并非易事，这在学术界和实务界都被广泛的探讨，如贾俊雪和郭庆旺[1]、马勇和陈雨露[2]、马勇[3]等。

三 信用风险定价体系重构与存量金融风险缓步释放

2019年所推进的LPR报价机制改革目的在于完善利率传导机制，疏通货币政策的传导渠道。当前，以LPR改革推进的"利率并轨"，更多的是想打通商业银行等金融中介"资产端"的两种利率，即"贷款"利率和"债券"利率并轨。利率并轨导致了市场分割问题逐渐解决。随着割裂的市场被打通，定价实现统一，达到新的均衡。在走向新均衡的过程中，由于刚兑的消失，过去由于刚性兑付预期存在而被高估值的资产会回归至和其信用风险水平相匹配的价格。"利率并轨"会直接影响各市场主体的资产负债表，是存量风险的释放过程。这实际上可以和2019年发生的另外一件事——包商银行事件结合起来。从2014年3月5日第一只债券违约——"11超日债"至2019年5月24日的"包商银行事件"之间，我国已经发生了多起信用事件。在过去，由于我国信用风险定价体系对信用风险的忽视和市场主

---

[1] 贾俊雪、郭庆旺：《财政支出类型、财政政策作用机理与最优财政货币政策规则》，《世界经济》2012年第11期。
[2] 马勇、陈雨露：《宏观审慎政策的协调与搭配：基于中国的模拟分析》，《金融研究》2013年第8期。
[3] 马勇：《中国的货币财政政策组合范式及其稳定效应研究》，《经济学》2016年第15期。

体普遍的"刚性兑付"信仰，经济中存在大量的僵尸企业和僵尸金融机构，使得资源错配，要素价格扭曲，金融脱实向虚，金融中介无法高效地服务实体经济，大量有活力的民营企业融资成本高企。包商银行事件较之前所有信用事件而言，影响到了我国的金融中介体系，关联多方主体的信用风险，的确大大促进了"信用风险定价体系"的重塑。包商银行事件和历次重大信用事件有较大不同，体现在以下三个方面。

第一，对"刚性兑付"冲击的程度不同。在"刚性兑付"的链条上，国企的刚兑预期是强于民企的，银行的刚兑预期又是强于国有企业的，因此，包商事件相比于历次信用事件，更加靠近"刚性兑付"的源头，银行刚兑的打破对市场情绪的影响也将比历次信用事件更大。我国市场主体的"刚性兑付"本身并不集中于民营企业，所以之前"民企债""公司债"违约对信用风险定价的重塑效果并不大。我国市场主体的"刚性兑付"信仰的根源在于我国政府对金融市场的积极干预度和强大影响力，因此，市场投资者信任国有企业、国有银行，以及任何具有政府色彩的主体。国有商业银行因对民营企业的"所有制歧视"而偏好于贷款给国有企业。类比于整个金融市场，我国的市场投资者也出于对政府的高度信任，而大大偏好于"国有企业债券""银行债券"。在"刚性兑付"预期强烈的债券市场上，进行类似于银行的"信贷配给"，将过多资源配置到任何具有政府色彩的主体上，而忽视了主体背后真正的信用风险。

第二，受到影响的信用主体有重大区别。2017年的资管新规和地方政府去杠杆政策，都加速了通过发债渠道流入社会企业层面的资金。特别地，对于那些处于违约边缘的低等级债券来说，政策的"收紧"会大大加剧违约风险。反过来，这些公司也越来越难发债，发债成本越来越高，"借新债还旧债"的展期风险大大增加。可以从2018年的"违约潮"看到这些企业纷纷陷入了"流动性危机"。换言之，中小民营企业的"旁氏扩张"之路在历次违约事件之后大大受阻。而包商银行事件逻辑类似，只不过陷入流动性危机的是"中小银行"。然而正是因为这次事件流动性枯竭的主体是"银行"——众所周知，银行最大的特点就是高杠杆运行。所以和一般企业相

比，中小银行的"旁氏扩张"之路一旦受阻，就会产生更大的展期风险，由信用风险引爆的流动性枯竭就会更加迅速，更容易陷入危机。过去，中小银行比中小企业具有优势，市场对其有更强"刚性兑付"预期，因此其可以近乎疯狂的扩张以使得资产负债两端得以持续。如今，刚兑的"行将就木"直接打击了中小银行筹集资金的成本和能力。更重要的是，中小银行之间的关系，与非银机构和大行之间的关系也比一般的上下游企业产业链更加紧密。银行业业务同质化，投资策略也偏向于同质化，一家中小银行危机的暴露，容易传染至多家中小银行；而一批中小银行的倒闭在资产端导致了非银和大行的资产缩水。中小银行的缩表会带动非银金融机构和大行的缩表。从这两个角度来说，银行层面的刚兑打破将会比企业层面的刚兑打破更加促进信用风险的重新定价。

第三，信用风险传染程度和速度不同。历次信用事件大都为单个债券违约的案例，虽然具有一定的代表性，表明了这一类债券信用风险的暴露，但是超日债、保定天威、川煤集团等都是纯粹发行主体的信用风险暴露。而包商银行信用事件起源于银行信用抵押品的大幅缩水，这进一步导致了对手方交易风险的加大（对手方风险—限制非银融资—回购违约—对手方风险进一步上升负反馈），恶化了非银利用信用抵押品进行质押回购的融资能力。低等级信用债质押回购融资功能被动弱化，信用债质押入库资质提升，中低资质主体无法继续通过结构化发行债券，加大债券的违约风险。对于银行间市场来说，对手方交易风险的变化至关重要。一个债券的质押回购折扣率会随着不同的对手方而显著不同。较小的机构投资者，尤其是那些地方农业信用社或者是小的证券公司（没有得到中央政府的显性支持），经常会抱怨即便利用AAA级的公司债券作为回购交易中的抵押物依然交易很困难。而那些大型的商业银行持有相似的债券却可以拿到相对有利的折扣率。因此，尽管AAA级债券的平均折扣率在银行间市场是5%，低于交易所市场（大约为10%），但对于小型机构来说，AAA级债券在交易所市场具有更强的抵押能力。更进一步，由于更严重的融资约束，这些小机构相比于大型金融机构更加看重资产的抵押能力。从另一个角度来看，银行间市场这种基于双边协商的成交体系会使得声誉好的机构可以利用 AA - 等级的债券进行融资。这些债券在交易所的折扣率达到了 100%，完全没有抵押能力。这意味着这部分债券对于大型金融机构更加有价值，在银行间市场其价值会被高估。换言之，包商银行信用事件的信用风险不仅是银行内部的信用风险释放，也是信用抵押品的信用风险释放，而这类信用抵押品流转于各大银行金融机构和非银金融机构，甚至实体企业，特别是那些持有中低等级信用债的非银金融机构，因此，产生的连锁反应更大。

包商银行事件的出现及政府对其果断接管无疑体现了政府在金融供给侧改革中严防金融风险、重塑不合理的信用风险定价体系的决心。我国信用风险定价体系重塑之路已经开启。

就影响我国信用风险定价变化的核心因素而言有以下三个方面。

1. 我国金融体系中政府的特殊地位

分析中国的金融体系不能简单照搬国外经典的理论分析框架，因为中国政府相比于西方任何政府而言，在金融体系中的话语权和参与度都要大得多。从我国非金融部门发债融资占 GDP 的比重和整个社会杠杆率的数据来看，虽然债券市场存量只占 GDP 的 90%，我国杠杆率却高达 200% 以上。大量的债务并不是通过在资本市场上进行直接融资而形成，而是通过国有银行贷给国有企业或者地方政府，再由影子银行体系贷给民营企业和个人。在过去，我国债券市场的整个信用风险定价都是极端扭曲的。信用利差和信用评级根本不能表征信用风险强度。直观的证据就是我国债券市场有着较低的违约率、存在大量的上调评级却少有评级下调。可以说，中国的债券市场是不存在垃圾债券市场（高收益债券市场）的。产生这一现象的原因，一方面是我国存在评级虚高问题，另一方面是大量的债券发行者和政府有着千丝万缕的关系。同样，这种由政府支持导致的"该违约没有违约"的债券规模难以量化。因此，评级的结果是随着人们对于政府"隐性担保"的预期变化而变化的。这些预期并没有法律根据，仅仅依赖于人们基于对政府的"道德信仰"。虽然政府"隐性担保"预期并不是我国的"特产"，如美国的房利美等，但是我国政府和企业之间的钩稽关系决定了我国债券市场的

"隐性担保"预期尤为根深蒂固。上述现象产生的核心逻辑就在于，市场投资者过去普遍认为中国的企业永远不会违约破产，由于存在隐性担保，这些企业成为僵而不死的僵尸企业。银行不但不会对其进行破产清算，反而会受到政府信用的背书，通过债务展期，对其进行输血。而且，政府会有激励通过行政手段对僵尸企业进行补贴，国有企业中僵尸企业的占比远远超过了民营企业。而这种扭曲会使得银行在经济不确定风险加剧时，优先放贷给国有企业，而不是民营企业。而"去杠杆"的最终目的是降低"僵尸企业"的杠杆率，更好地配置有限的金融资源。但是，近年来的数据显示，政策目标和现实情况出现了背道而驰的局面。产能过剩、生产效率不高的国有企业的杠杆率始终保持着较高水平，但是民营企业的杠杆率不断下降，使得资源进一步出现了错配。这不仅制约了我国直接融资市场的培育和发展，也将使得我国政府的其他宏观调控政策（货币政策、财政政策）效果大打折扣。因此，当下金融系统中发生的一系列信用事件都是在我国政策层的有意逐步引导和金融供给侧改革逐步深入的背景下，伴随着利率市场化进程、规范影子银行发展以及金融去杠杆同步进行的。这些信用事件的"爆发"看似突然，实则并不是无序的，这些信用风险集聚在我国金融系统中早非"一朝一夕"。从美国、日本的历史经验来看，任何监管政策过于紧急的"转身"，都容易对市场造成过大的冲击。因此，我国政策需要选择用更长的时间将前期金融体系内积聚的信用风险逐步释放，在最大限度减少对市场冲击的同时，达到规范市场秩序、构建健康金融环境的目的。

2. 我国债券市场交易中抵押品信用的特殊重要地位

在诸多资产定价的研究中，大量学者早就发现，资产价格并不仅仅取决于未来的现金流，也取决于现代资本市场中普遍存在的各种"摩擦"。正是这些"摩擦"，使得资产的流动性并不是随时随地可以获得的。而资产的抵押能力是学者用来考察"流动性"因素的重要代理变量，主要原理是资产可以作为担保物来帮助资金需求方降低融资成本。而我国债券市场的回购交易本质上类似于抵押贷款，只不过其中的担保物为固定收益类债券。一般情况下，作为回购担保物的债券通常并不能全额抵押。与抵押贷款中担保物通常会被给予一定折扣一样，抵押的债券也会被资金的融出方（逆回购方）给予一定的折扣，即 haircut。在公司金融的主流文献中，大量研究企业融资约束的文献都会通过企业拥有担保物的质量和数量来刻画企业面临融资约束的程度，这是从负债的需求端来考察企业的。显而易见，可抵押债券因具有担保能力而在价格上呈现出一定的便利收益，即抵押溢价。这种抵押能力对资产价格的影响已经得到了学者们一致的认可。2014年12月8日，中证登仅接纳债项评级为 AAA 且主体评级为 AA 及以上（不包含 AA 展望负面）的企业债券进入回购质押库的通知，可以作为这一因素对债券价格定价影响的直接证据。这正是包商银行信用事件相比于历次信用事件对信用风险定价的重塑意义更为重大的原因。历次信用事件都没有触及银行和非银机构作为质押回购的信用抵押品的融资能力，因此，包商银行信用事件产生的连锁反应更大。

3. 我国金融体系中金融中介的特殊地位

我国直接融资中以债券融资为主，而债券市场投资者结构单一，银行间债券市场体量远远超过交易所债券市场。公开数据甚至低估了商业银行在债券市场的主导地位，因为商业银行可以通过多种渠道参与债券市场。首先，通过直接的资产负债表渠道，银行内的"金融市场部"可以在银行间债券市场买卖债券；其次，在表外，银行的理财子公司可以通过财富管理计划来同时在交易所和银行间债券市场交易。这说明，在我国的金融体系中，公司债券中的相当一部分也应该视为银行的融资手段。银行后一种投融资渠道的发酵壮大和影子银行活动的发展密不可分。特别地，在银行传统业务面临着日益严格的管制（不能投资于过热的房地产市场和地方政府融资平台），影子银行业务给了银行将正规表内贷款资产转移到表外资产（公司类债券）的渠道。我国的影子银行完全不同于发达国家的影子银行业务，更多的是"银行的影子"；我国债券市场中的"公司类债券"市场也不同于其他国家的信用债市场，更多的是"伪装的银行信贷"。以理财产品为例，此类产品是典型的也是规模最大的影子银行业务，连接着影子银行市场、债券市场和正规银行体系。大量的理财产品投资于债券市场。金融机构受到的冲击会影

响到资产价格需要利用崭新的资产定价分析框架，即金融中介资产定价理论（intermediary asset pricing）。该理论将资产价格的波动和由金融中介间信息摩擦而引起的风险溢价联结起来。在传统的资产定价理论中，以 Fama 的有效市场假说为代表，金融中介满足 MM 定理的假设在金融市场中的作用仅仅是一层面纱。但在现实中，大量的资产，如公司债、衍生品等，其交易的实现都依赖于金融中介部门的健康程度。因为固定收益类市场上家庭的有限参与问题，以及与金融中介之间的"委托代理"问题会更加严重，金融中介资产定价理论分析框架也就更加适用。金融中介和复杂的散户投资者都会进行股票交易，但是金融中介在股票期权市场上扮演着更重要的角色。而相应的，我们看到，对于金融中介的冲击，股票期权市场造成的波动要远远大于股票市场，即现实中，股票期权市场的 beta 值要比股票市场更高，而两者其他方面相同。正因为如此，银行信用事件的传导依次为货币市场、长端利率市场、信用市场、股票市场，最终是大宗商品市场的顺序是合理的。这不仅仅是因为越往后，离发生信用事件的主体银行、离金融市场相去越远，更是因为越往后，金融中介在市场中引起的摩擦越小，金融加速器效应越弱，前者是从横向距离角度来看，后者则是从金融中介参与市场力度纵向角度而言。在金融中介资产定价理论中，虽然金融中介经理人和散户之间会设定契约，但是存在"委托代理"问题，存在经理人的"道德风险"。当金融中介面临冲击时，金融中介的资本就会损失，从而加剧道德风险问题。这一点也和中国现实不谋而合。中国的中小银行委托代理问题尤其严重。金融中介资本金的减少会进一步影响到资产价格，特别是那些金融中介参与程度较高的金融市场。这有一系列的实证事实支持。如 2008 年金融危机期间，美国 GNMA（Government National Mortgage Association）的 MBS 证券（金融危机的核心证券资产之一）信用利差激升，随后 2009 年，由于银行从美国政府和美国股市中募集到大量的股权资本，该利差相应回落。我国中小银行资产负债表收缩目前正在开启，一方面这是出于负债到期，抛售资产弥补流动性的需要，另一方面，包商银行事件之后，信用风险释放，市场"刚性兑付"预期被打破，中小型金融机构的"旁氏扩张"之路被阻滞，存量中的烂资产更是成为真正意义上的"烫手山芋",信用利差进一步扩大,加剧了第一层面效应。

近年来,中国政府已经高度认识到了"影子银行"业务联系着商业银行体系和银行间债券市场,集聚着大量的风险。2017 年以来,商业银行理财首次受到央行的高度监管。同样重要的管制措施是 2018 年的资管新规。这些规定意在禁止"隐性担保"和"多层嵌套"行为,从而达到遏制金融系统继续"加杠杆"的目的,这正是"债务拆弹"的重要一步。利率市场化进程已经进入最后阶段,利率市场化自然使得影子银行市场萎缩。最后,随着金融供给侧改革的深入,地方政府的资源更加可贵。随着"隐性担保"的逐步破除,一方面,信用风险定价将会更加合理;另一方面,减轻了地方政府救助的压力,毕竟,大量的僵尸企业占据了地方宝贵的发展资源。从 2019 年 6 月 1 日发布的《关于做好地方政府专项债券发行及项目配套融资工作的通知》中可以看出,在"包商银行事件"之后,解决和处理地方政府债务问题将成为下一步工作的重心,要进一步降低地方政府救助兜底的负担,进一步控制杠杆和打破刚兑。至此,原有的风险定价体系发生了动摇,市场主体的风险偏好发生了变化,无风险利率、市场风险偏好对金融供给侧改革的进一步深入尤为重要。

参考文献

[1] Amstad M., He Z., "Chinese Bond Market and Interbank Market", National Bureau of Economic Research, 2019.

[2] Chen H., Chen Z., He Z., et al., "Pledgeability and Asset Prices: Evidence from the Chinese Corporate Bond Markets", University of Chicago, Becker Friedman Institute for Economics Working Paper, 2018.

[3] Midrigin V., Xu D., "Finance and Misallocation: Evidence from Plant-Level Data", American Economic Review, 2010, 104 (15647).

[4] Stiglitz J. E., Weiss A., "Credit Rationing in Markets with Imperfect Information", The American Economic Review, 1981, 71 (3).

[5] 贾康:《论供给侧改革》,《管理世界》2016年第3期。
[6] 王国静、田国强:《金融冲击和中国经济波动》,《经济研究》2014年第3期。
[7] 徐忠:《中国债券市场发展中热点问题及其认识》,《金融研究》2015年第2期。
[8] 张勇、李政军、龚六堂:《利率双轨制、金融改革与最优货币政策》,《经济研究》2014年第10期。
[9] 纪敏、李宏瑾:《影子银行、资管业务与货币调控方式转型——基于银行表外理财数据的实证分析》,《金融研究》2018年第12期。
[10] 高然、陈忱、曾辉、龚六堂:《信贷约束、影子银行与货币政策传导》,《经济研究》2018年第12期。
[11] 孙国峰、贾君怡:《中国影子银行界定及其规模测算——基于信用货币创造的视角》,《中国社会科学》2015年第11期。
[12] 贾俊雪、郭庆旺:《财政支出类型、财政政策作用机理与最优财政货币政策规则》,《世界经济》2012年第11期。
[13] 马勇、陈雨露:《宏观审慎政策的协调与搭配:基于中国的模拟分析》,《金融研究》2013年第8期。
[14] 马勇:《中国的货币财政政策组合范式及其稳定效应研究》,《经济学》2016年第15期。

B.11
2019年中国股票市场回顾与2020年展望

李世奇　朱平芳*

摘　要： 2019年制度创新促进中国股票市场有序健康发展，金融改革成效显著，A股接连纳入重要国际指数并持续扩容，金融开放迎来春天，蓝筹股估值率先回升，科技股行情紧随其后。供给侧结构性改革成果有待巩固，全球主要经济体重启宽松货币政策，整体流动性合理充裕，市场化降息服务实体。2020年A股市场的供给有望持续优化，市场的内在稳定性将得到有效增强，扩大开放强化价值投资主线，创新驱动市场迎来科技元年，消费升级点亮人民美好生活，中国股票市场的中长期发展前景值得期待。

关键词： 中国股市　宏观经济　货币政策

一　2019年中国股票市场回顾

2019年，全球经济复苏明显放缓，在新一轮宽松货币政策的背景下，全球主要市场股指前三季度震荡上行，国际金融市场面临的不确定性显著增大，除恒生指数、印度孟买SENSEX30和日经225外，振幅较上年同期明显放大，美国三大股指、法国CAC40、德国DAX、澳洲标普200、俄罗斯

---

* 李世奇，上海社会科学院数量经济研究中心助理研究员，主要研究方向为城市创新发展、企业研发效率与政府科技政策评估；朱平芳，上海社会科学院数量经济研究中心主任，主要研究方向为计量经济学、宏观经济预测分析与政策评价、科技进步评价与分析。

RTS、巴西圣保罗 IBOVESPA 指数振幅均超过 20%，而 A 股市场的振幅尤为剧烈。截至 2019 年 9 月 30 日，上证综指报收于 2602.78 点，前三季度上涨 16.49%，振幅 33.98%；深证成指报收于 7482.83 点，前三季度上涨 30.48%，振幅 48.76%，位居全球主要股指涨幅和振幅第一。

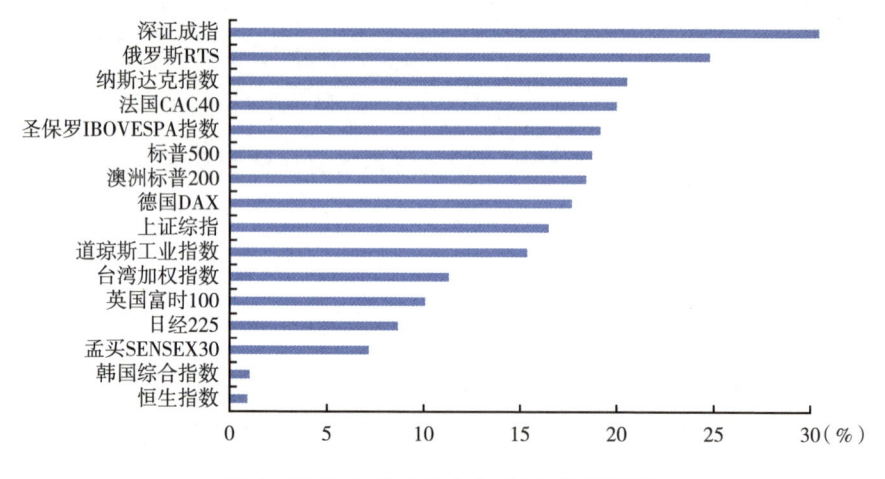

图1　2019 年前三季度全球主要股指涨幅

注：统计时间截至 2019 年 9 月 30 日。
资料来源：Wind 资讯。

（一）"改革实质突破"：制度创新促发展，金融改革见实效

金融改革在 2019 年正式进入实质性突破阶段，以"科创板"为代表的金融制度创新正在促进中国资本市场有序健康发展，贷款市场利率形成机制改革使得中国在利率并轨及最终实现利率市场化的道路上迈出坚实的一步。

2019 年 2 月习近平总书记在中央政治局就完善金融服务、防范金融风险进行集体学习时指出，"要建设一个规范、透明、开放、有活力、有韧性的资本市场，完善资本市场基础性制度，把好市场入口和市场出口两道关，加强对交易的全程监管"。2019 年 7 月的中央政治局会议指出，"推进金融供给侧结构性改革，引导金融机构增加对制造业、民营企业的中长期融资，把握好风险处置节奏和力度，压实金融机构、地方政府、金融监管部门责

任"，可见金融服务实体经济的方向更加明晰，防风险去杠杆的力度更加符合发展实际，会议强调"科创板要坚守定位，落实好以信息披露为核心的注册制，提高上市公司质量"，说明"科创板"对中国多层次资本市场的建设、优化融资结构、助推金融供给侧改革具有重大意义。

在一系列金融改革与开放政策的助推下，中国资本市场活力提升，2019年前三季度A股每日平均成交额为5441亿元，相比于2018年的3689亿元和2017年的4613亿元明显增加，其中2019年3月的日均成交额达到8846亿元，创2015年8月以来的新高。

2019年A股新股发行节奏有所加快，截至2019年9月A股发行新股129只，超过2018年全年发行数量，新股募集资金数升至1400亿元，新股募集资金占A股流通市值的比重降至0.32%，新股平均"一字板"涨停天数从2018年的7.55天降低至5.30天，其中35家IPO企业上市第一天即开板，"打新"的制度套利空间已显著降低。科创板的出台使得尚未盈利或具有特殊股权结构企业和红筹企业获得了上市资格，2019年7月科创板正式落地，标志着我国资本市场在市场化、法制化和国际化的方向上实现了新的突破，截至9月底科创板已受理企业161家，其中完成注册程序42家，33家已挂牌上市，募集资金472亿元，已受理企业主要集中在生物医药产业（23家）、电子核心产业（22家）、新兴软件和新型信息技术服务业（22家）和智能制造装备产业（20家）。

表1 股票市场融资统计

单位：家，亿元

年份	IPO		增发		配股	
	首发家数	首发募集资金	增发家数	增发募集资金	配股家数	配股募集资金
2019年前三季度	129	1400.47	176	5287.68	9	133.88
2018年	92	1252.94	234	6669.79	14	182.43
2017年	438	2301.09	540	12705.31	7	162.96
2016年	227	1496.08	814	16918.07	11	298.51
2015年	223	1576.39	813	12253.07	6	42.34

注：统计时间截至2019年9月30日。
资料来源：Wind资讯。

科创板作为资本市场改革的先行者不仅放开了企业上市条件,也极大提高了中国资本市场改革向纵深前进的能力。2019年8月,上市公司分拆上市、科创板重大资产重组等规定相继出台,为实体经济中作为新动能的优质企业提供了聚焦主业与创新发展的更大空间。9月中国证监会召开的全面深化资本市场改革工作座谈会提出"当前及今后一个时期全面深化资本市场改革的12个方面重点任务",对科创板试验田、上市公司质量、资本市场体系短板、中介机构能力、资本市场高水平开放、中长期资金入市、重点领域风险、法治供给、投资者保护、稽查执法效能、简政放权和科技监管能力等问题进行了研究布置。

表2 2019年金融改革政策

部门	时间	事件
国务院金融稳定发展委员会	2019年8月31日	金融支持实体经济、深化金融体制改革、加强投资者合法权益保护
	2019年9月27日	深化金融体制改革、增强金融服务实体经济能力
央行	2019年1月29日	《关于金融服务乡村振兴的指导意见》
	2019年5月14日	《关于支持绿色金融改革创新实验区发行绿色债务融资工具的通知》
	2019年5月15日	《关于做好开放式债券指数证券投资基金创新试点工作的通知》
	2019年5月28日	《存托凭证跨境资金管理办法(试行)》
	2019年8月17日	改革完善贷款市场报价利率(LPR)形成机制
	2019年8月22日	《金融科技(FinTech)发展规划(2019~2021年)》
	2019年10月12日	《标准化债权类资产认定规则(征求意见稿)》
中国银保监会	2019年1月28日	鼓励保险资金增持上市公司股票、拓宽专项产品投资范围、维护资本市场稳定
	2019年2月26日	《关于加强保险公司中介渠道业务管理的通知》
	2019年3月19日	《商业银行净稳定资金比例信息披露办法》
	2019年4月30日	《商业银行金融资产风险分类暂行办法》公开征求意见
	2019年5月15日	《关于保险资金参与信用风险缓释工具和信用保护工具业务的通知》
	2019年7月1日	《关于保险资金投资集合资金信托有关事项的通知》
	2019年7月19日	《关于商业银行发行优先股补充一级资本的指导意见(修订)》
	2019年7月23日	《商业银行股权托管办法》

续表

部门	时间	事件
中国银保监会	2019年8月7日	《保险资产负债管理监管暂行办法》
	2019年8月16日	《关于进一步加强知识产权质押融资工作的通知》
	2019年9月9日	《保险公司关联交易管理办法》
	2019年9月29日	《商业银行理财子公司净资本管理办法（试行）（征求意见稿）》公开征求意见
中国证监会	2019年1月18日	《公开募集证券投资基金投资信用衍生品指引》
	2019年1月30日	《关于在上海证券交易所设立科创板并试点注册制的实施意见》
	2019年2月22日	《证券基金经营机构管理人中管理人（MOM）产品指引（征求意见稿）》公开征求意见
	2019年2月22日	《公开募集证券投资基金销售机构监督管理办法》及相关配套规则公开征求意见
	2019年3月1日	《科创板首次公开发行股票注册管理办法（试行）》《科创板上市公司持续监管办法（试行）》《公开发行证券的公司信息披露内容与格式准则第41号——科创板公司招股说明书》《公开发行证券的公司信息披露内容与格式准则第42号——首次公开发行股票并在科创板上市申请文件》
	2019年6月14日	《期货公司监督管理办法》
	2019年6月20日	《上市公司重大资产重组管理办法》公开征求意见
	2019年7月5日	《证券公司股权管理规定》
	2019年7月9日	关于在科创板注册制试点中对相关市场主体加强监管信息共享完善失信联合惩戒机制的意见
	2019年7月26日	《公开募集证券投资基金信息披露管理办法》及相关配套规则
	2019年8月23日	《上市公司分拆所属子公司境内上市试点若干规定》公开征求意见
	2019年8月23日	《科创板上市公司重大资产重组特别规定》
	2019年9月10日	全面深化资本市场改革的12个方面重点任务

资料来源：公开政策文件。

（二）"开放持续扩大"：A股接连入指扩容，金融开放迎来春天

2019年，中国资本市场对外开放持续扩大。QFII总额度从1月的提升1倍到9月的彻底放开限制，沪伦通在6月正式启动。2019年5月28日A股纳入MSCI比例从5%提升至10%，8月28日提升至15%，11月将进一步提升至20%；2019年6月21日A股正式纳入富时罗素指数，9月23日纳入比例从5%升至15%，而就在同一天，A股正式纳入标普道琼斯指数，纳入比例25%。跨国跨境资本持续涌入A股市场，沪股通和深股通的净买入额不断增长，尤其在2019年第一季度，"北上"资金加速进场，但第二、三季度出现反复。2019年前三季度，"北上"资金的净买入额已达到8280亿元，相比2018年底的6395亿元增长29.0%，而上年同期为69.5%。"南下"资金的脚步2019年有所加快，沪市和深市港股通累计净买入额从2018年底的8089亿港元增长至2019年9月底的9681亿港元，增幅为19.7%，上年同期为10.4%。

图2 沪股通、深股通累计净买入额

资料来源：Wind资讯。

按照习近平总书记"宜快不宜慢、宜早不宜迟"的指示精神，基于内外资一致即准入前国民待遇和负面清单原则，2019年5月中国银保监会推出12条银行业保险业对外开放新措施，8月中国证监会推出9项进一步扩大资本市场对外开放措施，取消和放宽了一批外资进入银行、保险、信托、证券、基金、期货等行业并从事相关业务的要求。国务院金融稳定金融发展委员会在7月新推出11条金融业对外开放措施，提前松绑金融机构多领域外资机构持股比例，允许外资从事信用评级、财富管理和货币经纪业务，大力推动保险业对外开放、债券市场开放提速。

表3 2019年金融开放政策

部门	时间	事件
国务院金融稳定发展委员会	2019年7月20日	新推出11条金融业对外开放措施
央行	2019年1月28日	美国标普全球公司获准进入中国信用评级市场
	2019年1月31日	中国债券正式纳入彭博巴克莱债券指数
国家外汇管理局	2019年1月14日	QFII总额度由1500亿美元增加至3000亿美元
	2019年9月12日	取消QFII/RQFII投资额度限制
中国银保监会	2019年1月22日	关于加强中资商业银行境外机构合规管理长效机制建设的指导意见
	2019年3月27日	批准筹建首家外资养老保险公司
	2019年5月1日	银行业保险业12条对外开放新措施
中国证监会	2019年1月31日	《合格境外机构投资者及人民币合格境外机构投资者境内证券期货投资管理办法（征求意见稿）》及其配套规则公开征求意见
	2019年3月29日	核准设立摩根大通证券（中国）有限公司、野村东方国际证券有限公司
	2019年5月24日	正式批准中日ETF互通中方产品（东向ETF）的注册申请
	2019年6月13日	进一步扩大资本市场对外开放的9项政策措施
	2019年6月17日	沪伦通正式启动
	2019年7月26日	《境外证券期货交易所驻华代表机构管理办法》
	2019年10月11日	明确2020年取消期货公司、证券公司、基金管理公司外资股比限制时点

资料来源：公开政策文件。

（三）"市场中期反弹"：蓝筹股估值率先回升，科技股行情紧随其后

2019年前三季度，沪深300年内上涨26.70%，创业板指年内上涨30.15%。除"黑色金属""建筑装饰"外，其余26个行业指数年内均保持上涨态势，其中"食品饮料"行业指数涨幅超过60%，而"电子"和"计算机"行业指数涨幅超过40%，"农林牧渔"、"非银金融"、"家用电器"、"医药生物"、"国防军工"、"餐饮旅游"和"建筑材料"等行业指数涨幅也超过20%。从估值来看，A股整体的市盈率（TTM整体法，下同）从2018年末的13.14倍升至16.88倍，而剔除金融板块的A股市盈率则从18.00倍升至26.06倍，沪深300的估值从10.23倍升至11.90倍，创业板的估值从41.50倍升至138.56倍。

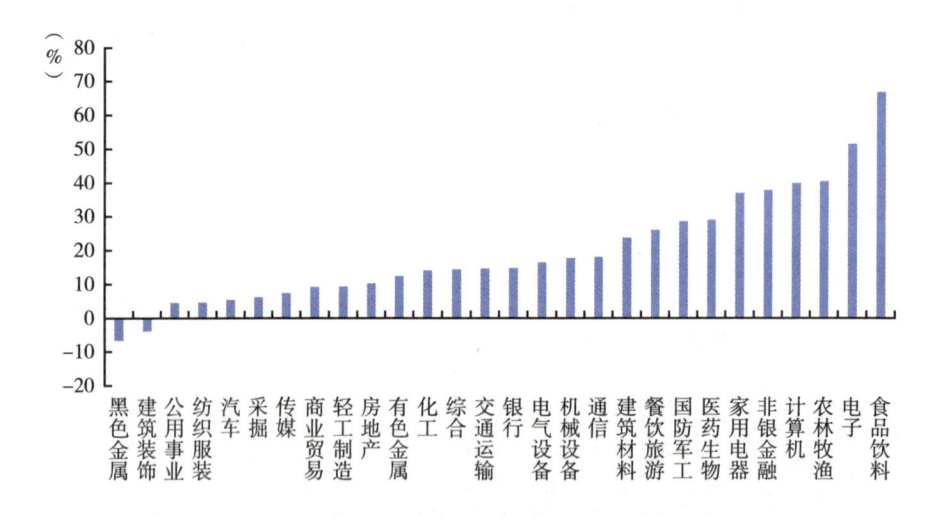

图3 2019年前三季度行业指数年内涨跌幅

资料来源：Wind资讯。

2016年以来，A股市场在经历了"估值修复"、"市场分化"和"调整出清"三个阶段后，在2019年1月进入"中期反弹"的阶段，内外部风险

在调整出清中已逐渐消化,"市场底"在1月即得到确认。在内外部增量资金的驱动下,蓝筹股估值在第一季度快速回升,但是中美贸易摩擦的不确定性令市场承受巨大压力,在4月底至5月初的11个交易日里,大盘回撤超过10%,而在7月底至8月初的5个交易日里,大盘则回撤超过5%。在科创板、自主可控核心技术、5G等因素的共同驱动下,科技股在下半年迎来爆发。

图4 A股市场运行的四个阶段

资料来源:Wind资讯。

"改革实质突破"、"开放持续扩大"和"市场中期反弹"是2019年中国股票市场的三个主要特点。其中,金融改革实质性突破是基础,科创板的制度创新为市场注入新的活力,为科技创新型企业降低融资成本、优化公司治理结构提供了有力支撑;资本市场持续扩大对外开放是趋势,MSCI纳入比例稳步提升带来的外资强化了价值投资的逻辑,直接拉动了具有业绩支撑企业的估值回升。市场迎来中期反弹是表现,投资回归企业基本面和核心竞争力,蓝筹股和科技股行情是金融市场改革开放的具体表现。

二 中国股票市场运行的宏观经济逻辑

(一) 供给侧结构性改革成果有待巩固

供给侧结构性改革近年来在淘汰出清落后、过剩产能,三、四线城市房地产库存去化,合理控制全社会杠杆率水平,降低广义交易成本,补足发展短板等方面取得了巨大的成绩,但是在处理好"稳增长"与"防风险"关系的过程中,"三去一降一补"的成果仍然有待进一步巩固,大力破除无效供给、大力培育新动能、降低实体经济成本的"破""立""降"是关键。2019年中国宏观经济发展总体平稳,第三季度GDP同比增速降至6.0%,尽管为1992年第一季度以来的新低,但仍在政府工作报告中提出的"6%~6.5%"的合理区间之内,第二产业增加值增速降至5.2%,第三产业增加值增速小幅回升至7.2%,在长短期和内外部因素的共同驱动下,经济下行的压力仍然较大,高质量发展面临新的风险与挑战。

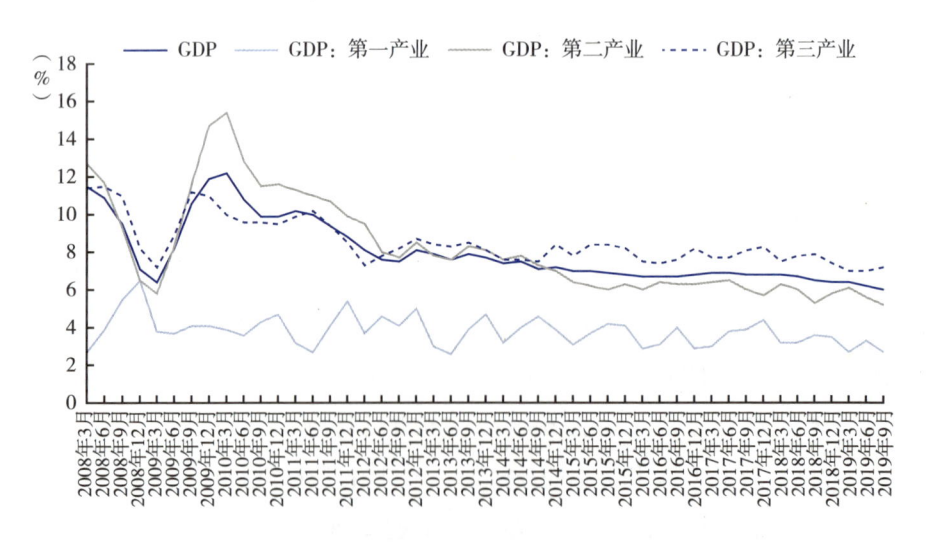

图5 中国GDP增长率(当季同比)

资料来源:Wind资讯。

去产能、去库存对经济拉动的边际效应已不再明显。工业企业主营业务收入的增速明显放缓，利润总额出现负增长，PPI 增速也转负，工业企业进入主动去库存周期，但上游企业去产能的空间已经不大。国有企业利润在经过 2017 年和 2018 年的高速增长后大幅降低，民营企业利润增速尽管也有所降低但仍能保持一定的增长。2017 年以来国有企业利润增速连续两年高于民营企业的状况已经改变，国有企业的库存增速也转负，民营企业库存增速进一步降低，房地产库存进一步去化。数据显示，2019 年 8 月 PPI 同比下降 0.8%，较上年同期降低 4.9 个百分点，商品房面积降至 5.39 万平方米，同比下降 7.6%，为近 5 年来的新低，工业企业 1~8 月利润总额累计同比下降 1.7%，较上年同期降低 17.9 个百分点，其中采矿业利润总额累计同比增速从上年同期的 53.2% 降至 2.1%，制造业从 13.5% 降至 -3.2%，国有及国有控股工业企业从 26.7% 降至 -8.6%，私营工业企业从 10.0% 降至 6.5%。如果以利润总额累计值计算同比增速，1~8 月国有及国有控股工业企业同比下降 9.9%，私营工业企业同比降低 -1.6%。与累计同比增速相比，国有企业增速下降 6.7 个百分点，私营企业增速下降 8.1 个百分点，私营企业两者的增速差距相比上年同期接近 40 个百分点的差距已有明显缩窄，说明民营企业的经营环境已有所改善。

2018 年下半年以来，中央出台多项支持民营企业的政策措施，各地纷纷设立民营企业纾困基金。中办、国办在 2019 年 2 月出台《关于加强金融服务民营企业的若干意见》，对全年加强对民营企业的金融服务做出整体部署；中国银保监会也在同月出台《关于进一步加强金融服务民营企业有关工作的通知》，指出商业银行对民营企业要"敢贷""愿贷""能贷"；央行 7 月再增加支小再贷款额度 500 亿元，扩大对民营企业的信贷投放；国家发改委会同中国银保监会 9 月在全国范围内深入开展"信易贷"工作，建立健全信用信息归集共享查询机制和中小微企业信用评价体系，通过支持民营企业融资，畅通国民经济循环。民营企业"融资难""融资贵"的问题已得到一定程度的缓解，民营企业的杠杆率有所提升，私营工业企业资产负债率从 2018 年下半年的 56% 左右增加至 58% 左右，与国有企业已基本持平，制

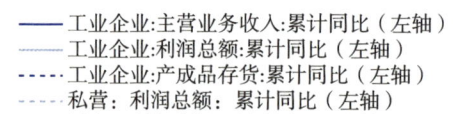

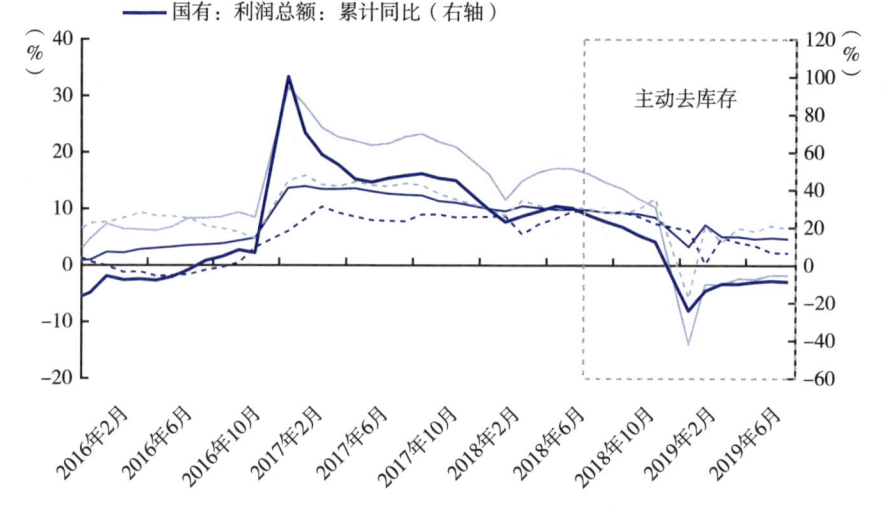

图6 中国工业企业库存周期

资料来源：Wind资讯。

造业企业整体的资产负债率保持在56%的水平上。2019年企业"去杠杆"的手段也逐渐多元，一方面加大市场化法治化债转股力度，做到增量扩面提质，另一方面综合运用包括推进企业战略重组、加快"僵尸企业"债务处置、完善破产退出保障机制、大力发展股权融资在内的各类措施降低企业杠杆率。

居民部门的杠杆率有所提升，2019年前8个月，居民部门新增短期贷款0.94万亿元，新增中长期贷款3.41万亿元，上半年新增个人购房贷款2.2万亿元，个人购房贷款余额增至27.96万亿元。居民部门杠杆率的提升已经对消费带来一定影响。2019年社会消费品零售总额当月同比已频繁出现不足8%的增速，上半年城镇居民人均消费性支出实际累计同比增速仅有4.1%，前8个月乘用车销量累计同比降低12.31%。尽管消费对中国经济增长的贡献在增加，但是消费增速呈现稳中有降的趋势，物价水平在猪肉的带动下有一定幅度上涨，8月CPI同比增长2.8%，而猪肉CPI则同比增长46.7%，CPI和PPI出现明显分化，前者主要受到供给端影响，而后者主要是由于需求端乏力，但是如果去掉猪肉的影响，而仅看不包括食品和能源的核心CPI，则同比增长1.5%，创2016年4月以来的新低。在核心CPI和PPI连续下行的背景下，生产端和部分消费端已经进入通缩的状态，实际利率水平上升。

降成本、补短板仍然是2019年供给侧结构性改革的工作重点，尤其是通过营商环境的改善降低全社会的各类营商成本，通过加大基础设施建设力度补齐相关领域短板，通过加强企业创新研发实力补齐产业链技术链短板。2019年中央政府提出的减税减费目标是2万亿元，比上年的1.1万亿元大幅增加，继续深化增值税改革，在上年基础上将制造业等行业16%的税率降至13%，将交通运输业、建筑业等行业10%的税率降至9%，职工基本养老保险单位缴费比例高于16%的省份，可降至16%。国家发改委、工信部、财政部和人民银行5月联合发布《关于做好2019年降成本重点工作的通知》，指出"坚持降成本与推进高质量发展相结合，坚持降成本与推动产业转型升级相结合，坚持降低企业外部成本与企业内部挖潜相结合"。从实施情况看，前7个月累计减税降费1.35万亿元，其中上半年全国累计新增减税降费1.17万亿元，制造业减税0.36万亿元，民营企业减税0.74万亿元。基建补短板主要是聚焦三大攻坚战的薄弱环节，重点在脱贫攻坚、生态环保、社会民生、交通能源等领域的短板，同时也要防范政府隐性债务风险。前8个月，尽管基础设施投资同比仅增长4.2%，但生态保护和环境治理业投资同比增长42.2%。科技创新补短板是培育新动能的关键，国家统计局的专题调研结果显示企业将减税降费总额中的70%用于研发创新活动，可见降成本对补短板的重要意义。

（二）全球主要经济体重启宽松货币政策

2019年美国经济已显疲态，第一季度和第二季度GDP分别环比（折年）增长3.1%和2.0%，失业率稳步走低，9月失业率降至3.5%，为2001年1月

以来的最低点，CPI增速放缓，9月CPI同比增长1.7%，较上年同期下降0.6个百分点，环比上升0.1%，核心CPI同比增长2.4%，环比增长0.1%。景气指数不断下行，美国供应商协会（ISM）制造业采购经理指数（PMI）从1月的56.6降至9月的47.8，连续两个月低于荣枯线，为2009年6月以来的新低，ISM非制造业PMI 9月降至52.6。

欧洲经济表现不佳，欧元区第一季度和第二季度的GDP同比增速分别为1.1%和1.0%，9月调和CPI同比增长0.8%，为2016年11月以来的新低，失业率8月降至7.4%以内，为2008年4月以来的最低点，经济景气度大幅下降，9月制造业PMI降至45.7，连续8个月低于荣枯线，服务业PMI降至51.6，欧元区19国经济景气指数降至101.7，为2015年2月以来的新低。

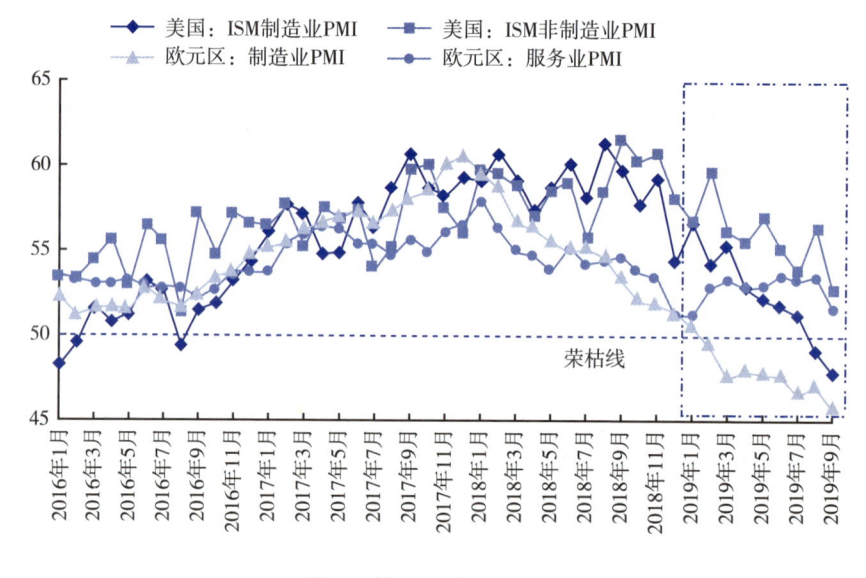

图7 美国和欧元区PMI

资料来源：Wind资讯。

由于经济复苏明显放缓，世界主要经济体重启新一轮宽松货币政策。美联储7月以来连续两次降息并重启购债，联邦基金利率已降至1.75%~2%，10月起每月购买600亿美元短期债券，韩国和新西兰相继在7月和8月分别降息至1.5%和1%，欧洲央行在9月决定降息并重启QE，存款便利利率降至-0.5%，每月购债规模200亿欧元，澳大利亚10月年内第三次降息至0.75%的历史最低点。不仅是发达经济体，以金砖国家为代表的新兴经济体也在2019年开启降息进程，俄罗斯央行年内3次降息共75个基点至7%，巴西央行年内2次降息共100个基点至5.5%，印度央行年内5次降息共135个基点至5.15%。

美国对世界主要经济体挑起的贸易争端仍然是全球经济复苏的最大威胁，经济增速下行令全球商品市场和资本市场持续承压，大宗商品中LME铜和LME铝前三季度分别下跌4.25%和6.91%，波罗的海干散货指数震荡加剧，在2月降至2016年2月以来的新低后迅速上升，在9月升至2010年10月以来的新高。美国、中国和日本的出口增速已明显走坏，前8个月美国出口同比下降0.91%，中国出口同比增长0.35%（以美元计），日本出口同比下降3.4%。

表4 发达经济体重启宽松货币政策进程

地区	时间	事件
美国	2019年7月	美联储宣布降息25个基点，联邦基金利率从2%~2.25%调降至1.75%~2%
	2019年9月	美联储宣布降息25个基点，联邦基金利率从2.25%~2.5%调降至2%~2.25%
	2019年10月	美联储宣布从10月15日开始，每个月购买600亿美元短期美债，并至少持续到2020年第二季度
欧洲	2019年1月	欧洲央行表示若经济低迷，不排除重启新一轮QE
	2019年9月	欧洲央行决定降息10个基点，存款便利利率由-0.4%调降至-0.5%，从2019年11月重启资产购买计划，规模为每月200亿欧元，无规定期限
韩国	2019年7月	韩国央行宣布降基准利率下调25个基点，7天回购利率从1.75%降至1.5%，为三年来首次降息
澳大利亚	2019年6月	澳大利亚央行宣布降息25个基点至1.25%
	2019年7月	澳大利亚央行宣布降息25个基点至1%
	2019年10月	澳大利亚央行宣布降息25个基点至0.75%
新西兰	2019年8月	新西兰联储决定官方利率下调50个基点至1%

资料来源：公开政策文件。

（三）整体流动性合理充裕，市场化降息服务实体

2019年中国金融市场整体流动性水平在存款准备金率、MLF、SLF和公开市场操作等多种货币政策工具调节下保证了合理充裕，货币信贷和社融规模增速与名义GDP增速基本匹配，M2增速连续20个月保持在8%~9%的水平，8月当月M2同比增长8.2%，社会融资规模存量同比增长10.7%，略高于名义GDP增速。美国两次降息增加了中国货币政策的空间，在全球宽松货币政策的背景下，中国在1月和9月实施了两次全面降准，释放2.3万亿元流动性，在5月和10月实施了两次定向降准，释放0.38万亿元的流动性，但全面降准主要是为了置换MLF，对冲MLF到期带来的流动性紧张，定向降准则主要是为了精准支持中小微和民营企业，说明中国坚持松紧适度的稳健货币政策，适时适度实施逆周期调节。央行2019年第二季度货币政策执行报告指出，"加强宏观政策协调配合，疏通货币政策传导，创新货币政策工具和机制，引导金融机构增加对制造业、民营企业的中长期融资，更好地发挥贷款市场报价利率（LPR）在实际利率形成中的引导作用，降低小微企业融资实际利率"。

短期资金成本稳中有降，3个月Shibor从年初的3%降至9月的2.7%，银行间市场7天期回购利率7月一度降至2%左右。但是货币市场利率的变化并没有有效传递到信用市场，产业债信用利差尽管也略有降低，但差异化的态势并没有改善。为了畅通货币政策传递渠道，提高利率传递效率，让实体经济能够真切感受到融资成本的降低，央行在8月改革LPR形成机制。LPR由MLF加18家报价行加点形成，每月报价一次，银行贷款利率参考LPR定价，打破了原有参考贷款基准利率带来的隐性下限问题，实现了市场利率与贷款利率的并轨。8月和9月的一年期LPR先后降低6个基点和5个基点至4.20%，以渐进式、结构式的市场化降息方式，降低了以中短期贷款为主的中小微、民营制造业企业融资成本，而为住房抵押贷款等长期贷款定价提供参考所驻专门增加的5年前LPR则保持不变为4.85%，避免增量资金过多流向房地产。而MLF利率自2018年4月以来一直保持在3.3%的水平，说明央行通过降低 MLF 利率引导降息的空间十分充足，在核心 CPI 和 PPI 走低的背景下，LPR 形成机制改革为运用市场机制降低贷款实际利率从而更有针对性地服务实体经济提供了途径。但是，中国利率转递渠道疏通以及利率市场化改革仍然任重道远，流动性分层问题仍有待解决，明确基准利率信号、构建完善的利率走廊机制、推进存款利率市场化改革仍然需要时间。

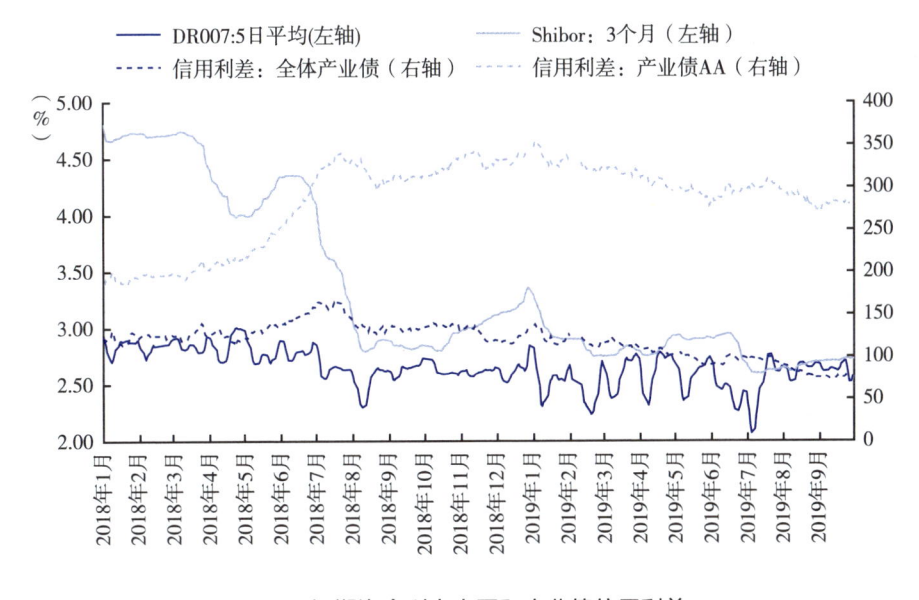

图 8　短期资金利率水平和产业债信用利差

资料来源：Wind 资讯。

三　2020年中国股票市场展望

2020 年既是中国全面建成小康社会的重要历史时刻，也是开启全面建设社会主义现代化国家的新的历史起点，中国股票市场对实体经济高质量发展的意义愈加凸显。中国经济高质量发展离不开资本市场的高质量发展，深化金融供给侧结构性改革对改善资本市场结构、提升服务实体功能具有重要

的作用，围绕打造"规范、透明、开放、有活力、有韧性"资本市场的总目标，深化中国资本市场改革将更加尊重市场规律、加强法治保障、强化底线思维。从宏观经济的基本面来看，中国经济发展仍然保有足够的韧性和潜力，应对内外部风险和挑战的回旋空间仍然充足。在关键制度创新的推动下，2020年A股市场的供给有望持续优化，市场的内在稳定性将得到有效增强。

从估值来看，2019年9月底上证A股的市盈率（TTM，下同）为12.77倍：居历史月份第289位，处在历史数据85.00%的分位数位置；深证A股的市盈率为35.68倍：居历史月份第201位，处在历史数据58.77%的分位数位置；中小企业板的市盈率为43.10倍：居历史月份第67位，处在历史数据36.41%的分位数位置；创业板的市盈率为138.55倍：居历史月份第3位，处在历史数据2.5%的分位数位置。从估值分布来看，大盘股仍处于历史底部区域，而中小盘和创业板则处于相对高位。2020年中国股票市场的结构性机会依然存在。

第一，扩大开放强化价值投资主线。互联互通制度的日臻完善与R/QFII投资额度的彻底放开不断拓宽中国资本市场的对外开放渠道。MSCI、富时罗素、标普道琼斯等主要国际指数纳入A股的比例不断提升，被动投资性ETF与主动型基金将持续为中国资本市场带来规模巨大的外部增量资金。随着2020年证券公司、基金管理公司外资股比限制的放开，外资控股的证券与基金公司将进一步推动中国资本市场与国际接轨，境内境外金融行业的投资风格理念与全球化资产配置视角也将不断融合，国际金融市场的参与者对中国资本市场的关注度和认可度也将不断提升。随着机构投资者比例的持续增加与中长线资金规模的不断放大，价值投资的逻辑将持续深化，市值大、业绩优、估值低、股息高的上市公司将凸显其投资价值。资本市场的开放离不开金融业的开放，而金融行业扩大开放与深化改革又是相辅相成的，所以在金融业深化改革的过程中，在细分领域具有核心竞争力的银行、券商将在不断开放的市场中获得更大的机遇。在扩大开放的过程中，防范化解重大风险的底线思维也将提升防守型较强行业的内在价值。以价值投资为主线的内外部增量资金将对 A 股上市企业提升公司治理水平、完善现代企业制度带来长期的积极影响。

第二，创新驱动市场迎来科技元年。以新一代信息技术、高端装备、新材料、新能源、节能环保和生物医药产业为核心的高新技术产业和战略性新兴产业是推动中国经济高质量发展的重要动力，互联网、大数据、云计算、人工智能和制造业深度融合所带来的质量变革、效率变革、动力变革将使科技创新型企业成为资本市场服务实体经济的重中之重。习近平总书记在致 2019 年中国国际智能产业博览会的贺信中指出，"以互联网、大数据、人工智能等为代表的现代信息技术日新月异，新一轮科技革命和产业变革蓬勃推进，智能产业快速发展，对经济发展、社会进步、全球治理等方面产生重大而深远影响"。科技部在《国家新一代人工智能创新发展试验区建设工作指引》中强调，要"形成一批人工智能与经济社会发展深度融合的典型模式，积累一批可复制可推广的经验做法，打造一批具有重大引领带动作用的人工智能创新高地"。尤其是当创新驱动发展战略与京津冀协同发展、长江经济带发展、粤港澳大湾区建设、长三角区域一体化发展等国家区域发展战略相结合，将大幅提升重点区域的创新集聚效应与创新溢出影响，分布在重点区域内具有自主可控等核心技术的科技创新型企业已经迎来重要战略机遇期，在基础研究领域的持续投入将成为中国资本市场衡量一个科技创新型企业价值的重要标准。5G 时代的开启将为大数据、云计算、物联网提供重要的基础设施，在科创板推出及创业板改革的历史背景下，A 股市场的科技元年已经到来，以集成电路、人工智能、生物医药为代表的科技创新型企业在资本市场的助推下有望迎来长期稳定繁荣发展的黄金期。

第三，消费升级点亮人民美好生活。信息技术驱动消费新业态与新模式的发展，定制消费、智能消费、循环消费、信息消费、时尚消费逐渐兴起，场景化、体验式、互动性、综合型消费场所越来越多，传统百货店、大型体育场馆、老旧工业厂区等改造为商业综合体、消费体验中心、健身休闲娱乐中心等多功能、综合性新型消费载体受到鼓励，传统商业步行街的智能信息化改造、品牌化连锁便利店的快速发展以及社区便民服务设施的建设都进一

步提升了城镇居民消费的舒适度与便捷度，夜间消费、假日消费、绿色消费拓展了供需两端的广度与深度，文化、旅游、体育、健康领域的消费在居民收入水平提升、人口年龄结构变化和技术进步产业升级的推动下有序增长。随着农村流通基础设施的完善以及农村流通服务网络的健全，农村电子商务发展有望再上新台阶。中央与地方收入划分改革方案将充分调动地方政府鼓励消费的积极性，由于区域发展的差异，各个地区的消费结构也有很大的不同，在中央政府的指导下地方政府出台更具有针对性的扩大内需的政策措施有助于深挖各地消费升级的潜力。2020年，大消费行业在刚性需求不减、改善性需求递增的背景下拥有长期投资价值，行业集中度的提升将进一步带动有业绩支撑的食品饮料龙头企业获得资本市场的青睐。

总体来看，中国宏观经济运行的内外部风险整体可控，2020年A股市场价值中枢移动的方向关键取决于实体经济盈利状况的变化，在资本市场全面深化改革与高水平对外开放的推动下，中国股票市场的中长期发展前景值得期待。

参考文献

［1］李世奇、朱平芳：《2018年中国股票市场回顾与2019年展望》，《经济蓝皮书：2019年中国经济形势分析与预测》，社会科学文献出版社，2019。

［2］李世奇、朱平芳：《2017年中国股票市场回顾与2018年展望》，《经济蓝皮书：2018年中国经济形势分析与预测》，社会科学文献出版社，2018。

［3］中国人民银行货币政策分析小组：《中国货币政策执行报告：二零一九年第二季度》，中国人民银行，2019。

［4］中国人民银行货币政策分析小组：《中国货币政策执行报告：二零一九年第一季度》，中国人民银行，2019。

产业运行与高质量发展篇

Industrial Operation and High-Quality Development

B.12
2020年中国农业经济形势展望及政策建议

李国祥*

摘　要： 2020年中国农业经济运行稳定性将上升，粮食等大宗农产品充裕供给保障性进一步增强，猪肉生产有望扭转大幅度下滑态势，其他畜禽产品生产继续保持较快增长或者加快增长；农产品及食品价格总体涨幅将呈现上半年扩大下半年缩小态势，全年饲养动物产品价格涨幅继续高于种植业产品。衔接好脱贫攻坚与乡村振兴，从完善制度、健全机制促进农业发展及构建产业链、价值链和供应链，进一步保障农产品供给和促进食品价格稳定，将是农业农村经济工作重要任务。

* 李国祥，中国社会科学院农村发展研究所研究员。

关键词： 粮食　生猪　农产品供给　食品价格

2019年，根据全面建成小康社会的农业短腿和农村短板，国家确立了稳定粮食等农产品生产和聚焦深度贫困地区打赢脱贫攻坚战等一系列硬任务。一年来，围绕完成这些硬任务，农业经济发展在政策等推动下取得积极进展；同时国家根据农业经济运行中出现的少数农产品价格剧烈波动等新情况出台了一系列政策措施，正在化解或者缓解猪肉价格等波动对经济社会发展的不利影响。展望2020年，对标全面建成小康社会，补短板仍将是"三农"的中心工作，是硬任务，为此还会强化有针对性的政策措施落实；尽管面临气象灾害、病虫害和疫情等不确定性因素影响，但在多种积极因素的作用下农业经济运行的稳定性估计会上升，多数农产品供给仍将充裕，猪肉等少数农产品或者食品供给偏紧及其价格波动给居民消费价格上涨带来的压力有望缓解。

一　2020年农业经济总体上将保持稳定增长态势

展望2020年，尽管灾害疫情存在很大不确定性，特别是非洲猪瘟对生猪生产影响的不确定性尚未根本性消除，以及中美贸易摩擦给农产品进出口造成的影响带来的不确定性，但是已经形成的中国农业生产能力、国家惠农强农富农政策以及2019年部分农产品价格高位运行提高了农民发展农牧业生产积极性，成为农业经济健康运行和持续发展的主要推动力量。受这些积极因素影响，农业经济总体上有望继续保持稳定增长态势，适应国内居民食物消费结构升级和农产品进出口格局变化，基于国内农业资源禀赋条件，农林牧渔业结构将进一步优化。

2020年，农业生产将继续保持总体稳定态势。2019年，尽管生猪生产明显滑坡，但是多数农产品继续增产，粮食有望继续丰收，实现增产，禽肉产量等增长幅度较大。农业经济在保持总体稳定增长的同时，结构趋于优化。在农林牧渔业中，随着社会化服务的发展，服务业增加值比重估计进一步提高；种植业经济保持较快增长，前三季度种植业增加值同比增长4.3%。[①] 在种植业中，优质稻谷和专用小麦及大豆生产进一步扩大，早籼稻等缺乏市场需求的农产品生产进一步缩小。

2020年，农产品进出口格局将基本稳定。根据海关数据，2019年前三季度，农产品出口3825亿元，比上年增长2.9%；进口7507亿元，比上年增长10.2%；进出口贸易逆差扩大到3682亿元，比上年增长19.0%。2019年全年和2020年农产品国际贸易呈现出的逆差扩大态势估计不会改变。随着中美经贸摩擦谈判的推进，估计中国将会增加自美农产品进口，特别是进口美国猪肉和大豆等规模将会扩大，虽然中国水产品等出口增速估计也会提高，但是进口增速仍将快于出口增速，农产品国际贸易逆差继续扩大。

2020年，第一产业增加值增速有望提高，但第一产业增加值占GDP的比重将下降到7%以下。2019年前三季度第一产业增加值4.3万亿元，比上年同期实际增长2.9%，占GDP的比重为6.2%。由于第四季度是重要的农业收获季节，2019年生猪生产虽然滑坡，但其他多数农产品生产普遍扩大，特别是种植业增长相对较快，估计全年第一产业增加值约为6.6万亿元，增速仍然落后于国民经济其他产业，占GDP的比重将下降至约7%。2020年，生猪生产有望扭转下滑势头，其他农产品生产将保持稳定发展态势，第一产业增加值实际增长有望超过3%，金额超过6.8万亿元，农业结构进一步优化，对经济增长的贡献略有提高。

展望2020年，农民收入将继续保持较快增长态势。2019年前三季度，农民人均可支配收入为11622元，按可比价格计算实际增长6.4%，高于城镇居民人均可支配收入1个百分点。在农民人均可支配收入中，贡献最大的来源仍然是工资性收入，增长最快的仍然是转移性收入。考虑到农民工数量和工资水平仍将保持稳定增长态势以及国家脱贫攻坚和实施惠农强

---

① 本文统计数据除特别注明来源外，均来源于国家统计局。为简化起见，来源于国家统计局的数据没有一一标注。

农富农政策等，2019年农民人均可支配收入将达到1.6万元左右。2020年，除工资性收入和转移性收入继续贡献较大外，畜禽生产扩大和市场价格高位波动运行，将使农民家庭经营性净收入较快增长，全年农民人均可支配收入有望达到1.8万元。

展望2020年，脱贫攻坚硬任务将全面高质量完成。中国脱贫攻坚已经进入最后的决胜关键阶段，估计2019年底现行标准的贫困人口将只有500万人左右，2020年是打赢脱贫攻坚战收官之年，让现行标准下的所有贫困人口如期脱贫指日可待。

二 2020年粮食供求将继续保持宽松态势

展望2020年，粮食生产和库存水平高的格局不会改变，粮食供给充足。2015~2018年，中国粮食总产量已经连续4年超过6.5亿吨，如果考虑到2019年粮食丰收或者增产，中国粮食总产量已经连续5年超过6.5亿吨，且这一粮食生产水平是以粮食单产每亩低于375公斤为基础的。考虑到中国水稻最高单产已经突破每亩1.2吨的水平，粮食科技不断进步，中国粮食高产品种技术有充足储备，近年来仅仅因受市场需求等因素影响并没有大规模推广应用。强大的粮食生产能力，加上国家采取粮食总播种面积进一步调整措施等，估计2020年粮食总产量超过6.5亿吨水平的可能性仍然较大。

2019年粮食市场稳定运行，最重要的基础是粮食生产总体稳定，继续获得丰收。虽然早稻出现明显减产，总产量2627万吨，比上年减产8.1%，但是早稻产量在全年粮食总产量中占比较小，2018年早稻产量在全年粮食总产量中占比仅为4.3%，2019年这一比重估计下降到4%以下，再考虑到夏粮和秋粮丰收增产，早稻减产不足以影响2019年粮食总产量，仍然保持在6.5亿吨水平。

2020年，在粮食生产基本稳定的情况下，以稻谷和小麦为主要原粮的口粮消费估计继续趋于减少，稻谷和小麦当年生产量仍将超过消费量。新时代中国粮食安全战略要求口粮绝对安全，谷物基本自给。近年来，中国稻谷和小麦生产分别基本稳定在2.1亿吨和1.3亿吨的水平，而作为口粮的稻谷和小麦年消费量均已经下降到1.7亿吨以下，估计2020年稻谷和小麦持续维持相对过剩状况。自2015年开始，中国对相对过剩的玉米通过轮作休耕和改种大豆等进行了结构调整，玉米总产量由年度历史最高的2.7亿吨下降到2.6亿吨，玉米去库存效果明显。2020年玉米供求关系主要取决于生猪生产能力恢复情况。如果生猪生产能力恢复快，玉米相对过剩状况可能会发生转变，但是玉米供应紧张的可能性仍然较小。

三 2020年生猪生产能力有望不断恢复

展望2020年，尽管生猪生产能力恢复仍然存在较多困难和不确定性，但积极因素增多，生猪市场价格高位运行，盈利水平高，"含金量高"的扶持政策措施多，农民和其他投资者扩大生猪生产的动力强劲，2019年底能繁母猪生产能力等有望率先实现环比增长，从而带动2020年生猪生产能力全面实现回升，生猪存栏量和出栏量都会增加，猪肉产量将比2019年明显增长。

自2018年8月非洲猪瘟发生以来，全国生猪生产能力不断下滑。2019年生猪出栏量和存栏量都呈现大幅度减少态势。2019年，前三季度全国生猪出栏40978万头，比上年同期减少17.3%；猪肉产量3181万吨，比上年同期下降17.2%；三季度末生猪存栏30675万头，比上年同期减少28.5%。根据农业农村部对全国400个生猪大县的监测，2019年9月能繁母猪存栏量比上年同期减少38.9%，生猪存栏量比上年同期减少41.1%。生猪主产县和其他主产区的生产能力可能遭受的冲击更明显，减产幅度更大。

2020年能繁母猪存栏量和生猪存栏量估计有显著增加。2019年以来，国家十分重视非洲猪瘟疫情控制，采取了一系列措施稳定生猪生产和促进生猪快速增加。进入7月后，针对生猪供应不断收紧和猪肉价格较快大幅度上

涨给市场运行和经济社会大局造成的不利影响，国家出台了生猪生产土地供给保障、政策性保险和贷款等多项优惠政策。除政策激励外，生猪和猪肉价格持续高位运行，养猪户利润水平高，受市场强刺激，投资者积极性终会被调动起来。同时，考虑到非洲猪瘟已经发生一段时间，养猪户（企业）对于防控非洲猪瘟积累了一定经验，措施也更有针对性，在高盈利下对非洲猪瘟防控更是尽心尽力。综合考虑这些积极因素，估计2019年第四季度生猪生产能力将会出现转折性变化。特别地，2019年第三季度非洲猪瘟疫情发生数较上半年已经呈现出明显减少态势，10月规模化养猪场生猪存栏量和出栏量已呈现止跌回升态势。

根据农业农村部监测，2019年9月，全国年出栏5000头以上的规模化养猪场生猪存栏量环比增长0.6%、能繁母猪存栏量环比增长3.7%。规模化养猪场对市场运行和政策变化更加敏感，生猪生产能力恢复较快，在此带动下一般养猪场也会逐步扩大生猪养殖。

整体上说，2019年第四季度代表生猪生产能力的一些先行指标如能繁母猪存栏量和生猪存栏量环比估计处于由降转升阶段。2020年，第一季度生猪生产能力稳定态势估计会进一步显现，第二季度生猪生产能力逐步回升态势估计会更加明显，第三季度，生猪生产能力和猪肉供应会出现全面恢复性增长，不仅生猪存栏量环比增加，而且生猪存栏量、出栏量同比都可能增加，猪肉产量环比和同比增长也将较快，猪肉供应偏紧的状况将逐步得到缓解。只要生猪支持政策落实到位，有效的非洲猪瘟防控措施得到推广，生猪繁殖快，因此生产能力恢复也会很快。

四 2020年农产品和食品价格运行会呈现高位回落态势

展望2020年，尽管存在很多不确定性，但是农产品供给总体上将更加充裕，估计农产品和食品市场价格稳定性会有所增强。从结构来看，2020年粮食价格将继续保持稳定，成为农产品和食品市场运行稳定的主要积极因素；猪肉等畜禽类产品价格将高位波动运行，但年中可能出现转折；水果市场运行的稳定性将较上年明显增强，这主要是由于北方水果生长关键期没有遭遇到大范围的不可抗的严重气象灾害和病虫害；蔬菜价格在不同季度受天气等因素影响会呈现出波动态势；从不同时间段来看，2020年上半年农产品和食品价格运行态势估计与2019年下半年基本一致，2020年下半年农产品和食品价格运行将呈现高位回落态势。

2019年前三季度农产品生产者价格同比上涨6.3%。2012~2018年期间，2016年农产品生产者价格同比涨幅最大，为3.2%，2017年和2018年农产品生产者价格连续两年下降。2019年在较低的基数上，加上全年饲养动物及其产品价格涨幅较大，估计全年农产品生产者价格同比涨幅将超过7%，为近七年来最大涨幅。

2019年，虽然粮食价格运行平稳，但少数农产品和食品价格出现了复杂多变的态势。上半年水果价格出现短时间剧烈波动。进入9月，随着北方新季水果不断上市，水果市场价格运行逐渐恢复常态；年中猪肉价格出现急剧上涨，是食品消费价格上涨的主要原因。2019年，食品消费价格涨幅呈现总体扩大态势，食品消费价格涨幅也明显高于非食品消费价格，成为CPI升高的主要推动因素。2019年1月城乡居民食品消费价格同比上涨1.9%，到9月上涨幅度扩大到11.2%。2019年前三季度，食品消费价格同比上涨6.5%，影响CPI上涨1.3%，在同期CPI涨幅中占比约为50.8%，超过CPI总涨幅的一半。

食品价格快速上涨，主要是由于猪肉产量较常年出现较大幅度减产。为了缓解猪肉减产所带来的猪肉价格大幅上涨局面，估计2019年猪肉进口数量虽然不多但是增速很高。根据中国海关的数据，2019年前三季度，中国进口猪肉132.6万吨，比上年同期增长43.6%，全年猪肉进口有望突破200万吨。

在猪肉供应大幅度减少的情况下，除扩大猪肉进口外，国内的牛羊肉生产增长较快，禽肉增长更快。2019年前三季度，中国牛、羊和禽肉产量分别达到1539万吨、458万吨和330万吨，分别比上年同期增长3.2%、

2.3%和10.2%。

展望2020年，中国的牛羊肉和禽肉生产将会继续较快增长，在猪肉没有恢复到常年供应水平的情况下，猪肉外其他肉品和水产品等都将发挥重要作用，有效地调节动物源性食品价格水平，在避免消费者食品消费支出负担过重和保障消费者生活水平不降低等方面发挥积极作用。

2019年，食品消费价格明显上涨，虽然对居民食物消费结构带来较大影响，但前期也没有形成居民消费支出负担。然而，猪肉价格等消费价格持续上涨，最终势必会带来消费者支出增加，低收入群体生活负担加重，甚至会影响到脆弱低收入群体生活质量。

在居民购买消费的食物中，单品种消费价格涨幅较大，但是消费价格上涨后所带来的替代效应明显。以猪肉为例，价格大幅度上涨后，居民猪肉消费量明显减少，猪肉消费支出所占比重也出现下降。根据国家统计局公布的月度猪肉消费价格涨幅和对CPI影响程度推算，2019年3月和6月猪肉消费支出占居民消费总支出的比重分别为2.4%和2.1%，表明猪肉消费价格上涨没有相应地出现消费支出增加的情况。

国家统计局数据显示，全国居民食品烟酒消费支出虽然继续增长，但增长速度低于收入和消费支出增长速度，居民家庭恩格尔系数下降态势没有改变。2019年前三季度，全国居民人均食品烟酒消费支出4310元，比上年同期增长6.1%，低于全国居民人均可支配收入2.7个百分点，低于全国居民人均消费支出2.2个百分点；全国居民家庭食品烟酒消费支出所占比重为27.9%，低于2018年末0.5个百分点。

当然，猪肉消费毕竟是中国绝大多数居民食物消费的普遍偏好，猪肉价格持续大幅度上涨极有可能最终会带来居民消费支出增加效应。同样地，根据国家统计局公布的月度猪肉消费价格涨幅和对CPI影响程度推算，2019年7月和9月猪肉消费支出占居民消费总支出的比重分别为2.2%和2.4%，表明猪肉价格持续上涨已经带来了消费支出增加。估计全年猪肉价格等食物食品价格上涨会影响居民消费支出额及结构，也有可能阻止居民家庭恩格尔系数下降态势。

五 进一步提高农产品有效供给稳定性的建议

中国农业发展进入新时代，农产品供给总体充裕，但是农产品有效供给的稳定性仍显不足。2019年上半年出现的水果市场价格剧烈波动，下半年出现的猪肉市场价格急剧波动，反映出虽然我国农产品供给有保障，绝大多数情形下供给也有余，但是一些农产品生产和市场的明显波动一直没有有效解决，仍然是全面建成小康社会面临的突出问题。

降低农产品供给的波动性，具有多重积极意义。降低农产品供给波动性，可以确保农产品市场稳定运行，更好地保障民生，这是全面建成小康社会确保所有老百姓衣食无忧的最基本要求。降低农产品供给波动性，还有助于农业稳定发展和农民持续增收。贫困地区农业发展是产业脱贫的最重要途径，降低农产品价格波动，也可以有效避免贫困地区脱贫农民返贫。

怎样才能进一步提高农产品有效供给的稳定性？多年来中国侧重从提高农业生产能力、增加库存和加强农产品市场监测预警等方向保障供给、平抑市场波动、引导市场主体行为，这些都具有积极作用，需要坚持。从确保农产品稳定有效供给作为全面建成小康社会的底线要求考虑，还需要在现有政策举措衔接和供应链构建等方面做好工作。

要将脱贫攻坚、最低生活保障和临时救助等统筹起来，从消费端确保"零饥饿"目标的实现。全面建成小康社会，最显著的底线标志应是确保任何人在任何情况下和任何时候免受饥饿和明显营养不足、不良的困扰，这也是2030年世界可持续发展议程确定的消除"零饥饿"目标。中国为了解决老百姓基本生存需要，确保所有老百姓衣食无忧，在民政和扶贫等领域开展了大量工作，国家也出台了一系列政策措施，发挥着多重保障作用。2020年是全面小康社会的最后建成之年，应从所有老百姓穿衣吃饭等基本生存保障出发整合现有政策措施，确保特定情况下任何百姓的满足基本生存需要的农产品供给。

要加强主要农产品供应链设计，有效降低供应过于集中的风险。在大型

龙头企业的社会责任尚未建立健全的情况下，避免层层加码和过快"垒大户"对提高农产品有效供给的稳定性具有重要现实意义。要有序推进适度规模经营，探索促进农产品有效稳定供给的政策措施，拓宽食物储备范围，增加确保食物安全的公共储备。根据不同供应情形及时实施有针对性的政策措施，在市场调节失效时加大生产支持力度，在市场调节作用明显情况下可减小政策支持力度。2020年，要在加强非洲猪瘟疫病防控的同时保护和恢复生猪生产能力。

非洲猪瘟防控要做好"打持久战"的准备。自非洲猪瘟发生以来，中国对疫区实行封锁，对扼制疫情传播扩散具有一定成效。2020年，要在此基础上，加快疫苗研发，总结各地防控经验教训，借鉴国外有效做法，树立长期防控理念，从生猪生长环境、冷链物流、员工进出场管理等方面全方位强化管理，严格控制非洲猪瘟疫情对生猪生产能力的不利影响。

在封锁地区设置隔离重点监控区。针对在非洲猪瘟发生地区采取活猪禁运措施严重影响能繁母猪培育和生产能力扩张，建议选择几个隔离点在非洲猪瘟病毒潜伏期内进行重点监控，潜伏期结束没有发病的，要尽快恢复能繁母猪生产能力，大幅度增加仔猪供应。这样，才能将非洲猪瘟防控与生猪生产能力保护及恢复有机地统一起来。

要加快粮食转化。中国粮食连续多年丰收，供给充裕，这对于保障供给、稳定物价具有重要现实意义，对于提高国家粮食安全保障也是极其重要的。但是，一些谷物当年生产量超过消费消耗量，带来粮食收储和去库存压力有增无减。缓解中国粮食供求结构性矛盾，除了继续调整优化粮食生产结构外，还应加快粮食转化，加大粮食转化力度，按照保障粮食供给充裕、优先保障口粮和饲料粮的原则，开拓粮食多用途消费消耗渠道。

要扩展农民发展现代农业的收入来源。近年来农牧业生产对农民增收贡献较小，估计2020年也较难改变。农民难以从农牧业生产中增加收入，原因是多方面的，其中现代农牧业排斥一般农户是原因之一，特别是现代畜牧业中排斥小农户的问题仍然较突出。让一般农户有更多机会参与现代农牧业发展，既可以促进粮食就地转化，缓解居民食物消费结构升级带来的畜产品供求矛盾，又可以让更多农民发展现代畜牧业，从而增加畜产品销售收入。虽然现代种植业发展和规模经营排斥一般农户没有现代畜牧业严重，但也需要引起重视。发展规模经营是农业现代化的必由之路，可以渐进推动现代农牧业规模经营发展，特别是支持现代农牧业发展不要将经营规模标准"门槛"设得太高。

参考文献

［1］国家统计局：《前三季度国民经济运行总体平稳　结构调整稳步推进》，国家统计局网站，2019年10月18日。
［2］黄秉信：《前三季度农业生产总体稳定　全年粮食产量有望再获丰收》，中国经济网，2019年10月21日。
［3］新华社：《中共中央　国务院关于坚持农业农村优先发展做好"三农"工作的若干意见》，新华网，2019年2月19日。
［4］农业农村部：《前三季度农业农村经济形势》，农业农村部网站，2019年10月25日。
［5］于文静、周文林：《综合施策促进生猪生产恢复——农业农村部有关负责人谈生猪生产》，农业农村部网站，2019年9月6日。

B.13
2019年工业运行情况分析及2020年预测

解三明*

摘　要： 本文重点对2019年的工业经济运行情况做了分析并对2020年做了预期目标的预测。首先，对国内外经济形势与环境做了分析；其次，对当前工业经济运行的主要特点及存在的若干问题进行了深入全面的分析；再次，对未来影响工业运行的有利因素与不利因素予以分析，在此基础上，预测了2020年规模以上工业增长速度；最后，提出了稳定工业生产的政策建议。

关键词： 工业　运行因素　增长速度

一　国内外经济形势分析

（一）世界经济运行形势分析

发达国家制造业收缩态势延续。多数发达国家制造业PMI已连续多个月位于荣枯线下方。一是美国制造业呈现持续收缩势头。美国供应管理协会（ISM）数据显示，2019年1月以来美国制造业PMI持续滑落，9月降至2016年2月以来新低，达到47.8，连续3个月跌破50荣枯线水平。二是日本制造业表现疲软。9月日本制造业PMI为49.0，低于前值0.1个点，已连

---

* 解三明，工业和信息化部运行监测协调局。

续 5 个月低于荣枯线水平。三是欧元区制造业有所回升。8 月欧元区制造业 PMI 为 47.0，高于前值 0.5 个点。其中，德国制造业 PMI 为 43.5，高于前值 0.3 个点；法国制造业 PMI 为 51.1，高于前值 1.4 个点。四是英国制造业持续收缩。8 月英国制造业 PMI（Markit）为 47.40，低于前值 0.6 个点，已连续 6 个月呈现下滑态势。

新兴经济体制造业总体低迷。一是俄罗斯制造业继续在荣枯线以下徘徊。8 月俄罗斯制造业 PMI 为 49.1，低于前值 0.2 个点。二是印度制造业扩张速度有所放缓。8 月印度制造业 PMI 为 51.4，低于前值 1.1 个点，创 15 个月新低。三是巴西制造业有所回升。8 月巴西制造业 PMI 为 52.5，高于前值 2.6 个点。

总体来看，世界经济复苏受挫，增长乏力，外部环境复杂多变。

（二）国内经济运行情况分析

国内宏观环境发展总体平稳。生产和内需对经济支撑作用仍较为稳定。1~8 月，规模以上工业增加值同比增长 5.6%，处于年度预期目标 5.5%~6% 的区间内。内需对经济增长贡献增大，其中最终消费支出对经济增长贡献 60% 左右。价格形势总体稳定。1~9 月全国居民消费价格（CPI）比上年同期上涨 2.5%，8 月和 9 月全国居民消费价格同比分别上涨 2.8% 和 3%。1~8 月、1~9 月，工业生产者出厂价格指数（PPI）比上年同期分别上涨 0.1% 和持平，特别是 8 月、9 月，全国工业生产者出厂价格指数同比分别下降 0.8%、1.2%。就业形势基本稳定。1~8 月，全国城镇新增就业 984 万人，完成全年计划的 89.5%。8 月，全国城镇调查失业率为 5.2%，比上月下降 0.1 个百分点。31 个大城市城镇调查失业率为 5.2%。财政支出进度总体较快。1~8 月，全国一般公共预算支出同比增长 8.8%，较上年同期加快 1.9 个百分点，比 2019 年 1~7 月增速放缓 1.1 个百分点。受财政支出前移影响，8 月同比增速首次进入负增长区间。综合分析，宏观经济稳中有进的态势仍然在持续，但存在工业增长放缓、工业品价格通缩以及财政收支等压力。

二 工业运行的主要特点和存在的问题

（一）工业运行的基本特点

工业生产稳中趋缓，总体处于目标区间。受世界经济增速放缓和中美贸易摩擦等影响，1~8月全国规模以上工业增加值同比实际增长5.6%，比1~7月回落0.2个百分点。8月全国规模以上工业增加值增长4.4%，增速较7月回落0.4个百分点。分三大门类看，8月其增加值增速均有所回落。其中，采矿业，制造业，电力、热力、燃气及水生产和供应业增加值增速分别回落2.9个、0.2个、1.0个百分点。

中下游行业增长放缓，工业结构持续优化。8月，41个大类行业中有32个行业增加值实现同比增长，增长面为78.0%，比上月回落9.8个百分点。总体呈现上游强、中游疲软、下游偏弱的分化态势。原材料行业总体保持快速增长，8月同比增长5.7%，比1~7月放缓0.9个百分点，比上年同期加快0.3个百分点。黑色金属冶炼和压延加工业同比增长10.4%，有色金属冶炼和压延加工业同比增长8.5%，非金属矿物制品业同比增长8.1%。消费品行业增长略有放缓，8月同比增长3.2%，增速比上月放缓0.8个百分点。农副食品加工业、纺织业增长继续放缓，增速与上年同期基本持平。机械制造业增长加快，8月同比增长4.6%，增速比7月加快2.8个百分点。8月，通用设备制造业、专用设备制造业、铁路船舶航空航天和其他运输设备制造业、电气机械和器材制造业分别同比增长0.0%、3.3%、7.8%、10.0%。汽车工业结束连续4个月的负增长态势，8月同比增长4.3%。电子制造业7月是2019年首次进入个位数增长，8月进一步放缓至4.7%。工业结构持续优化，高技术制造业增长较快。8月，高技术制造业增加值同比增长6.1%，高于规模以上工业1.7个百分点，占规模以上工业的比重为14.1%，比7月提升0.4个百分点。其中，医疗仪器设备及仪器仪表制造业同比增长11.8%，增速较7月加快3个百分点；计算机及办公设备制造业同比增长4.5%，增速较7月加快 1.2 个百分点。

重点工业产品生产放缓，新产品继续快速增长。8 月，605 种产品中有 302 种产品同比增长，增长面为 49.9%，比 7 月下降 5.6 个百分点。其中，原煤产量同比增长 5.0%，生产原油同比增长 1.0%，十种有色金属同比增长 4.4%，钢材同比增长 9.8%，水泥同比增长 5.1%，发电量同比增长 1.7%，特别是原煤、原油产量增速均低于上月，钢材、发电量增速均高于上月。8 月，汽车产量增速低于上月，汽车同比下降 0.6%，轿车同比下降 7.3%，新能源汽车同比增长 9.9%。具有较高技术含量和附加值的工业新产品继续保持较快增长。其中，3D 打印设备、智能手环、太阳能工业用超白玻璃、充电桩、智能手表和服务机器人同比分别增长 152.9%、74.2%、60.8%、58.6%、51.8% 和 20.1%。

东中西部地区工业增长放缓，东北地区工业增长略有回升。东部地区工业增长压力较大，8 月同比增长 2.8%，比上月回落 0.2 个百分点。其中，广东同比增长 0.6%，山东同比下降 4.5%。中部地区工业总体保持较快增长，8 月同比增长 6.5%，比上月回落 0.6 个百分点。江西、河南、湖北、湖南工业增长均超过 6%。西部地区工业增长放缓，8 月同比增长 5.3%，比上月回落 1.8 个百分点。东北地区工业增长略有回升，8 月同比增长 3.0%，比上月提高 0.1 个百分点。

消费市场运行平稳，升级类商品销售增长加快。8 月社会消费品零售总额同比名义增长 7.5%。扣除汽车零售（受国Ⅴ、国Ⅵ切换政策影响，汽车类商品零售额同比下降 8.1%。），消费品零售增长 9.3%，比上月加快 0.5 个百分点。基本生活类商品增长较快。限额以上单位粮油、食品类商品零售额同比增长 12.5%，增速比 7 月加快 2.6 个百分点；服装鞋帽、针纺织品类商品同比增长 5.2%，增速比 7 月加快 2.3 个百分点；日用类商品同比增长 13.0%，增速与 7 月持平，继续保持两位数增长。升级类商品销售增长加快。限额以上单位化妆品、文化办公用品、家用电器和音像器材、通信器材类商品同比分别增长 12.8%、19.8%、4.2%、3.5%，增速分别比 7 月加快 3.4 个、5.3 个、1.2 个、2.5 个百分点。网上零售保持快速增长。1~8 月，全国实物商品网上零售额同比

增长20.8%，增速与1～7月基本持平，比社会消费品零售总额增速高12.6个百分点，占社会消费品零售总额的比重为19.4%，比上年同期提高2.1个百分点。

工业投资有所回落，投资结构保持优化。受全球经济衰退、出口形势严峻、企业盈利不佳等影响，工业投资回暖基础尚不牢固。1～8月，工业投资同比增长3.3%，增速比1～7月回落0.5个百分点。高技术制造业投资增长加快，1～8月同比增长12.0%，增速比1～7月加快0.9个百分点，高于全部制造业投资9.4个百分点。其中，医疗仪器设备及仪器仪表制造业投资同比增长17.7%，电子及通信设备制造业投资同比增长14.5%，计算机及办公设备制造业投资同比增长10.3%。

企业利润降幅收窄，下行压力依然较大。1～8月全国规模以上工业企业利润总额同比下降1.7%，降幅与1～7月持平。采矿业利润总额同比增长2.1%，制造业利润总额同比下降3.2%，电力、热力、燃气及水生产和供应业利润总额同比增长11.0%。8月，全国规模以上工业企业利润总额同比下降2.0%，工业企业经营的下行压力依然较大。

对外贸易增速放缓，部分市场增长较快。受国际经济下行及中美经贸摩擦等影响，1～9月全国进出口总额同比增长2.8%，增速比1～8月回落0.8个百分点，其中，出口总额同比增长5.2%，同比回落1.3个百分点，进口总额同比下降0.1%，回落14.4个百分点。9月全国进出口总额同比下降3.3%，其中，出口总额同比下降0.7%，进口总额同比下降6.2%，比上月扩大3.6个百分点。与欧盟、东盟等地区的进出口保持较快增长，对主要贸易伙伴保持较快增长。同时与"一带一路"国家的进出口也保持较快增速。

（二）值得关注的问题

从目前工业经济运行的情况来看，工业增加值增速平稳，制造业高质量发展持续推进，供给侧改革红利不断释放。展望未来一段时间工业经济走势，提出以下值得关注的问题。

一是工业生产者出厂价格指数进入负增长区间。9月，全国工业生产者出厂价格指数同比下降1.2%，降幅比上月扩大0.4个百分点。主要行业中，降幅扩大的石油和天然气开采业、石油煤炭及其他燃料加工业、化学原料和化学制品制造业、黑色金属冶炼和压延加工业下降3.0%~10%，比上月扩大1~3个百分点。

二是世界经济和贸易增长动力依然不足。受贸易摩擦、金融市场波动、政策不确定性加剧等影响，全球经济稳定性明显削弱。IMF、WTO、OECD等国际组织纷纷下调预期，全球经济增速处于3.2%~3.3%。2019年以来欧元区制造业、日本制造业发展趋弱。初步判断，未来两年全球经济陷入新一轮衰退的概率在上升。随着危机回潮正向新兴市场转移，新兴市场出现货币危机，受民粹势力重新集结、地缘政治风险扩散、英国"硬脱欧"威胁上升、意大利财政问题一再发酵等催化，欧洲面临衰退风险；美国挑起的全球贸易摩擦风险正向其他领域扩散，涉及金融、科技等方面。如果未来全球经济陷入新一轮衰退，工业出口将面临需求萎缩的风险。

三是制造业PMI有所回升，但仍低于荣枯线。9月，制造业PMI为49.8，比上月回升0.3个点，整体景气较上月有所改善，但仍处于荣枯线以下。9月制造业PMI的主要特点为生产需求双双扩张。新订单指数为50.5%，环比回升0.8个百分点，5月以来首次升至扩张区间。生产活动有所加快，生产指数为52.3%，环比上升0.4个百分点。外贸状况有所改善。新出口订单指数为48.2%，环比上升1.0个百分点。进口指数为47.1%，环比上升0.4个百分点。高技术制造业持续扩张。高技术制造业PMI为51.3，高于制造业PMI 1.5个点，连续8个月位于51.0以上景气扩张区间。企业信心有所增强。随着一系列扶持实体经济发展的政策相继落地，制造业企业生产经营活动预期指数环比上升1.1个百分点，达到54.4%，为第三季度高点。

三 影响工业运行的因素分析及2020年形势预测

（一）有利因素

多项调控政策即将生效。当前外部环境错综复杂，全球经济发展承压。

为应对现实环境，国家出台多项调控政策稳定经济增长。一是经济稳增长政策重回工作重心。国务院常务会议提出精准施策加大力度做好"六稳"工作，用好逆周期调节政策工具，财政与货币政策协同发力，在落实已出台政策的基础上，梳理重点领域关键问题精准施策。二是LPR改革落地，利好企业融资。LPR改革会带来市场利率的下行且更多反映在企业贷款上，有助于降低实体企业融资成本。对于小微企业而言，实际利率下降和保量政策约束将更益于解决融资难融资贵的难题。三是多项促消费文件发布。国务院办公厅从8月开始先后出台了《进一步激发文化和旅游消费潜力的意见》《加快发展流通促进商业消费的意见》《促进全民健身和体育消费推动体育高质量发展的意见》等，不断致力于扩大消费并引导消费升级。

中美经贸关系虽存在不确定性，但逐步回归理性。中美双方近期谈判互相释放积极信号，新一轮经贸磋商有望取得积极进展。一是双方暂停增加关税。美方将对2500亿美元输美商品上调关税时间推迟，我们也已经开始就采购美国农产品进行询价，表明中美经贸摩擦出现缓和，重新回归经济逻辑和商业理性。二是我国经济结构需要调整升级。美国近几个月经济持续衰弱且经济结构同样存在不合理之处，双方迫切需要达成实质性的共识，为各自经济结构调整创造条件。

基建投资保持坚韧。1~8月基建投资同比增长4.2%，较1~7月小幅提高0.4个百分点。在制造业投资增速回落较大的情况下，基建投资成为托底投资的力量。一是交通行业支撑基建上行。8月，交通运输业投资同比增长11.2%，大幅好于前值2.1%，拉动基建增速3.9个百分点。二是地方政府专项债提前发行可期。政治局会议提出"不将房地产作为短期刺激手段"，在土地财政及税收收入依赖度降低的情况下，将促使专项债提前发行，专项债的使用将对技改和新基建投资起到强力的支撑作用。

（二）不利因素

制造业投资继续承压，预计房地产投资也将回落。1~8月制造业投资增速2.6%，较1~7月回落0.7个百分点，结束了3个月的弱回升态势。房地产投资同比增长10.5%，较1~7月微降0.1个百分点，虽保持两位数以上增长，但回落趋势明显。一是企业利润支撑作用走弱。企业利润对于投资具有先导作用，而企业利润持续性地走弱势必影响制造业投资的信心。1~8月工业企业利润同比下降1.7%，降幅虽有所收窄，但已连续多月处于负增长区间，说明工业企业缺乏扩大再生产的资金来源与动力。同时，近几个月PPI增速持续下探，作为支撑企业利润增长的工业品价格也释放出企业利润回升困难的信号。二是外需市场难以提振。2019年以来，世界银行、国际货币基金组织等主流国际组织多次下调全球增长预期值。同时，9月欧洲央行如期降息开启QE，美国也多次释放降息信号，外需市场极大抑制了企业投资意愿。三是房地产面临下行压力。6月房地产信托收紧，房地产调控随之加强，但受益于开发商促销及加紧房屋竣工，8月房地产投资增长依然处于高位。伴随下半年库存回升及资金收紧，房地产投资预计结束平稳增长态势，2019年第四季度乃至2020年转为增速逐步回落态势。

消费需求持续低迷。8月社会消费品零售总额同比增长7.5%，较前值回落0.1个百分点。剔除汽车因素后，社会消费品零售总额同比增长9.3%，环比上升0.5个百分点。一是汽车销售拉低整体消费增长。从销量来看，8月汽车销售同比下降8.1%，受国Ⅵ政策出台透支汽车需求及新能源汽车补贴退坡影响较大，反映出汽车消费需求不足。二是消费增长预期欠佳。目前消费需求低迷的核心原因在于收入增长放缓，并且下半年个税征缴方式改革，居民可支配收入增速大概率放缓，直接影响生活必需品及消费升级类商品的消费预期。

出口增速预计放缓。9月出口金额以美元计价同比下降5.7%，降幅较上月扩大2.5个百分点。8月出口交货值同比下降4.3%，回落幅度较大。一是相关行业拖累效应显著。计算机、通信和其他电子设备制造业工业增加值同比增速回落至金融危机以来最低水平，通用设备制造业零增长，专用设备制造业增速下滑明显。二是全球经济疲软。全球经济不景气对于出口具有抑制作用，美国ISM制造业PMI已连续2个月跌破荣枯线，摩根大通全球

制造业PMI连续5个月低于荣枯线，全球经济低迷极大影响海外订单的正常增长。

（三）2020年工业经济形势的预测分析

当前我国工业经济面临的国内外形势更加复杂严峻，受全球经济增速放缓和中美贸易摩擦等外部因素影响的拖累，我国工业运行承受明显的下行压力。预计2020年规模以上工业增加值增速将比2019年进一步放缓，全年增速可能在5.5%左右。

进一步分析，2020年受政策因素影响，固定资产投资也难以明显回升，其中，工业投资和制造业投资增速将在2019年水平上稍微小幅提高，基础设施投资增速会有一定水平的回升，但房地产投资增速会回落到个位数，特别是民营经济投资增速及其占比仍会在较低的水平。

近年来，传统消费市场趋于饱和，消费者信心走低。2019年社会消费品零售额增速已由上年的9%回落到8%左右，在物价上涨、收入增长速度可能低于GDP增速影响下，预计2020年将会进一步回落到8%以下。

2020年，中美贸易摩擦对我国出口的影响将进一步显现，并有逐步加深趋势，叠加全球经济放缓、外需不足的冲击，预计我国进出口特别是出口增速将进一步回落，甚至出现负增长。可见，投资、消费、进出口对工业的拉动作用都在减弱，其综合作用效果预计将使2020年规上增速低于2019年。

四　政策建议

（一）深挖国内需求潜力，加快形成强大国内市场

当前消费领域有效供给不足、服务质量不高、基础设施薄弱、环境建设滞后、发展不平衡不充分等问题依然存在。一是着力促进消费提质扩容，破除制约消费的体制机制障碍，大力提高产品和服务的供给质量。二是促进消

费更新升级，积极推动汽车、家电、电子消费品以旧换新。三是着力研究不同层次的消费需求变动规律，积极培育多层次的消费细分市场。四是精准聚焦农村消费市场，加强城乡消费基础设施建设。五是从需求端精准施策进一步释放内需潜力，多用改革办法扩大消费，加快落实相关促进汽车消费的政策。

（二）培育竞争新优势，有效避免贸易摩擦

一是优化产品出口结构，扩大高端产品出口比重，增加出口产品技术含量，注重质量和品牌建设，在保持传统贸易优势的同时，积极培育新竞争优势；二是深化贸易合作，借助"一带一路"倡议，提升沿线国家贸易合作水平，推动我国优势产业产能"走出去"，构建合作共赢的国际合作新局面，加快实施自贸区战略，维护多边贸易体制在全球贸易发展中的主导地位；三是增强企业的贸易摩擦风险防范意识，遵守贸易标准规则、国际市场形势和法律法规。

（三）增强市场信心，鼓励有效投资

扩大有效投资，促进2019年的预算内的投资、其他政府投资、企业和民间投资，地方专项债券加快用于补短板、调结构、扩内需。提前下达2020年的专项债券部分新增额度，重点用于交通、能源、生态环保、民生服务、物流、市政、产业园区基础设施等项目，确保早日见效。适当降低基础设施等项目的最低资本金比例，更好地支持有效投资。多措并举激发民间投资的活力。加快项目建设的步伐，加强项目储备工作，发挥开工一批、建设一批、储备一批"三个轮子"一起转的作用，合理扩大有效投资。

参考文献

[1]《李克强：2019年国务院政府工作报告》，http：//www.gov.cn/zhuanti/2018lh/

2018zfgzbg/zfgzbg.htm，2019年3月5日。

［2］国家工业信息安全发展研究中心：《2019年工业信息安全趋势展望报告》，2019年6月21日。

［3］宁吉喆：《逆周期调节能力显效经济运行总体平稳》，《求是》2019年11月1日。

B.14
当前中国工业经济运行分析、展望与政策建议

史 丹 张航燕*

摘　要： 2019年以来，我国工业经济呈现生产放缓、利润回落、结构改进、新动能壮大的运行态势。制造业投资不足，工业价格指数连续负增长，是当前工业经济运行中面临的突出问题。2020年，我国工业经济发展形势依然较为复杂，仍面临着较大下行压力，预计规模以上工业增加值增速为5.5%～6.0%的概率较大。今后一段时间，中国工业经济发展应该充分体现短期应对与中长期改革发展相结合思想，一方面守住速度底线，通过有效扩大需求，努力实现工业经济平稳较快发展；另一方面继续保持战略定力和战略耐心，深化供给侧结构性改革，全力推动工业经济高质量发展。

关键词： 工业经济　运行分析　工业企业

一　2019年前三季度中国工业经济运行分析

受中美贸易摩擦升级、内需不足、工业品价格降幅扩大等因素影响，

---

* 史丹，中国社会科学院工业经济研究所所长、研究员，主要研究方向为能源经济、低碳经济、产业发展与产业政策；张航燕，中国社会科学院工业经济研究所副研究员，主要研究方向为工业运行分析。

2019年以来，我国工业经济呈现生产放缓、利润回落态势。但是随着新兴产业的培育壮大和传统产业的升级改造，装备制造业、高技术制造业、战略性新兴产业加快发展，新产品产量高速增长，新动能引领作用不断增强，工业结构持续优化升级。

（一）外需走弱叠加内需不足，工业增长放缓

内外需求不足导致工业增速放缓。2019年以来，中美贸易摩擦不断升级，对美出口遭受较大影响，对美出口金额同比下降了6%。内需增速同样放缓，一至三季度全国社会消费品零售总额增速为8.2%，比上年同期降低了1个百分点。前三季度，规模以上工业增加值同比增长5.6%，增速较2018年和2019年第一季度分别减少0.6个和0.9个百分点。运行环境不稳定不确定性的增加，导致工业经济运行波动加大，并且季末冲高特征显著。2019年单月工业增加值增速高点分别是3月、6月和9月，分别为8.5%、6.3%和5.8%；3月工业增加值同比增长8.5%，5月回落至5.0%，6月升至6.3%，7月和8月先后降至4.8%和4.4%，9月提升至5.8%。2019年前三季度，规模以上工业出口交货值同比增长2.4%，增速较2018年、2019年第一季度和第二季度分别减少6.1个、2.4个和1.8个百分点。分月来看，2019年8月和9月工业出口交货值分别同比下降4.3%和0.7%，自2016年10月以来首次出现负增长。

分门类看，尽管制造业增加值增速高于采矿业，但采矿业生产已经自低位稳定回升，而制造业生产则在持续走低（见图2）。2019年前三季度，采矿业增加值同比增长4.6%，增速较第一季度和上半年分别加快2.4个和1.1个百分点；制造业增加值同比增长5.9%，增速较第一季度和上半年分别减少1.3个和0.5个百分点；电力、热力、燃气及水生产和供应业增加值同比增长7%，增速较第一季度和上半年分别减少0.1个和0.3个百分点。需要注意的是，8月制造业增加值同比增速仅为4.3%，创2013年6月以来的最低水平。

分地区来看，中部和西部地区工业生产较为平稳，东部和东北地区工业

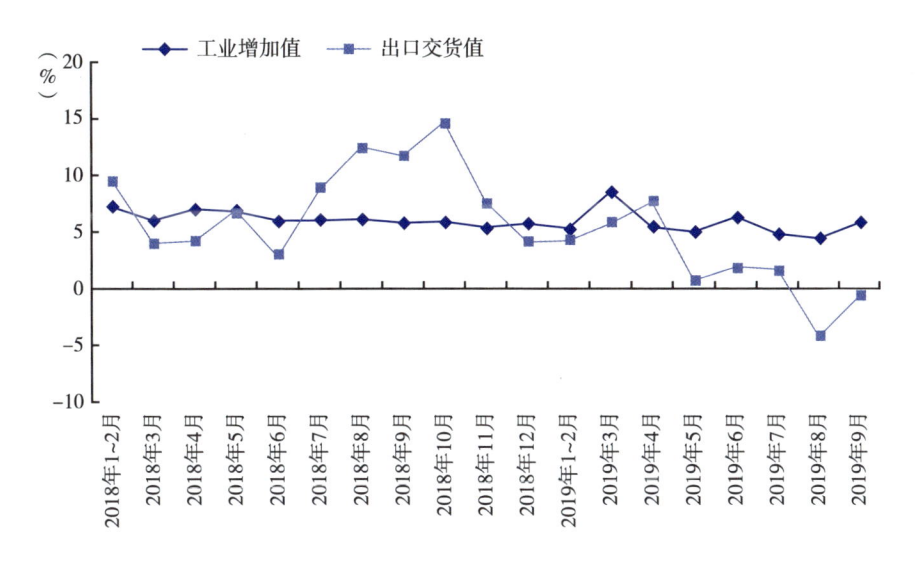

图1 规模以上工业增加值和出口交货值月度增速

资料来源：国家统计局网站。

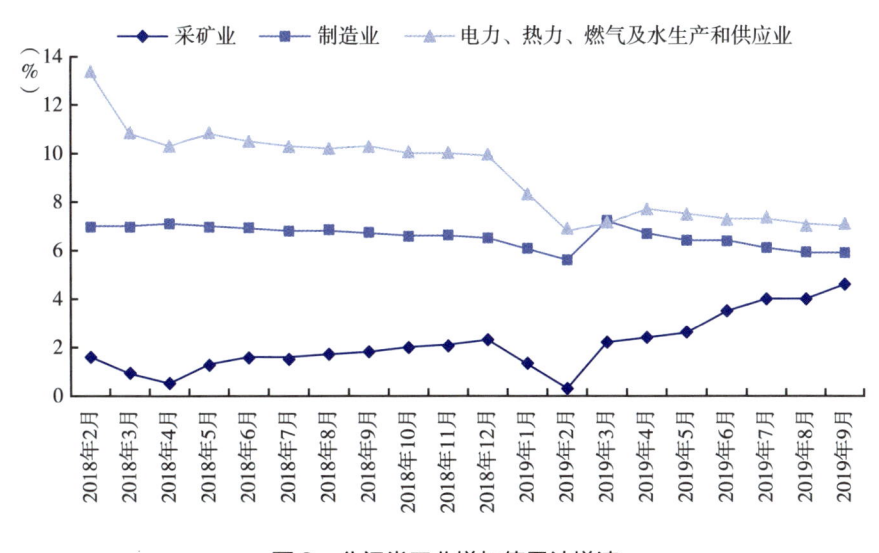

图2 分门类工业增加值累计增速

资料来源：国家统计局网站。

波动显著（见图3）。2019年前9个月，中部和西部地区工业增加值月度最高增速与最低增速差值分别为3.1个百分点和4.2个百分点；而东部地区工

业增加值月度增速极差高达7.8个百分点,东北地区工业增加值月度增速更是由3月的同比增长8%降至5月的同比下降0.4%。在当前外贸环境不确定性增加的态势下,这种工业生产地区分化特征从一个侧面反映了我国地区经济结构差异:东部地区工业外向化程度高,受贸易摩擦的影响更大。

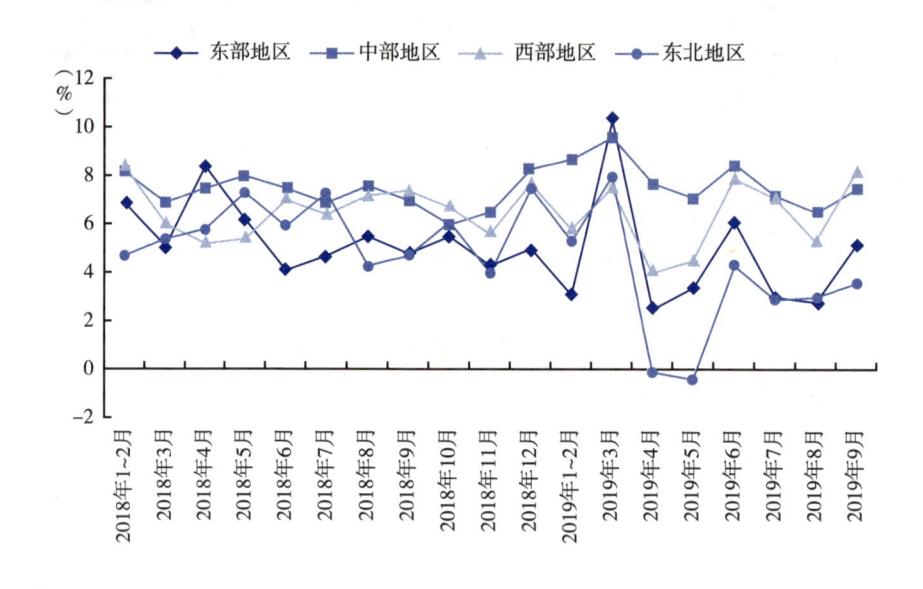

图3 分地区工业增加值月度增速

资料来源:国家统计局网站。

分经济类型来看,外商及港澳台商投资企业生产下降幅度较大。2019年前三季度,外商及港澳台商投资企业增加值同比增长1.4%,增速与上半年持平,但比2018年减少3.4个百分点;与国有及国有控股企业、股份制企业、私营企业相比,增速分别低3.3个、5.5个和5.6个百分点。分月看,2019年1~2月、5月和7月外商及港澳台商投资企业增加值同比下降,增速均为负值。

(二)利润增速回落,工业企业生产经营难度增大

受工业生产销售增速放缓、工业品出厂价格降幅扩大等因素影响,工业

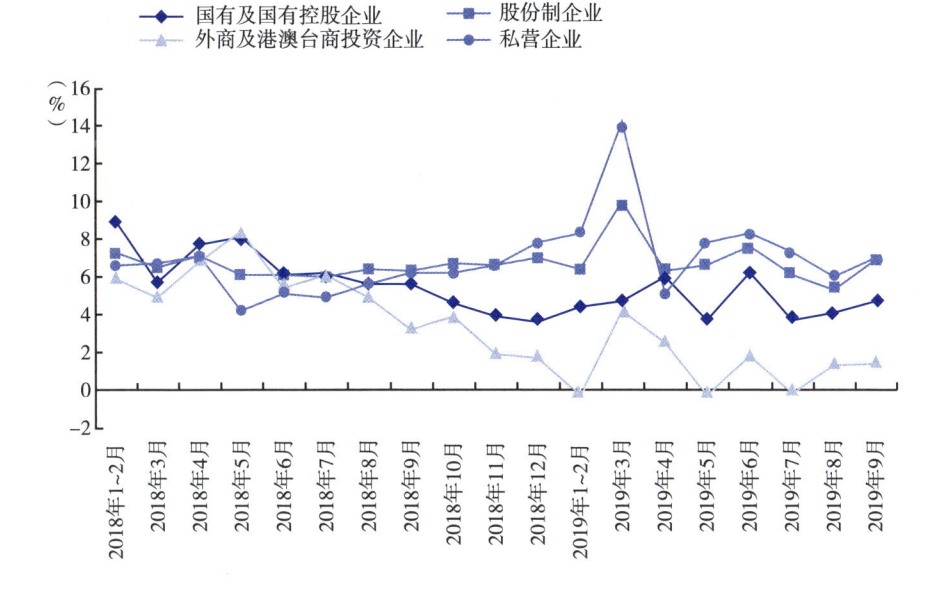

图4 分经济类型企业增加值月度增速

资料来源：国家统计局网站。

企业利润增速回落。2019年1~8月，全国规模以上工业企业实现利润总额40163.5亿元，同比下降1.7%。分行业来看，行业盈利能力明显分化，部分上游行业盈利下降，但下游消费类行业盈利多数改善。8月原油、钢铁和煤炭等原材料价格的下跌，导致生产资料工业生产者出厂价格指数大幅回落，进而影响了相关行业利润增长。1~8月，采矿业利润同比增长2.1%，增速较1~7月减少2.1个百分点，其中，煤炭开采和洗选业利润同比下降4.3%，降幅较1~7月扩大0.5个百分点。黑色金属冶炼及压延加工业利润同比更是大幅下降31.3%，降幅较1~7月扩大6.2个百分点。部分消费相关制造业利润增速有所回升。1~8月，皮革、毛皮、羽毛及其制品和制鞋业以及家具制造业利润同比分别增长11.8%和14.7%，增速较1~7月分别加快6.7个和1.3个百分点。此外，汽车制造业以及计算机、通信和其他电子设备制造业利润同比分别下降19.0%和2.7%，但降幅比1~7月分别收窄4.2个和3.6个百分点。

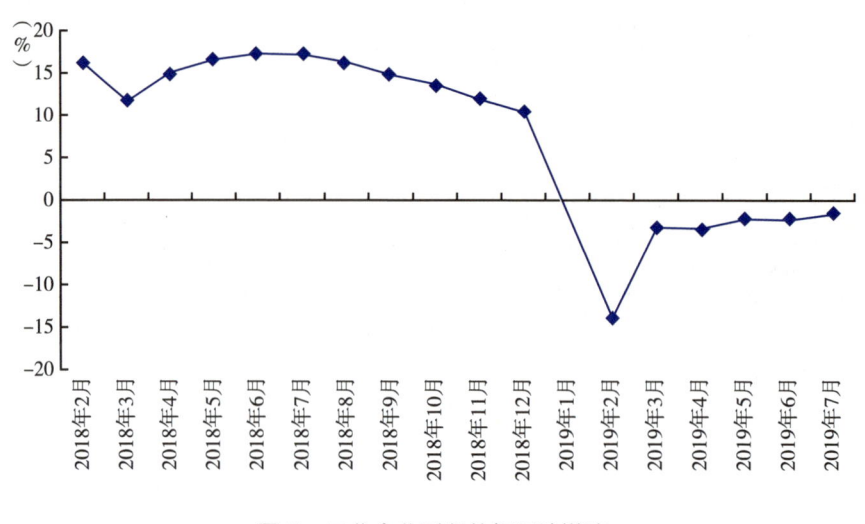

图 5　工业企业利润总额累计增速

资料来源：国家统计局网站。

工业企业生产经营难度增大。一是获利能力下降。1～8月，规模以上工业企业营业收入利润率为5.87%，同比降低0.38个百分点。二是工业成本费用增加。2019年1～8月，规模以上工业企业每百元营业收入中的成本费用合计为93.01元，同比增加0.42元。三是企业营运能力减弱。应收票据及应收账款平均回收期为54.5天，同比增加1.4天。四是规模以上工业企业数量减少、亏损企业数量和亏损额增加。2019年8月末，规模以上工业企业共有367678家，较上年同期减少6874家；亏损企业69804家，同比增长5.7%；1～8月，亏损企业亏损额5974.4亿元，同比增长11.6%。

外商及港澳台商投资企业经营状况尤为严重。2019年1～8月，外商及港澳台商投资企业利润同比下降5.8%，虽然降幅较1～7月收窄1.1个百分点，但仍明显快于工业总体水平。企业运营能力方面，8月，外商及港澳台商投资企业产成品存货周转天数由6月的18天增加至18.3天，应收票据及应收账款平均回收期由6月的68.9天增加至70.8天。与其他所有制企业进行横向比较，外商及港澳台商投资企业运营能力明显更弱。8月，外商及港澳台商投资企业产成品存货周转天数分别高于国有及国有控股企业、私营企业和股份制企业4.1天、2.2天和1.1天；应收票据及应收账款平均回收期分别高于国有及国有控股企业、私营企业和股份制企业21.3天、28.1天和20.2天（见表1）。

表1　2019年8月末各类工业企业营运能力状况

单位：天

项目	产成品存货周转天数	应收票据及应收账款平均回收期
工业企业	17.2	54.5
国有及国有控股企业	14.2	49.5
私营企业	16.1	42.7
股份制企业	17.2	50.6
外商及港澳台商投资企业	18.3	70.8

资料来源：国家统计局网站。

（三）工业结构调整继续推进，新动能持续壮大

2019年前三季度虽然工业经济运行呈现放缓态势，但是随着新兴产业的培育壮大和传统产业的升级改造，新动能引领作用不断增强，工业结构持续优化升级。从生产端看，前三季度，装备制造业、高技术制造业和战略性新兴产业增加值同比分别增长6.0%、8.7%和8.4%，增速分别高于全部规模以上工业0.4个、3.1个和2.8个百分点。9月，战略性新兴产业增加值同比增长9.4%，比上月加快3.1个百分点，其中，新一代信息技术产业增长11.6%，新材料产业增长8.0%，分别比上月加快6.6个和3.2个百分点。前三季度，新产品产量呈现高速增长态势。3D打印设备、服务机器人、智能手表、充电桩、平板电脑、城市轨道车辆等新产品产量分别增长157.6%、145.7%、84.5%、74.0%、33.0%、30.8%。从投资角度来看，前三季度，高技术制造业投资增长12.6%，增速高于全部制造业投资10.1个百分点，连续4个月增速加快。其中，医疗仪器设备及仪器仪表制造业投资增长20.9%，电子及通信设备制造业投资增长15.0%，计算机及办公设备制造业投资增长8.3%，医药制造业投资增长7.0%。制造业中转型升级

投资步伐加快，前三季度制造业技术改造投资增长 8.9%，增速高于全部制造业 6.4 个百分点。

图6 高新技术产业和规模以上工业增加值累计增速

资料来源：国家统计局网站。

二 当前中国工业经济存在的突出问题

外需走弱叠加内需不足，制造业投资特别是民间制造业投资不足，工业价格指数连续负增长，是当前工业经济运行中面临的突出问题，应高度重视并积极应对。

（一）内外需走弱，制造业投资处于历史较低值

受贸易形势不确定性增加、企业生产经营活动预期回落以及民企融资难等因素的制约，2019 年前三季度，制造业固定资产投资同比仅增长 2.5%，增速比 2018 年同期降低 6.2 个百分点，呈现出断崖式下跌。前三季度制造业整体投资增速与历史同期相比，处于较低水平：既低于 2018 年前三季度

的8.7%，也低于2017年前三季度的4.2%。从2019年制造业固定资产投资月度数据来看，4~7月制造业投资呈现温和回升态势，增速由4月的2.5%逐月回升至7月的3.3%，但8月和9月制造业投资增速先后下滑至2.6%和2.5%，表明制造业投资持续低迷且回升乏力。

民间资本的参与是制造业投资的"中坚力量"，民营企业投资下滑是拖累全社会制造业投资下滑的主要因素。与采矿业，电力、热力、燃气及水生产和供应业国有企业拥有相对垄断地位不同，制造业中，民间制造业企业投资占全部制造业投资的比重超过85%，民间资本是制造业投资的中坚力量。2019年以来民间制造业投资大幅回落。前三季度，民间制造业投资累计仅增长1.8%（增速比制造业低0.7个百分点），增速较2018年、2019年第一季度和2019年第二季度分别减少8.5个、2个和0.9个百分点。

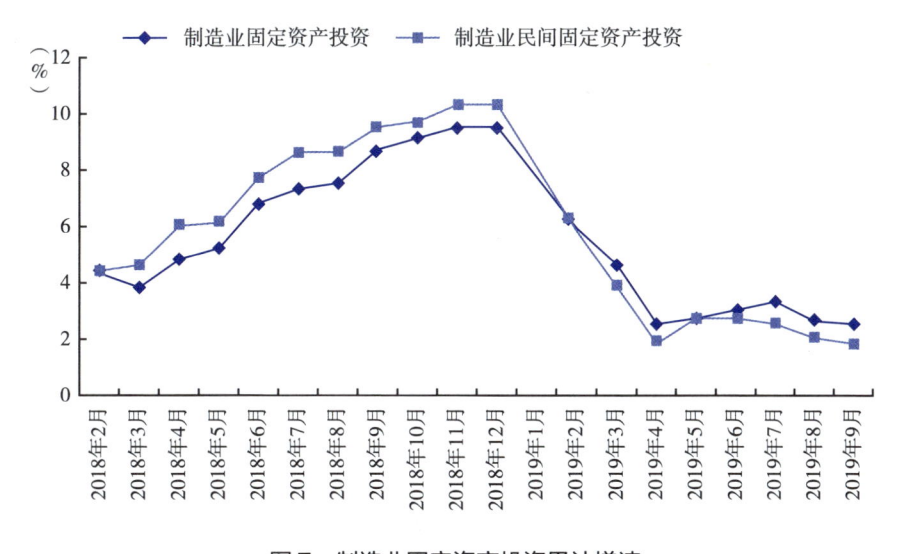

图7　制造业固定资产投资累计增速

资料来源：国家统计局网站。

（二）工业价格指数连续负增长，工业面临阶段性通缩压力

受内外需不振及突发事件导致国际石油价格短期震荡等因素影响，2019

年9月，工业生产者出厂价格指数同比下降1.2%，降幅比上月扩大0.4个百分点，创下2016年7月以来新低。工业生产者出厂价格指数已是自7月以来连续3个月负增长。分结构来看，9月，工业生产者出厂价格指数中，生产资料价格指数同比下降2.0%，降幅比上月扩大0.7个百分点，影响工业生产者出厂价格指数总水平下降约1.52个百分点。生产资料价格指数连续4个月处于负增长，其中，采掘工业价格指数上涨0.6%，原材料工业价格指数下降4.8%，加工工业价格指数下降1.2%。而生活资料价格指数同比上涨1.1%，涨幅比上月扩大0.4个百分点，影响工业生产者出厂价格指数总水平上涨约0.28个百分点。生活资料价格指数的回升主要来自CPI上升的传导，生活资料价格指数中食品项价格指数同比上涨3.3%，较上月回升0.7个百分点。预计2019年第四季度工业生产者出厂价格指数延续负值波动态势，将面临阶段性通缩压力。不过考虑到2019年9月加快了专项债发行和形成有效投资，并落实到交运、能源、生态、民生等领域，投资需求侧对工业生产者出厂价格指数具有一定利好支撑，工业价格指数或将逐步企稳回升。

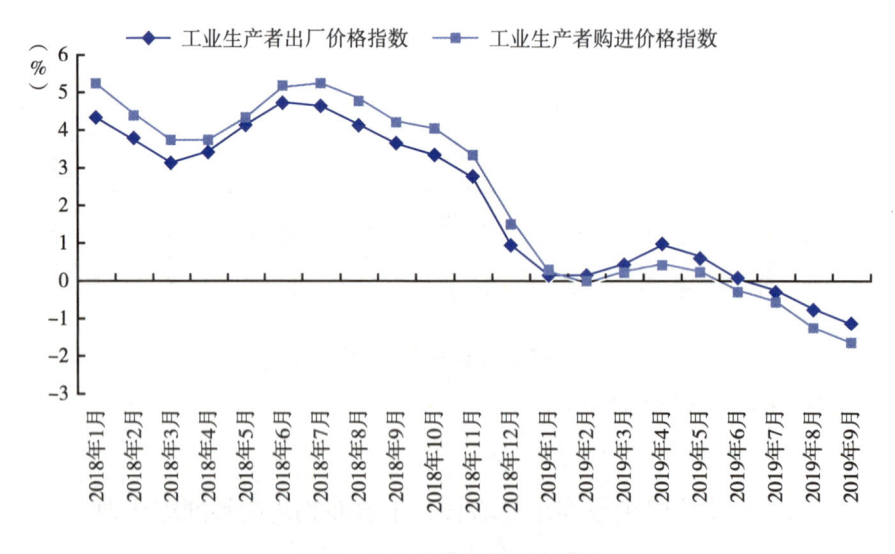

图8 工业价格指数月度增速

资料来源：国家统计局网站。

三 2020年中国工业经济展望

从国内外经济环境看，贸易保护主义与金融市场风险，对全球经济的持续增长构成挑战；国内经济发展虽然总体平稳，但一些深层次问题尚未得到根本解决。2020年，我国工业经济发展形势依然将较为复杂，面临较大的下行压力。

（一）工业经济发展的外部环境分析

从国际环境看，贸易保护主义抬头，各个国家和区域之间的贸易摩擦频发，扰乱了全球产业链的运行秩序，严重影响了全球经济增长的可持续性。此外，金融市场动荡、地缘政治紧张等问题也将影响全球经济增长。世界银行2019年6月4日发布的《全球经济展望》再次下调2019年和2020年全球经济增长预期值，预计2019年和2020年全球经济增速分别为2.6%和2.7%，比世行2019年1月的预测值分别下调0.3个和0.1个百分点。国际货币基金组织（IMF）2019年10月15日发布的《世界经济展望》预测，2019年全球经济预计增长3%，为2008年以来最低水平，该预测也比2019年4月的经济增长预期低0.3个百分点。

全球经济呈现放缓态势，发达国家经济增长前景黯淡。财政刺激政策的影响逐渐消退，叠加贸易摩擦，美国经济增速放缓。2019年第一季度美国实际GDP增速为3.1%，但从投资、消费、出口等数据来看，美国经济难以维持第一季度的增速。事实上，第二季度美国实际GDP增速大幅回落至2.0%，美国经济下行趋势得到确认，预计全年实际GDP增速或维持在2.0%~2.4%。究其原因，一是全球经济增长动能持续放缓，美国经济也很难独善其身。二是特朗普政府减税刺激政策的影响逐渐消退。据美国有关部门测算，此次减税政策对美国经济增速的贡献将不断减小并于2020年转为负。9月美国制造业PMI仅为47.8，连续两个月处于荣枯线以下，为2009年7月以来的最低值。受出口和投资不断走弱的影响，欧元区经济呈现疲软

态势。2019年2月以来欧元区制造业PMI持续位于荣枯线以下，9月制造业PMI更是较8月降低1.3个点降至45.7。外需疲弱，日本经济下行风险加大。2019年日本PMI有7个月处于荣枯线以下，9月为48.9。若在10月31日的最后期限之前英国没有就脱欧达成协议，国际货币基金组织预计英国经济将在三年内下降3%~5%。新兴经济体国家经济增速普遍放缓。受国际和国内市场需求减弱影响，印度经济扩张速度放缓。印度制造业PMI逐步回落，由2月的54.3回落至9月的51.4。受美国制裁等因素影响，俄罗斯经济增长趋缓。9月，俄罗斯制造业PMI为46.3，已连续5个月处于荣枯线以下。由于烟、酒、燃油等产品税率提高在一定程度上抑制了需求，并且主要出口产品价格持续走低，南非经济增长放缓。2019年南非制造业PMI除7月达到52.1外，其余月份均在荣枯线以下。

货币政策转向迎来新一轮宽松时代，降息潮开启，国际金融市场风险不断上升。9月13日，欧洲央行宣布"降息、重启QE、分级利率"三项决定。一是将存款便利利率从-0.4%下调至-0.5%，进一步深化负利率政策。二是从11月1日开始重启QE，每月购债200亿欧元。三是实行分级利率制度，旨在缓解负利率下降息对银行业盈利的不利影响。9月25日，美联储再次宣布联邦目标基金利率区间下调25个基点至1.75%~2.00%。这是美国2019年第二次降息。日本央行继续实行负利率政策，英格兰银行和加拿大央行也都暂停加息步伐，等待局势进一步明朗。与此同时，印度、俄罗斯、印尼、南非、乌克兰、土耳其、阿联酋、沙特和巴西等新兴市场国家央行也都纷纷开启降息大门。事实上，当前全球主要经济体普遍面临经济下行压力、全球贸易形势恶化、地缘政治等不确定性因素叠加冲击。在缺乏特别有效的手段刺激经济增长的背景下，各国央行不得不把目光落在货币政策的调整上。降息这一货币政策，通常能够降低融资成本，为经济注入活力，成为经济增长的动力来源之一。但降息潮也会使国家和企业的负债增加，增加全球债务和金融风险。国际金融协会数据显示，2019年第一季度全球债务规模总额为246万亿美元，与全球GDP的比值升至3.2。

（二）工业经济发展的内部环境分析

从国内来看，2019年不仅延续了2018年下半年以来总需求不足的局面，而且新一轮经济下行的紧缩机制已经加速形成，产生了较为强烈的收缩效应[①]。三大需求表现不尽如人意。2018年前8个月，固定资产投资累计同比增长5.5%，不仅低于上年同期水平，而且低于2018年全年增速。受中美贸易摩擦影响，前8个月我国出口表现不佳，未来出口预计将继续承压。前8个月，以美元计的出口同比下降8.9%，大幅低于2018年全年增速（9.9%）。以人民币计的出口增速为3.6%，这在一定程度上受益于人民币汇率贬值，但仍然低于2018年的同口径增速（7.1%）。消费虽然相对平稳，但也难以支撑总需求的反弹。前8个月社会消费品零售总额同比增长8.2%，低于2018年增速（8.98%）。从先行指标制造业PMI来看，除了3月和4月略高于荣枯线之外，其他5个月的数值均处于荣枯线以下。2019年前9个月，制造业PMI均值为49.7，明显低于2018年全年均值50.9。

但也要看到，国家逆周期调节政策加码，"稳增长"被放到了更为突出的位置，稳金融、稳投资以及稳消费、稳出口等一系列政策密集出台，以应对日益增加的下行压力。财政政策方面，9月30日，财政部发文要求将餐饮、住宿、旅游、教育等服务业增值税加计抵减比例从10%提高到15%，以加大对生活服务业的减税支持力度；10月9日，国务院发文再次调整中央与地方财政收入分配关系，提出要后移消费税征收环节并稳步下划地方，此举无疑会调动中央和地方的积极性。货币政策方面，将在加强逆周期调节的同时保持"定力"，国务院金融稳定发展委员会两次会议均强调要加大宏观经济政策的逆周期调节力度。央行已经通过降准和定向降准来释放流动性，实行"柔性宽松"的政策，其中定向降准于10月15日和11月15日分两次实施到位，每次下调0.5个百分点，以促进降低小微企业融资成本。在深化改革开放方面，10月8日召开的国务院常务会议审议通过《优化营商

---

① 周子勋：《稳增长何以变得如此迫切》，《中国经济时报》2019年10月17日。

环境条例（草案）》，这无疑给广大企业家对未来发展吃下"定心丸"。在扩大内需方面，促消费20条政策逐步落地，政策重点扶持的信息智能消费、农村消费、绿色消费等领域，以及城市旧改、重点建设项目等都有较好增长空间。今后一段时间随着各项稳增长举措系统发力，稳增长的效力逐渐显现，有望使经济增速逐步企稳。

综合来看，2020年我国工业经济发展形势依然较为复杂，仍面临着较大的下行压力，预计规模以上工业增加值增速为5.5%~6.0%的概率较大。

四 政策建议

当前，中国工业经济面临的最大不确定性仍是外部环境的变化。我们既要肯定改革开放40年来中国工业特别是制造业在各领域发展所取得的成就，满怀信心，也要客观看待中国工业特别是制造业目前在全球价值链中所处位置，知耻而后勇。今后一段时间，中国工业经济发展应该充分体现短期应对与中长期改革发展相结合思想，一方面守住速度底线，通过扩大需求，努力实现工业经济平稳较快发展；另一方面继续保持战略定力和战略耐心，深化供给侧结构性改革，全力推动工业经济高质量发展。

有效扩大需求特别是内需，实现工业经济稳定增长。扩大需求特别是内需，是应对当前我国工业经济运行面临的挑战、化解中美贸易摩擦不利影响、实现2020年工业经济稳定增长的有效手段。一是稳定有效投资，加强基础设施薄弱环节建设，提高投资的精准性和有效性。一方面，要在选择投资项目上精选补短板、调结构、惠民生且经济效益明显的重大项目，如交通基础设施、生态环保项目、民生服务、市政和产业园区基础设施等，以最大限度地满足生产、生活需要，推动地方经济社会发展，提高居民生活水平。另一方面，要充分调动社会资本的配资积极性，并提高投资资金的使用效率，将一定的投资资金形成高质量的实物工作量。二是完善促进消费体制机制，让消费者更加"能消费、愿消费、敢消费"。要加快发展服务消费，支持社会力量提供教育、养老、医疗等服务，完善旅游设施和服务，大力发展乡村、休闲、全域旅游，更好满足人民群众多样化的消费需求。要加强消费者权益保护，让群众花钱消费少烦心、多舒心。三是加快完善多元化出口市场机制。努力开拓中东、拉美和非洲市场等新兴市场，逐步减少对美国市场的依赖，进一步分散贸易风险。

落实落细减税降费，让微观主体轻装上阵。按照世界银行的数据，中国企业的综合税率在全球居第12位，而社保税负则更高，居第2位。过高的税负极大压缩了企业盈利空间，企业现金流紧张，更新设备、技术创新、人才优化等关乎企业长期发展的措施便无法实施。一是加速从碎片化、特惠式减税转向普惠式减税与结构性减税并举，探索进一步降低企业所得税、制造业增值税、个人所得税税率，提高企业和居民的获得感。二是合理降低用电、用气等生产要素成本。深入开展电力市场化交易，支持符合条件的企业自建分布式能源，支持新能源发电与用能企业就近就地交易，深化售电侧改革，有效降低企业用电成本。完善天然气价格机制，强化管道运输价格和配气价格监管，鼓励工业大用户自主选择资源方，采取中间供气企业代输的直供模式，降低企业用气成本。创新工业用地供应方式，允许和鼓励各地推行长期租赁、先租后让、租让结合方式供应工业用地，有效降低企业用地成本。深化收费公路制度改革，降低过路过桥费用，稳步扩大高速公路分时段差异化收费试点范围，整治运输环节经营服务性收费，着力解决"乱收费、乱罚款"等问题，降低企业物流成本。三是在加强社保缴费合规性的同时，合理降低企业社会保险负担。通过完善财政支付方式综合统筹平衡省级养老保险金，降低企业职工医疗保险、失业保险、工伤保险费率；阶段性降低企业住房公积金缴存比例，缓解公积金压力。

支持民企融资，稳定制造业投资。全面支持民企融资，不仅仅是为了实现短期内"稳投资"的目标，更应着眼于实现长期"提升企业竞争力"。一是货币政策在总量控制的同时，要保持流动性的合理充裕，为稳定有效投资增长提供条件。二是调整信贷结构，确保对非金融企业及机关团体贷款的比重稳定在60%以上，以真正实现金融服务实体经济的目标。三是以信用体系建设压低银行风险溢价，借助资本市场开放大力发展民营企业直接融资渠

道，鼓励科技创新降低金融服务成本。四是挤出无效、低效投资，促进制造业有效投资增长，激励企业加大研发投入，提升竞争力，促进产业转型升级，以实现劳动生产率的持续快速增长。五是加快建立各类市场主体和各级政府官员"激励与约束相容"的体制机制，确保产权安全，宽容干部在谋求经济发展过程中出现的工作失误，充分调动民营企业、国有企业、外资企业、地方政府的投资和发展积极性。

助推传统产业转型升级，加快新兴产业创新发展。一是推动传统产业在与新动能融合中形成更加适应市场需求的新技术、新业态、新模式，提升产品和服务价值链，焕发新活力。以智慧制造为主攻方向，积极以先进技术、现代制度、文化创意改造提升传统产业，着力拉长产业链、补强创新链、提升价值链，推动传统产业高新化、智能化、标准化、绿色化、证券化、品牌化、国际化，再造传统产业新优势。二是重视顶层设计，有序推进新兴产业政策体系建设。加快形成以企业为主体的产、学、研、用机制，集中突破制约产业进一步发展壮大的核心技术。强调重大发展需求和重大技术创新的有机统一，着力优化战略性新兴产业空间布局，进一步加快新兴产业高水平产业集群发展。加强科技研发与市场需求的紧密结合，加快战略性新兴产业技术和产品的推广应用。三是以产业链为抓手，不断调整优化产业链布局，补强产业链薄弱环节，降低制造业发展对国外技术与中间产品的依赖性。四是坚持融通发展，一方面要促进新兴产业与传统产业的结合，以新兴产业发展带动传统产业发展；另一方面是优化产业组织结构，打造大中小企业分工合作、协同发展的良好局面。

优化营商环境，激发企业活力。面对当前外部不确定、不稳定因素不断增加和国内经济下行压力加大的挑战，优化营商环境成为激发市场主体活力以及实现"六稳"目标的重要抓手。近年来中国营商环境已经取得明显改善，在世界银行发布的《2020年营商环境报告》中，中国排名从上年的第46名上升到第31名。然而，对标国际一流营商环境水平，我国仍然存在一定差距，一些长期困扰市场主体的痛点、难点、堵点问题仍然突出。一是提升投资审批服务效率，深化商事制度改革，推进政务服务"一窗办理、一网通办"，规范政务服务标准，营造更加便利的政务环境。二是进一步放宽市场准入，有效扩大民间投资，持续提升贸易便利化水平，营造更加开放的投资贸易环境。三是全面提升科技创新承载力和竞争力，为创新人才提供更加优质的服务，深化减税和纳税便利化改革，营造更加优越的创新创业环境。四是发挥法制对信用体系建设的引领和推动作用，打造诚信政府，加强项目投资、政府采购、招标投标、社会管理等重点领域政务诚信建设，完善权威高效的知识产权司法保护体系，加强知识产权行政监管和执法保护，营造更加公平的诚信法治环境。

参考文献

[1] 史丹等：《聚力打造中国制造业竞争新优势》，《经济日报》2019年7月10日。
[2] 张航燕、黄群慧：《变中求稳的中国工业经济——2018年回顾与2019年展望》，《北京工业大学学报》（社会科学版）2019年第3期。
[3] 中国社会科学院工业经济研究所工业形势分析课题组：《中国工业经济运行夏季报告（2019）》，中国社会科学出版社，2019。

B.15
中国服务业发展现状、趋势与展望

魏际刚 崔立新*

摘　要： 2019年我国服务业呈现较快增长，现代服务业增势良好。但我国服务业目前还存在如下的问题：生产性服务业发展不足，从质到量与发达国家差距大；服务业国际竞争力有待提高，品牌建设缺乏；服务业质量虽稳中有进，但是投诉比例居高不下；新兴服务业态监管体系亟须构建。我国服务业的发展趋势包括：一二三产业融合，生产性服务业将发挥重要作用；加大对外开放力度，增强"中国服务"品牌影响力；服务创新重要性凸显，包括顾客参与的全员创新是趋势；亟须服务业全面质量管理与监督体系的设计、构建和实施。

关键词： 服务业　服务型制造　服务型农业　服务质量

我国自2012年制造业与服务业产值占比持平后，2015年服务业在国内生产总值中占比首次超过50%，依照国际公认定义，我国已进入服务经济时期。服务业既是协调、集成和整合科技创新、资源配置、社会分工、劳动者素质等决定社会、经济发展的核心要素的黏合剂，又是提供、保障和优化

---

* 魏际刚，国务院发展研究中心产业经济研究部研究室主任，研究员，博士生导师；崔立新，北京理工大学管理与经济学院管理科学与物流系副教授，北京理工大学管理与经济学院质量与可靠性研究中心副主任。

法治环境、文化教育、健康保健、诚信建设等决定社会、经济发展的环境因素的润滑剂。服务业是提高社会效率的催化剂和助推器。

一 我国服务业发展现状

（一）在经济下行压力不断加大的背景下，服务业对经济增长的拉动作用凸显

2018年，服务业增加值占全国GDP的比重为52.2%，连续6年在三次产业中领跑，服务业对经济增长贡献率接近60%[1]，拉动全国GDP增长3.9个百分点。服务业对经济增长的贡献率比制造业高23.6个百分点。

2018年服务业发展的新动能快速成长，发展质量进一步提高，为服务业实现"稳中有进"[2]提供有力支撑。一方面，各类生产性服务业，特别是高新技术服务业持续加快发展。2018年信息传输、软件和信息技术服务业，租赁和商务服务业，交通运输、仓储和邮政业增加值分别比上年增长30.7%、8.9%、8.1%，领先于其他行业的增长，增加值占GDP的比重分别为3.6%、2.7%、4.5%。另一方面，城乡居民消费升级，服务消费市场规模快速扩张，带动各类消费性服务业快速发展。2018年我国城乡居民消费持续保持升级态势，服务消费成为新动能重要来源。据统计，2018年国内旅游人数和旅游收入都增长10%以上；电影总票房突破600亿元，增长近10%；2018年我国信息消费规模约5万亿元，同比增长11%，信息服务消费规模首次超过电脑、手机等信息产品消费规模，成为服务业发展又一重要新兴领域。数据显示，在经济下行压力不断加大的背景下，服务业对经济增长的拉动作用凸显。

---

[1] 《政府工作报告——2018年3月5日在第十三届全国人民代表大会第一次会议上》，中国政府网，2018年3月22日。
[2] 王微：《服务业在国民经济增长中的"稳定器"作用日益显现》，《中国经济时报》2019年1月25日。

（二）服务业呈现较快增长，现代服务业增势良好

2019年前三季度数据显示，第三产业增加值占国内生产总值比重为54.0%，比第二产业高14.2个百分点；第三产业增长对国内生产总值增长的贡献率为60.6%，高于第二产业24.3个百分点；在全部居民最终消费支出中，服务消费占比为50.6%。

2019年前三季度，服务业继续保持较好发展势头。信息传输、软件和信息技术服务业，租赁和商务服务业，交通运输、仓储和邮政业，金融业增加值同比分别增长19.8%、8.0%、7.4%、7.1%，增速分别快于第三产业12.8个、1.0个、0.4个、0.1个百分点。

2019年1~8月，规模以上服务业企业营业收入同比增长9.5%。其中，战略性新兴服务业、高技术服务业和科技服务业营业收入分别增长12.1%、11.9%和11.6%，增速分别快于全部规模以上服务业2.6个、2.4个和2.1个百分点，保持较快增长。

二 我国服务业存在问题

（一）生产性服务业发展不足，从质到量与发达国家差距大

以研发服务为例，2018年我国"科学研究、技术服务和地质勘查业"在国内生产总值中所占比重仅为1.9%[1]，而美国"专业、科学和技术服务业"所占比重为7.6%[2]，显示我国生产性服务业发展的不足。我国被称为"世界工厂"某种意义上表明拥有强大的加工环节，但比较缺失"微笑曲线"两端利润更高的服务环节，如科学研究和技术服务业、软件和

---

[1] 黄志凌：《探寻中国经济结构变化趋势与投资机遇》，《武汉金融》2019年第7期。
[2] Bureau of Economic Analysis, "Gross Domestic Product, Fourth Quarter and Annual 2018 (Initial Estimate)", https://www.bea.gov/system/files/2019-03/gdp4q18_ini_2.pdf, February 28, 2019.

信息技术服务业、品牌策划和营销咨询服务业等发展极为不充分，严重制约制造业升级；制造业产能过剩和服务业供给不足并存。我国缺少对农业、工业、贸易的升级与竞争力提升起到重要作用的、高附加值的、高利润的生产性服务提供商。我国生产性服务业发展不足，从质到量与发达国家差距大，已经制约了国家战略的实施。特别是在当前"智能化+网络化+数字化"理念实施过程中，需要研发服务业、流通服务业、劳动力市场平台服务业、教育培训服务业，以及营销、咨询及品牌服务业的必要支撑。

（二）服务业国际竞争力有待提高，品牌建设缺乏

一是服务业是我国贸易逆差的主要项目。统计显示，2017年，服务贸易逆差达到16177.4亿元，比上年增长0.3%，逆差规模总体持续扩大。电信计算机和信息服务、知识产权使用费和个人文化娱乐等新兴服务进口同比分别增长54.9%、21%和30.6%。[①] 2005~2015年，我国服务贸易TC指数（Trade Competitive Power Index，取值大于0表示处于比较优势，取值小于0表示处于比较劣势，取值越接近于-1表示该产业的竞争力越弱）均为负值，这表明我国服务业整体上一直处于比较劣势。[②] 相对于其他国家，我国服务业发展滞后，附加值小，服务种类、深度不够。服务业供给品种和质量，无法满足国内快速增长、升级的需求，导致需求外溢。

二是我国服务业顾客满意度情况不容乐观。与美国相比，我国快捷酒店顾客满意度分值低8.48，网上购物低5.76，超市低5.08，银行低4.7，快递服务低4.3，加油站低1.21，移动通信低0.43，直接影响到我国服务业的国际竞争力，限制了对外服务贸易发展。[③]

三是服务业缺乏国际知名品牌，影响大国形象。根据研究机构Kantar

[①] 《市场监管总局发布监测结果显示服务业质量稳中有升》，中国政府网，2018年5月31日。
[②] 《服务业补短板：问题成因对与机遇》，中国财经时报网，2016年2月26日。
[③] 《我国首次发布年度重点服务行业质量监测报告》，国家市场监督管理总局官网，2014年5月6日。

2019年6月11日发布的2019年BrandZ全球最具价值品牌百强榜,亚马逊已经超过谷歌和苹果成为世界上最具价值品牌,品牌价值达到3155亿美元,比上年增长了52%。Kantar BrandZ的负责人Doreen Wang认为,亚马逊排名跃升是因为它提供各种各样的服务。技术的便捷性使亚马逊、谷歌和阿里巴巴等品牌能够在多个消费者接触点提供一系列服务。我国上榜的14家企业中有10家服务业企业,包括阿里巴巴、腾讯、中国移动、中国工商银行、中国平安、中国建设银行、百度、京东、滴滴出行、美团。但是与发达国家如美国品牌榜排名前10的企业中服务业企业有8家相比,我国存在很大差距,与大国形象不符。缺乏品牌竞争优势,不仅影响了国内市场份额和企业"走出去",也制约了中国提升服务业发展效益。①

(三)服务业质量虽稳中有进,但是投诉比例居高不下

服务业质量稳中有进,商贸、旅游、金融、物流等现代服务业明显改善,覆盖第一二三产业及社会事业领域的标准体系初步形成,② 较好地支撑了消费升级、产业结构优化和新经济发展。

但服务业质量投诉比例居高不下。根据中国消费者协会2019年1月23日发布的《2018年全年受理投诉统计表》相关数据整理,与服务业质量相关的投诉[第1~10类制造业产品中的售后服务(89074件)加上第11~23类服务业(368274件),以及第24类中的相关服务(12433件)]共469781件,占总投诉的比重高达61.6%。生活社会服务,销售服务,互联网服务,电信服务,文化、娱乐、体育服务居服务类投诉量前五位。2018年消费者投诉的8个热点问题中,7个与服务业质量相关。①预付式消费与金融信贷捆绑,消费者权益受到严重损害。②网购家具纠纷成为维权难点,这属于网购服务业质量问题。③电信服务投诉仍然突出。④旅游

---

① 《国家质检总局:中国服务业质量存三大问题》,《中国对外贸易》2014年第6期。
② 《质量发展纲要(2011~2020年)》,中国质量网,2012年2月15日。

消费暗设陷阱，消费纠纷频出。⑤房屋装饰装修服务投诉仍是热点。⑥家用电子电器类投诉量居高不下，位居商品类投诉第一。这一投诉类别虽然属于商品类，但是消费者反映的主要问题多与服务质量相关，包括售后不及时、不到位，部分厂商服务意识淡薄，对消费者诉求不重视；服务广度和深度不够，厂家缺乏对下属维修网点的有效监管，特别是农村边远地区售后服务缺失；一些售后人员不具备相应的售后服务技术或专业水平，在安装或者维修时，造成了消费者新的损失等服务质量低劣问题。⑦海淘商品鉴定难，成为消协组织和消费者维权的难点和痛点①，这属于跨境网购服务质量问题。

（四）新兴服务业态监管体系亟须构建

随着互联网、物联网（IOT）、信息通信（ICT）、人工智能（AI）等技术的发展，顾客参与服务、顾客与服务组织接触交互的时间、地点、方式、过程都发生了翻天覆地的变化，各种新兴服务业态风起云涌。根据中国互联网络信息中心（CNNIC）发布的第43次《中国互联网络发展状况统计报告》，截至2018年12月，我国网民规模为8.29亿，其中手机网民规模达到8.17亿，网络购物用户规模达到6.10亿，手机网络支付用户规模达到5.83亿。② 现代技术背景、经济背景和社会背景下的新兴服务业态监管问题亟待解决。根据中国消费者协会与国家统计局数据监测，互联网服务投诉量2018年居服务类投诉量的第三位，2017年较2016年增幅达到330.86%。以网络购物为主体的远程购物投诉量在服务类投诉中依然遥遥领先，部分共享单车新兴企业出现押金退还困难，电商平台、以微商为代表的个人网络商家和电视购物中，商品服务、质量不合格问题严重。互联网等新兴行业的快速发展，凸显了市场监管同步创新的必要性，服务业质量标准、监管法律法规制度体系需进一步完善。

---

① 《2018年全国消协组织受理投诉情况分析》，中国网财经网站，2019年1月24日。
② 《第43次〈中国互联网络发展状况统计报告〉（全文）》，中国网信网，2019年2月28日。

三 我国服务业发展趋势与展望

（一）一二三产业融合，生产性服务业将发挥重要作用

一二三产业融合，发展服务型制造，是增强产业竞争力、推动制造业由大变强的必然要求①；发展服务型农业，提高农业现代化水平和生产效率是我国农业未来的发展方向。美国经济学家 Shelp 认为，农业、采掘业和制造业是经济发展的"砖块"，服务业则是把它们黏合起来的"灰泥"。②在工业化后期，制造业结构升级、制造业与生产性服务业融合发展是实现经济转型的重要方向。③ 生产性服务业的发展关乎经济运行效率、经济增长与结构优化，对农业、工业、贸易的升级与竞争力提升起到重要的作用。在我国工业化与信息化融合的进程中，通过新一代信息通信技术的深度应用，产业分工协作不断深化，制造业与服务业不断协同融合，实现了科技创新、资源配置、社会分工、劳动者素质等核心要素的协调、集成和整合，实现了法治环境、文化教育、健康保健、诚信建设等环境因素的有效提供、保障和优化。高质量、高效率的服务业发展，是抢占价值链高端的有效途径。服务型新农业正成为脱贫攻坚、农民增收的重要手段。

（二）加大对外开放力度，增强"中国服务"品牌影响力

对外开放力度不够、参与全球化程度不足将直接造成服务业竞争力缺乏。在 WTO 框架下，日本开放领域覆盖率为 73%，其他发达国家约为 62%，我国仅为 54%，差距明显。④ 随着我国经济发展进入新常态和新一轮

---

① 《三部门关于印发〈发展服务型制造专项行动指南〉的通知》，中华人民共和国工业和信息化部官网，2016 年 7 月 12。
② R. Shelp, "The Role of Service Technology in Development", in Service Industry and Economic Development Transfer: Case Studies in Technology Transfer, NY: Praeger Publishers, 1984.
③ 《服务业补短板：问题成因应对与机遇》，中国财经时报网，2016 年 2 月 26 日。
④ 张猛：《服务业现有开放程度不足，发展潜力巨大》，《中新经纬》2019 年 3 月 27 日。

改革开放的深入推进，以及国际上知名服务品牌商的进入，我国服务业将面临更激烈的竞争，亟待加强供给侧结构性改革，大力发展高技术服务、品牌设计及推广服务、知识产权保护等现代服务业，提升传统服务业专业化、规范化、品牌水平，对标国际先进水平提升质量。

提高品牌意识，提倡工匠精神，打造"中国服务"品牌，围绕"一带一路"倡议，积极"走出去"，增强品牌影响力。鼓励国内企业、科研院所、大专院校、社会团体积极参与服务业质量相关国际和区域性标准、规则的制定，促进我国服务标准、计量、认证认可体系与国际接轨，并起到引领作用。

（三）服务创新重要性凸显，包括顾客参与的全员创新是趋势

目前服务同质化严重，缺乏服务特色和服务创新。从结构视角看，批发零售、交运仓储、住宿餐饮等传统服务业在全部服务业中所占比重仍然较大。代表经济转型未来方向的生产性服务业发展不足，缺乏服务特色和服务创新，具体表现为：一是有利于创新的服务行业的发展不足，如科学研究和技术服务业、软件和信息技术服务业、品牌策划和营销咨询服务业等发展极为不充分，严重制约了国家的自主创新能力；二是服务企业内部缺乏创新意识和体制机制，许多服务企业甚至没有研发部门，造成服务创新不足，供给与需求不匹配。在我国工业化、信息化、城镇化、市场化、国际化进程加快的背景下，新技术、新形势使服务创新重要性凸显。

由于服务的生产与消费的同时性，即顾客的参与性，包括顾客在内的全员创新是未来服务创新的趋势。①提高服务企业基础创新能力。服务业中小企业较多，基础能力薄弱，加上服务业流程工艺创新比较复杂，且没有国外现成的经验可以学习、借鉴，基础创新能力愈加重要。②提高服务人员创新能力，并鼓励顾客参与服务创新。鉴于服务人员在服务供给中的重要作用，应提高服务人员的创新能力。服务业从业人员专业水平和综合素质参差不齐，如餐饮、物流等行业的从业人员的专业水平和综合素质有待提高，而研发设计、互联网服务、教育、医疗等高科技公司的从业人员专业水平和综合

素质较高。各行业从业人员专业水平和综合素质相差较大，增加了服务人员创新能力管理的复杂性、艰巨性。而顾客参与服务创新的过程管理则更加具有挑战性。

（四）亟须服务业全面质量管理与监督体系的设计、构建和实施

全面质量管理理论多应用在制造业。目前我国多数服务企业没有质量管理部门，全员、全过程、全方位的质量管理意识薄弱，缺乏质量计划、质量控制、质量改进、质量攻关、质量比对、质量风险分析、质量成本控制、质量管理小组等相关先进技术手段和现代质量管理理念方法的应用。服务业全面质量管理与监督体系的设计、构建和实施是未来趋势，包括顶层设计、质量标准设计、监督监管3个方面。

顶层设计方面，长期以来，缺乏针对生产效率提升难度较大、速度较慢、发展任务复杂艰巨的服务业及其质量提升的顶层设计和规划，尤其缺乏国家战略层面的服务业发展和质量提升顶层设计。我国企业大而全、小而全的现象严重，大小企业之间的专业化协作水平不足。资源要素仍处于分散割裂的状态。我国现代服务业是以现代科学技术特别是信息技术为支撑，建立在新的商业模式、服务流程和管理理念基础上，融合我国几千年文化资源，促进各个产业专业化协作、融合和创新。我国服务业发展和质量的全面提升需要国家战略层面的宏观顶层设计，需要系统性思维，需要涉及服务业质量提升体制机制创新、方法创新，以及质量标准规范体系的创新等方面的顶层设计。

质量标准设计方面，与制造业的质量管理不同，服务业的质量管理仅有不到40年的历史。由于服务的无形性、差异性、不可储存性、服务与消费的同时性、顾客的参与性等特性，构建服务业质量标准规范体系比制造业复杂得多。特别是互联网等新兴行业的快速发展，更加凸显了服务质量标准规范体系建立的必要性和复杂性。

监督监管方面，我国服务业质量的监督监管目前还处于探索、摸索阶段，法律、法规制定体系极其不完善，特别是新兴服务业质量的监督监管，

由于技术含量高，更为缺乏，已经对互联网+、电商、共享（分享）平台等新经济、新动能的持续发展产生制约影响，凸显了市场监管同步创新的必要性。

四 促进我国服务业科学发展的对策建议

（一）深化理论研究，创新服务业管理理论体系

由于服务业的业态多样性、需求差异性、交付物无形性和不可储存性、生产与消费同时性、质量评价主观性以及监督管理复杂性等特性，如何推动服务业科学发展一直是世界范围内长期难以解决的问题。特别是互联网等新兴行业的快速发展，使我国在服务业管理理论研究方面拥有与世界处于同一起跑线的优势。我们应该抓住这次千载难逢的好时机，加大理论研究支持力度，从根本上、体系上提高服务创新能力、提升服务业国际竞争力，建立科学化的服务业管理理论及监管体系。

一是国家基础研究机构对服务业管理理论基础研究给予政策倾斜，如国家自然科学基金、国家重点研发计划、国家科技重大专项等国家基础科学资助项目应加大对服务业管理基础理论研究的倾斜、支持力度。

二是进行基础服务管理理论，如收益管理、动态定价等基础算法和模型的突破研究。由于服务的易逝性和不可储存性，服务需求与服务供给的矛盾比制造业突出，收益管理和动态定价是国际通用的服务需求调节的有效方法。收益管理模型最早由民航服务部门开发，目前在发达国家已经被广泛应用于酒店、旅游、房屋租赁、电力、通信、电子商务等领域。亚马逊的"动态定价体系"每天会对产品的价格调整250万次[①]，使亚马逊利润提高25%。

三是重视学科交叉融合的服务业发展与管理基础理论研究，特别是与现

---

① 王子威：《利润提升25%：揭秘亚马逊"动态定价体系"》，《零售威观察》2018年11月9日。

代信息技术、社会科学、心理科学等领域前沿理论融合的服务业发展及管理理论研究。

（二）深化专业分工，创新先进制造业与现代服务业、现代农业与现代服务业协同融合模式，构建服务生态体系

打破企业大而全、小而全的格局，不断深化制造业企业专业化分工，增强先进制造业与现代服务业、现代农业与现代服务业协同融合能力，创新协同融合模式，整合资源要素，构建服务生态系统。加快科技研发服务与产业链协同融合发展，深化产业链和相关金融服务的产融合作，鼓励开展服务外包和业务协作，大力发展品牌设计、形象策划、管理咨询等服务企业。服务生态系统由各个企业组成的产业链、供应链、价值链和服务链组成。融入系统中的每个企业，与其他企业合作共赢、相互成长、相互赋能，彼此融合交叉并相互渗透，最终形成满足顾客个性化需求的服务生态体系。

参考文献

[1] 《李克强：2018年国务院政府工作报告》，http：//www.gov.cn/zhuanti/2018lh/2018zfgzbg/zfgzbg.htm，2019年3月5日。

[2] 魏际刚：《生产性服务业发展呈现十大趋势》，《中国经济时报》2018年7月24日。

[3] 崔立新：《人与技术融合模式对顾客沉浸体验的影响机制》，《信息与管理研究》2019年第4期。

[4] Shelp R.，"The Role of Service Technology in Development"，in Service Industry and Economic Development：Case studies in Technology Transfer，NY：Praeger Publishers，1984.

[5] "Gross Domestic Product by Industry：Fourth Quarter and Annual 2018"，https：//www.bea.gov/system/files/2019 - 04/gdpind418_0.pdf.

[6] 黄志凌：《探寻中国经济结构变化趋势与投资机遇》，《武汉金融》2019年第7期。

[7] 中国互联网络信息中心：《中国互联网络发展状况统计报告》，http：//www.cac.gov.cn/ 2019 - 08/30/c_1124938750.htm，2019年8月30日。

投资、消费与对外贸易篇

Investment, Consumption and Foreign Trade

B.16 当前投资形势分析与展望

张长春*

摘 要： 2019年前三季度，受内外部市场环境变化影响，全国投资同比增长5.4%，为多年来同期最低增速，但有利于转型升级的高技术产业投资快速增长，房地产开发投资较快增长，投融资体制改革不断深化。第四季度，因民间投资增长受市场预期影响明显，国企投资和政府投资增长受杠杆率约束，房地产开发投资调控空间小，投资仍有下行压力。应采取优化投资环境、鼓励社会资本投向民生领域、盘活政府存量资产、提高小微投资的融资可得性、引导利率下行等措施，稳定投资运行，促进稳就业、稳增长。

关键词： 民间投资 制造业投资 投资环境

---

* 张长春，中国宏观经济研究院投资研究所研究员，主要研究方向为投资政策、经济增长。

一 2019年前三季度投资在低位下降通道运行

(一) 投资增速不断下降至经济增速以下

2019年1~9月,全国投资同比增长5.4%,低于2018年全年增速0.5个百分点,为多年来同期最低增速。前三季度投资累计增速分别为6.3%、5.8%、5.4%,累计增速不断下降,表明时间越靠后投资季度增速的下降幅度比累计增速下降的幅度更大。从投资增速与经济增速季度数据看,自2018年1~6月开始投资增速低于同期经济增速,2019年1~9月投资增速比经济增速低0.8个百分点(见图1)。

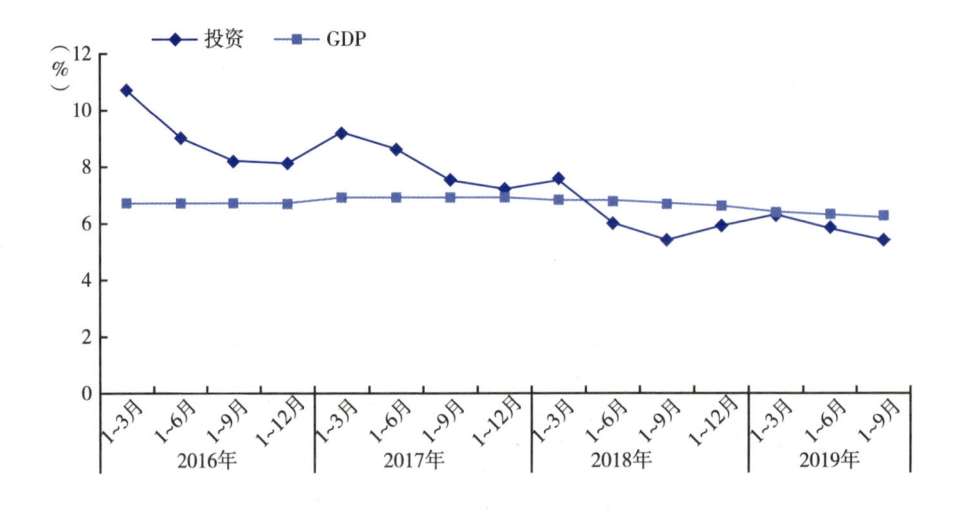

图1 经济累计增速与投资累计增速

投资增速在较低的水平上继续下行,有环保趋严、融资受限、土地供给、劳动成本等方面的原因,但主要还是受内外部市场环境变化影响,市场预期偏向悲观,投资者等待观望气氛较浓。这种情形在市场化程度较高的民间投资、制造业投资中表现得尤其明显。

（二）市场化程度较高的民间投资、制造业投资增速下降

2019年1~9月，民间投资累计增长4.7%，前三季度累计增速分别为6.4%、5.7%、4.7%，呈不断下降趋势（见图2）。第一季度民间投资增速略高于全国投资增速，到第三季度时已低于全国投资增速0.7个百分点。民间投资占全国投资比重自2015年1~6月达到有统计数据以来的高点65.1%后，呈总体下降趋势，2019年1~9月该比重已降至57.4%。

2019年1~9月，制造业投资增长2.5%，前三季度累计增速分别为4.6%、3.0%、2.5%（见图2），低位继续下行，与全国投资增速的差距不断拉大。经济正常运行年份，制造业投资占全国投资比重一般保持在1/3左右，2017年降至30.7%，目前已降至30%以下。

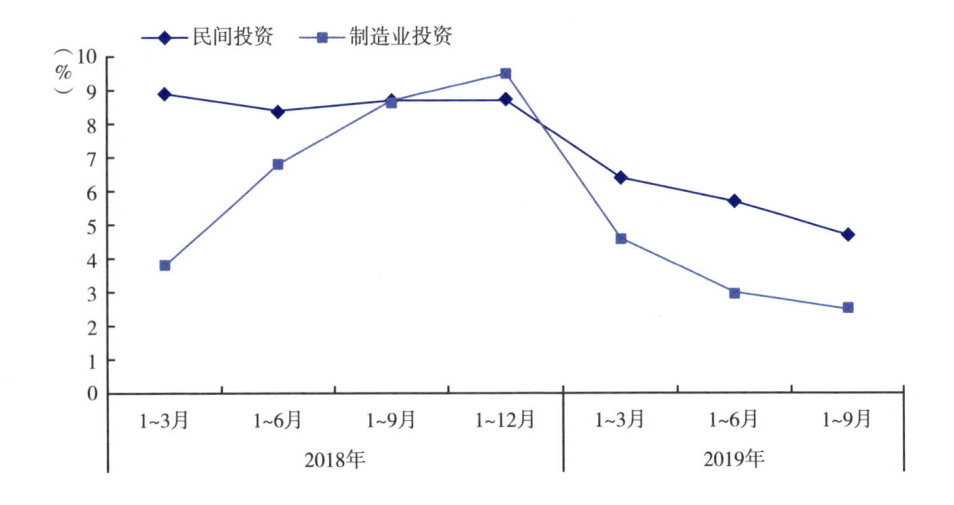

图2 民间投资、制造业投资累计增速

经过多年来的投融资体制改革，投资领域的市场化程度不断提高。从投资主体看，民间投资激励和约束机制相对健全，对市场变化的感知最为敏锐。从投资领域看，制造业领域主要是民间投资和外资，市场竞争充分，制造业投资变动受市场需求变化影响最为明显。近年来民间投资、制造业投资增速持续下行，既受国内需求不振影响，更与贸易摩擦所带来的市场需求增

长前景的不确定性增加有关。受市场因素影响，民间投资、制造业投资增速下降，也体现在投资的地区分布上，2019年1~9月，市场化水平、出口占比较高的东部地区投资增长4%，显著低于中部地区的投资增速9.1%。

（三）具有逆周期调节功能的国有控股投资、公共基础设施投资逐渐回升

2019年1~9月，国有控股投资增长7.3%，显著高于民间投资增速，也高于全国投资增速和经济增速，体现了经济下行期政府投资和部分国企投资的逆周期调节功能。2016~2018年，国有控股投资增速分别为18.7%、10.1%、1.9%，表明在去杠杆、防风险政策背景下地方政府、国有企业投资趋于谨慎。2018年底以来，国家出台了一系列保民生、补短板以及促进形成强大国内市场的政策措施，投资管理部门加快中央预算内投资计划下达，积极向金融机构提供补短板项目清单，调整重大项目资本金政策，一系列稳投资措施推动国有控股投资增速从近年来的低位逐渐回升至高于全国投资增速的水平。

2019年1~9月，交通运输仓储投资从2018年的3.9%逐渐回升至4.7%。交通运输行业主要依靠国企、政府投资，在竞争性领域投资下行压力较大情况下，国家启动了一批有利于长远发展的重大交通运输工程，推动交通运输业投资增速回升。1~9月，公共设施投资增长0.9%。2018年第二季度开始，随着地方政府土地出让收入明显下降和严控地方政府债务，公共设施投资资金来源受限，加之城镇建设中拆迁成本上涨，拆迁困难增大，公共设施投资增速从此前的两位数大幅下降到零左右。

（四）在持续的调控压力下房地产开发投资保持较快增长

2019年1~9月，房地产开发投资增长10.5%，略高于上年同期9.9%的水平。其中住宅投资增长14.9%，房屋新开工面积增长8.6%，高于全国投资增速。自2015年房地产开发投资增速降至多年来的低位1%以后，2016年、2017年、2018年先后回升至6.1%、7%、9.5%，2019年1~9月

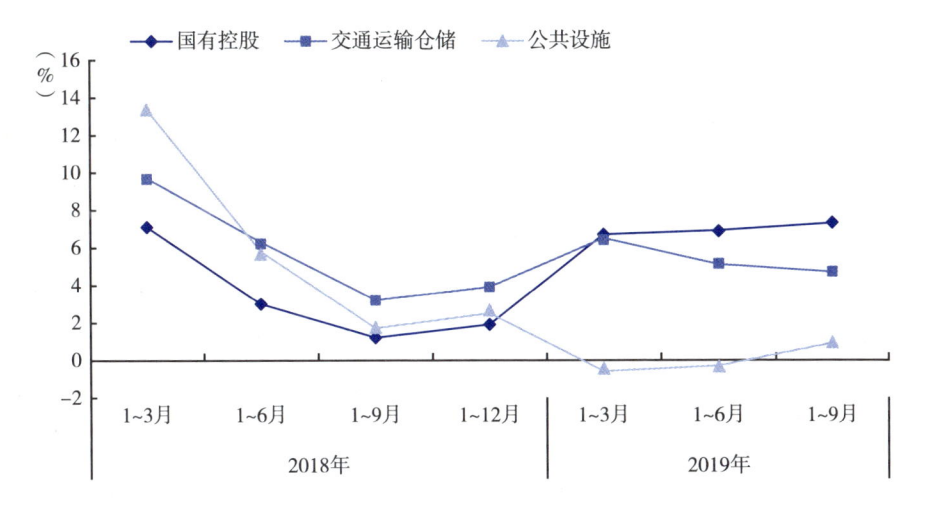

图3 国有控股投资、交通运输仓储投资、公共设施投资累计增速

继续保持了回升势头。

近年来房地产市场限购、限贷、限售等需求端政策持续保持调控力度，但供需关系仍推动部分城市商品房价格温和上涨，这使得2017年、2018年土地购置面积分别增长了15.8%、14.2%，房屋新开工面积分别增长了7%、17.2%。前两年购置的土地有相当部分在2019年开工建设或完成投资，带来2019年前三季度房地产开发投资较高的增长速度。

（五）有利于转型升级的高技术产业投资快速增长

在全国投资增长下行压力较大的情况下，高技术产业投资保持了远高于制造业投资、全国投资的增速。2019年1~9月，高技术制造业投资同比增长12.6%，比上半年的增速10.4%有所加快。高技术服务业投资同比增长13.8%，与上半年增速13.5%基本持平，比全国投资增速快8.4个百分点。高新技术产品市场需求、利润增长较快，吸引企业主动进入；9月规模以上工业中高技术产业增加值增长11%，战略性新兴产业增加值增长超过9%。传统产品过剩，市场竞争日趋激烈，企业为了在竞争中处于优势地位，不得不进入高技术产业领域寻求发展。同时，各级政府鼓励企业转型升级，激励企业投向高技术产业领域。市场和政府力量共同推动高技术产业投资快速增长。

（六）围绕优化供给推进投融资体制改革

近年来，国家更重视通过建立完善新型投融资体制、发挥投资在优化供给结构中的关键性作用来稳投资，通过改革优化投资环境、稳定投资运行、改善投资结构、提高投资效益，激发社会投资活力，推动经济高质量发展。2019年2月12日，国家发展改革委等15部门发出通知，就全国投资项目在线审批监管平台审批管理事项、统一名称和申请材料清单进行规范，深化投资领域的"放管服"改革。3月15日，国家发展改革委、住房和城乡建设部就推进全过程工程咨询服务发展出台指导意见，提升投资科学决策水平，完善工程建设组织模式，提高投资效益、工程建设质量和运营效率。4月14日，国务院颁布《政府投资条例》，以法规形式规范政府投资全过程，提升政府投资管理的制度化法治化水平，提高政府投资效益。5月6日，《国家发展改革委关于做好〈政府投资条例〉贯彻实施工作的通知》发布，就加强条例培训和普法宣传、全面清理不符合条例的现行制度规定、加快条例配套制度建设、做好投融资体制改革相关工作进行规定，推动条例落地见效。此外，国家发展改革委还就中央预算内投资专项管理、重大建设项目领域基层政务公开、取消贫困地区公益性建设项目县级和西部连片特困地市级配套资金等政策进行优化调整。财政部、住建部等部门也在各自领域发布了一系列与深化投融资体制改革相关的政策文件，推动完善新型投融资体制。

二 后期投资增长取决于外部市场变化和宏观政策力度

（一）民间投资增长受市场预期影响明显

民间资本决策激励与约束机制相对健全，只要相关制度环境不发生大的变化，民间资本内在的趋利动机会驱使其紧随市场而行动。如果预期未来市场向好，民间投资就会增长，而如果市场预期趋于悲观，民间投资增长还可能趋缓。当前，受外部贸易摩擦、内部转型升级困难等多种复杂因素影响，总需求增长持续面临下行压力，包括民间资本在内的社会资本对需求增长、盈利前景、市场风险等方面的预期偏向悲观；偏悲观预期下社会资本等待、观望情绪较浓，对劳务、设备、工器具等的需求增长放缓，进一步导致总需求下行。这种市场状况会不断印证、强化民间资本偏悲观的市场预期，总需求增长下行、市场预期不好、民间投资增速趋缓之间形成循环。总体上看，导致市场预期偏悲观的因素短期内难有根本性好转，加之与投资相关的土地、环保、融资、基层干事创业积极性等方面存在一些困难或问题，短期内民间投资重现较快增长的可能性较小。

（二）国企投资和政府投资增长受杠杆率约束

主业处于充分竞争领域的商业类国企的投资行为与民企相近，主要受市场需求变化和市场预期影响。国企资产负债率一直较高，经前期去杠杆后有所下降，但在市场需求增长放缓环境下，多数国企销售增速下降，利润率下调，加杠杆空间有限且面临较大财务风险，投资决策趋于谨慎。

经济受外部冲击导致企业观望气氛较浓时，政府可以发挥逆周期调节的职能，扩大政府投资是重要的政策选项。但是，当前经济运行并非一般意义上的周期性波动，外部因素对宏观经济运行的负面影响很可能短期内难以消除，市场在周期低谷运行的时间和从低谷回升的节奏很难判断。这种情况下，动用债务融资手段扩大政府投资、稳定经济运行就应小心谨慎。如果外部市场增长放缓的状况持续较长时间，通过提高赤字率来扩大政府投资只能使经济暂时回到潜在增长率水平，而后经济增速很可能会再次调头向下，财政收入增速也会经历脉冲性上升后重回下降趋势，前期提高的赤字率很难降下来，导致财政金融风险上升。不同于1998年和2008年所遇到的经济周期性紧缩情形，在当前非经济因素增大市场不确定性情况下，出台包括扩大政府投资在内的扩内需政策宜慎之又慎。

（三）房地产开发投资调控空间小

2019年1~9月，房地产企业土地购置面积大幅下降（-20.2%）。按照房企拿地后半年左右动工、三年左右完工的开发周期判断，2017~2018年较高的土地购置面积增速带来了2019年前三季度房地产开发投资的较快增长，2019年前三季度土地购置面积的大幅下降必然导致后续新开工项目和新增投资的显著下降。

一线城市房价收入比处于高位，住房空置率不低，通过刺激住房消费扩大房地产开发投资已无太多现实条件。房地产发展要与百姓的房价承受能力、国家城镇化节奏、地方政府财政收入、资产市场风险等综合考虑，即使部分一线城市还有一定的房地产发展空间，各地也应在稳住房价的前提下谨慎出台相关政策。在部分一线城市住房价格高企的情况下，控制房地产市场风险、促进实现住有所居的可行办法是在较长时期内坚决稳住房价，同时持续增加居民收入，通过"房价等收入"使房价收入比回到适宜水平，这是今后房地产市场发展应该坚持的基本思路，也决定了房地产不宜再作为稳定宏观经济的主要政策手段。

（四）后期投资仍面临下行压力

主要投资于制造业等竞争性领域的民间投资和部分商业类国企投资受市场下行影响，快速回到前两年较快增长水平的可能性较小。主要投资于交通运输、公共设施、社会事业等公共领域的国企投资和政府投资，受企业杠杆率和财政金融风险约束，也很难快速增长。房地产已成为社会风险和财政金融风险比较集中的领域，推动经济快速增长的历史使命已接近完成。

综合来看，短期内制约主要投资领域和相关投资主体投资增长的外部市场环境难有根本好转，内部结构性矛盾和体制机制障碍难以彻底改变，近期内投资增速快速回升的可能性小。中长期看，投资增速围绕经济增速水平上下波动将是大概率事件。如果第四季度不出台新的较大力度的稳投资政策，2019年全年投资的名义增速会略低于经济增速。而如果外部市场进一步偏向悲观，内部已出台的稳投资政策执行不到位，投资增速仍有可能继续下行。

三 综合施策稳投资

（一）着眼长期竞争，不断优化投资环境

创造更有吸引力的投资环境不仅可以稳定和增强外资、民资的市场信心，解决当前稳投资之急需，建立保护产权、公平竞争的制度政策环境也是全面深化改革的重点任务，是推动经济长期高质量发展的内在要求。要针对制约社会投资活力的突出问题，按照见效快慢，近期和中远期各有侧重，推动投资软硬环境不断完善。

近期重点解决对接国际经贸规则、增强政策透明度、严惩违法失信等市场最关切、短期能见效的问题。第一，加强同国际经贸规则对接。国际经贸中的大部分规则有利于优化资源配置，是现代开放市场经济体系的重要组成部分，打开国门搞建设，需要适应这些国际经贸规则，并利用这些规则参与国际竞争。第二，不断提高政策制定过程的透明度，政策制定中注重听取相关利益方意见，政策变动留给市场必要的调整时间，缩小政策的自由解释权。这些改革应抓住现在经济下行压力较大、各方面较易统一认识的时机，积极推进，增强政策公信力和有效性。第三，继续在降低企业负担上下功夫。减税降费取得了明显效果，但降低用地、融资等方面的成本还有空间。第四，重点打击制假贩假、非法集资、网络欺诈、逃废债务、违法排污等违法失信行为，显著提高违法失信成本，发挥法律的威慑作用，净化市场环境。第五，近年来各地在"放管服"改革上形成了许多卓有成效的做法和经验，一些能明显降低制度性交易成本的改革成果应抓紧在全国复制推广，促进形成全国相对统一的制度规则，增强企业在不同地区办事的便捷性和可预期性。改善上述投资环境不需要大规模资金投入，而是取决于政府自身努力，只要下决心就能够很快见成效，既有利于稳定当前投资，也有利于在参

与全球竞争中占据主动地位，要抓紧抓好。

解决上述问题的同时，在完善基础设施、健全市场体系、加强产权保护等方面久久为功。经过长期不懈投入，我国基础设施整体水平大幅提高，已成为抵御外部冲击、推动高质量发展的一大优势，但基础设施领域发展不平衡问题仍较突出，西部地区、沿边地区、农村的基础设施还很不完善，需要保持必要的投入力度，改善企业生产经营的外部条件，降低企业外部成本。以推进要素市场化配置为重点深化农地、国资、金融等领域改革，形成统一开放、竞争有序的市场体系，有效发挥市场竞争机制的择优汰劣功能，增强对技术和资金密集型投资的吸引力。完善产权保护行政管理体制，坚持公平、效率、平等、平衡原则健全国有产权、集体产权、私有产权和知识产权等产权保护的法律体系和体制机制，发挥产权激励功能。这些软硬投资环境决定经济发展质量，关系国家长期竞争力，需要不断改善和优化。

（二）回应民生期盼，释放社会投资活力

应对外部环境的不确定性，需要在控制政府和国企杠杆率的前提下，发挥有限政府投资的最大引导效力。这要求政府投资更多投向有市场需求、有稳定财务收益、社会投资有意愿进入的领域。教育、医疗、养老等民生领域供需矛盾长期尖锐，是普通家庭长期关注的热点，只要有优质供给，相当部分家庭就有支付意愿，也有一定支付能力。放松准入，创新投融资机制，用少量政府投资引导社会投资进入这些民生领域，既能稳投资、稳就业、稳增长，也能优化供给结构，提高供给质量，还能积累人力资本，改善潜在增长率。

近年来教育服务供给快速增长，但仍存在入园困难、优质中小学资源稀缺、农村教育整体薄弱、城镇优质教育拥挤等问题，教育资源特别是优质教育资源供给总量不足是主要原因。我国人口占全球的1/6左右，而医疗资源仅占全球的2%左右；每千人病床数远低于德国、法国、日本、韩国。随着生育政策放开和人口老龄化，未来教育、医疗等民生领域的供需矛盾会更加突出。放松制度政策限制，鼓励引导社会资本加大教育和医疗投入。

我国未来将有 90% 以上的老年人居家养老，住宅适老化改造是一项惠民利民的大工程。目前城镇住房中超过 75% 的为 6 层或 6 层以下建筑，如果对其中 4~6 层的多层住宅小区加装电梯，投资金额将超过 2 万亿元。可通过业主出资为主、政府补贴为辅的方式筹集资金。业主可用住房维修基金、住房公积金出资，政府补贴部分由中央和地方分担。北京、广州等城市试行的老旧住宅加装电梯，效果很好。英国、瑞士、芬兰等欧洲国家的公共财政对旧楼适老化改造的支持，也取得了不错的政策效果。从经验看，如果在适老化改造中对有条件的部分老楼适当扩建，增加住房面积，则可大大改善老楼居民的住房条件，增强适老化改造对低层住户的吸引力。

（三）盘活存量资产，提高政府投资资产的流动性

按照不求所有、合规使用原则，处置一批政府拥有的楼堂馆所，出让所得资金投入民生领域。创新使用基础设施 REITS 工具，把政府投资与资本市场有效结合起来。把政府新增投资与存量资产 ABS 结合起来，增强政府资产的流动性，降低政府投资项目的财务风险。注入优质资产，做强政府投融资平台。继续优化政府资金使用方式，规范运用政府出资投资基金，提高政府出资投资基金管理效率，增强融资能力，分散政府投资项目的财务风险。通过盘活存量资产和提高资产流动性，增强地方政府融资能力，防范政府债务风险。

（四）改善小微融资，提高小微投资的融资可得性

小微投资对恢复经济景气有独特作用。基层政府与民间资本合作的公共工程以及民间资本投资的小项目，尽管单个项目投资额不大，但点多面广，建设期能解决基层弱势人群的就业、收入等实际困难，建成后与基层群众的生产生活息息相关，能直接惠及百姓。这部分受益人群恰恰是经济下行中最无力抵御就业、收入下降冲击的群体，也常常是经济下行中最先受到影响、受到影响最大的群体。应对经济下行时，注意补齐基层民生设施短板，既有利于稳投资、促增长，还能照顾到最需要关切的那部分群体。

小微投资者面临的融资困难主要不是融资成本，而是融资的可得性。借贷成本再低，借不到款也没法解决问题。通过政策性、行政性措施要求国有大行发放一定数量的中小企业贷款，能一次性缓解极少数中小投资者的融资难题。此类政策执行过程中，大银行更多的是被动地完成考核要求，并非基于自身风险收益权衡的市场行为，这种行政性做法不经济，扭曲资金价格和资源配置，数量非常有限，仅为权宜之计。如果强令大银行大规模发放中小微企业贷款，必然导致银行成本高、坏账率高，增加银行体系风险，不可持续。

针对不同生命周期、行业领域、资产类别、信息约束条件的小微投资者的差别化融资需求，完善融资结构，特别是发展特色中小金融机构和推动融资工具多样化，是建立完善小微融资长效机制的重要内容。放宽利率浮动幅度，增强金融机构对小微信贷的风险定价能力，可以激发城商行、农商行从事小微信贷的积极性和主动性。充分利用互联网经济蓬勃发展优势，推广大数据和人工智能等科技应用，可以缓解小微融资中的信息不对称问题。使用定向调节工具为中小金融机构提供短中期流动性支持，完善差别化监管政策，可以降低相关金融机构的流动性与负债管理成本，增强其扩大小微融资的积极性。

（五）引导利率下行，降低融资成本

保持生态环保、水利交通以及城镇化、乡村振兴、城市更新等领域的必要投资力度，需要政府直接投入或政府引导社会投资。为企业研发提供创新公共平台和创新公共基础设施，需要政府投入。上马一批补短板、强弱项、扩潜力的重大项目，应对短期投资增速下行，拓展长期发展空间，也需要政府投资。推动实施国家战略、增强科技创新能力、提升长期发展潜力都需要政府投资发挥作用，在地方政府负债率较高、财政收支压力较大情况下，降低包括政府在内的各类投资主体的投融资成本就十分重要。

企业用工成本主要由劳动供需关系决定，总体上我国劳动力价格并不高，在劳动年龄人口已出现净减少的情况下，降低劳动成本已无太大空间。

要坚持在经济增长的同时实现居民收入同步增长，在劳动生产率提高的同时实现劳动报酬同步提高，因此也不宜降低劳动力价格。土地成本实质上是地方政府财政收入和保障民生支出的重要资金来源，在地方财政明显减收的情况下，土地成本有下降空间但有限。能源、原材料、物流成本更多取决于市场供需关系。在主要经济体步入利率下降通道的环境下，引导利率下行，既能降低地方政府债务融资成本，减轻付息负担，为地方政府适度增加债务融资创造条件，也可降低企业融资成本，减缓市场需求不振情况下的投资收益下降速度，稳定企业投资。

B.17
2019年消费形势分析及2020年展望

邹蕴涵*

摘　要： 2019年，我国经济调控保持战略定力，经济延续总体平稳、稳中趋缓的发展态势，国内消费充分发挥了经济稳定器作用。消费市场呈现居民消费整体平稳、城乡消费走势分化等基本特征，也暴露出就业和收入承压对消费的影响逐步显现，周期性、政策性因素扰动消费市场等问题。展望2020年，我国经济总体保持平稳运行，消费市场平稳运行具备扎实基础。就业和收入形势总体稳定，社保改革持续深化，信息技术推动变革等一系列因素将有力支撑深挖消费潜力。综合判断，消费需求有望继续保持平稳增长态势。

关键词： 居民消费支出　服务消费　供给创新

一　2019年消费市场运行的主要特征

2019年，在全球经济增长疲软、外部环境不确定性增多的情况下，我国经济调控保持战略定力，经济延续总体平稳、稳中趋缓的发展态势。国内消费充分发挥了经济稳定器作用，前三季度最终消费支出对经济增长的贡献率为60.5%，拉动经济增长3.8个百分点，仍是经济增长的重要动力。

---

* 邹蕴涵，国家信息中心经济预测部副研究员，主要研究方向为宏观经济、消费、能源经济等。

（一）居民消费整体平稳，城乡消费走势分化

居民消费整体平稳。2019年以来，受多种因素影响，我国居民消费波动性增强，但整体增长态势依然平稳。从入户调查数据看，前三季度全国居民人均消费支出实际增长5.7%，较上年同期回落0.6个百分点。其中，三季度当季消费增速较快，扭转了之前累计增速下滑的态势。值得注意的是，社会消费品零售总额增长态势明显放缓，增速较上年同期出现明显回落，从一定程度上反映出商品消费持续走弱的现象。

城乡消费走势分化。2019年以来，我国城镇居民消费情况低位企稳，甚至较上年同期略有改善，但农村居民消费增速放缓较为明显，呈现分化态势。前三季度，我国城镇居民人均消费支出实际增长4.7%，较上年同期提高0.4个百分点；农村居民人均消费支出实际增速为6.7%，高于城镇居民同期增速2个百分点，但较上年同期回落3.1个百分点，出现放缓态势。

表1 我国居民人均消费支出及实际增速

单位：元，%

项目	全国居民人均消费支出	全国居民人均消费支出增速	城镇居民人均消费支出	城镇居民人均消费支出增速	农村居民人均消费支出	农村居民人均消费支出增速
2017年前三季度	13162	5.9	17846	4.5	7623	7.4
2018年前三季度	14281	6.3	19014	4.3	9538	9.8
2019年前三季度	15464	5.7	20379	4.7	9353	6.7

资料来源：国家统计局《全国城乡一体化住户收支与生活状况调查》。

（二）穿着消费明显走弱，服务消费增势良好

穿着消费明显走弱。从基本生活消费看，前三季度，我国居民"吃类"消费总体保持了平稳态势，人均食品烟酒消费支出增长6.1%，较上年同期提高0.5个百分点，主要原因还是猪肉消费支出增加。结合社会消费品零售总额数据来看，相对于食品消费来说，烟酒类消费增速放缓更明显。与此同

时，居民"穿类"消费增速放缓态势明显，人均衣着消费支出仅增长3.8%，列八大类消费增速第七位，较上年同期明显回落0.4个百分点。一方面，环保压力导致纺织印染等行业成本较快上涨，服装行业价格在2019年初涨幅高达50%，之后维持高位运行，影响消费意愿；另一方面，经济下行期居民消费趋于谨慎，与吃类"必需"消费相比，更易缩减衣着等"可选"消费。值得注意的是，城镇居民人均衣着支出增速已经降至1.8%，成为下拉总衣着消费的主要力量。

服务消费增势良好。前三季度，居民消费支出中服务消费占比为50.6%，比上年同期提高0.7个百分点，消费结构不断优化升级，旅游、文化娱乐等领域呈现蓬勃发展势头。前三季度，全国居民人均教育文化娱乐支出增长13.5%，较上年同期提高7.7个百分点，增速列八大类支出的首位。其中，城镇和农村居民人均教育文化娱乐支出分别增长12.3%和14.8%，增幅分别提高8.7个和4.4个百分点。在商品消费增速放缓的情况下，服务消费总体呈现蓬勃发展势头，成为拉动我国消费市场的新动力。

表2　我国居民八大类消费支出增速

单位：%

项目	食品烟酒	衣着	居住	生活用品服务	交通通信	教育文化娱乐	医疗保健	其他用品服务
2017年前三季度	5.0	2.6	9.0	7.9	7.5	8.9	13.2	12.2
2018年前三季度	5.6	4.2	12.2	9.4	7.6	5.8	17.4	7.1
2019年前三季度	6.1	3.8	10.3	3.2	7.6	13.5	10.9	11.1

资料来源：国家统计局《全国城乡一体化住户收支与生活状况调查》。

（三）网购消费略有放缓，信息消费出现波动

网购消费略有放缓。2019年以来，网上消费，特别是实物网上消费增速出现一定放缓。前三季度，全国网上零售额增长16.8%，较上年同期回

落 10.2 个百分点。其中，实物商品网上零售额增长 20.5%，较上年同期回落 7.2 个百分点。在实物商品网上零售额中，吃、穿和用类商品分别增长 28.9%、18.6% 和 20.3%，较上年同期分别回落 14.9 个、4.7 个和 7.4 个百分点。实物商品网上零售额已经占到社会消费品零售总额的 19.5%，较上年同期提高 2 个百分点。

信息消费出现波动。2019 年一、二季度，以通信器材为代表的信息消费增势良好，但二季度末开始，增速逐步下滑。前三季度，限额以上通信器材消费增长 6.4%，增幅同比下降了 4.3 个百分点，其中，7 月当月增速降至 1.0%，较上年同期回落 8.6 个百分点，较 6 月当月增速环比回落 4.9 个百分点。

（四）汽车消费持续低迷，住房相关消费与市场同步偏冷

汽车消费持续低迷。2019 年以来，我国汽车产销持续低位运行，特别是市场消费乏力，销售整体下降趋势没有得到有效缓解。从汽车销售情况看，根据中汽协统计，前三季度，汽车销售下降 10.3%，上年同期增速为 1.5%。其中，乘用车销量下跌 11.7%，较上年同期回落 12.3 个百分点；商用车销量下跌 3.4%，较上年同期回落 9.7 个百分点。新能源汽车销售也连续 3 个月下降，前三季度销量仅增长 20.8%。从汽车消费情况看，前 9 个月限额以上汽车消费下跌 0.7%，较上年同期回落 0.9 个百分点。其中，5 月和 6 月当月实现正增长，这主要得益于经销商降价促销。

住房相关消费与市场同步偏冷。2019 年以来，坚持"房住不炒"、坚持不把房地产作为短期刺激经济的手段促进了我国房地产市场平稳运行，全国商品房销售面积和销售额增长情况均保持低位运行。前三季度，全国商品房销售面积下跌 0.1%，全国商品房销售额增长 7.1%，较上年同期分别回落 3 个和 6.2 个百分点，对与购房相关的居民支出的带动作用明显趋弱。受此影响，规模以上单位的家具零售额以及建筑装潢材料类零售额仅分别增长 5.9% 和 3.6%，增速较上年同期均回落 4.2 个百分点。

二 2019年消费市场运行的主要问题

当前,就业和收入承压对消费的影响逐步显现,周期性、政策性因素扰动消费市场,居民透支购房对消费的负面影响仍然存在,消费"新老交替"遭遇供给短板等问题不利于全社会总消费平稳增长。

(一)就业和收入承压对消费的影响逐步显现

一方面,2019年以来,我国经济发展的外部环境较为严峻,中美贸易摩擦谈判几经反复,对外向型制造业企业造成的冲击持续深化,部分企业已经陷入了生存困境,制造业和非制造业就业指数表现不佳,制造业领域就业压力有所抬升。产品可替代性较强、劳动密集型外向型制造业裁员明显增多,企业产能外迁和机器替人的降成本选择令用工需求进一步减少。

另一方面,居民增收压力有所增大。前三季度,全国居民收入实际增速较上年同期仍在回落,其中城镇居民可支配收入实际增速已经降至5.4%,增收势头偏弱。对农村居民来说,2019年财产性收入增势明显放缓,未能延续前两年的较快增长态势。前期农村相关改革释放的改革红利出现地区分化,经济发达的沿海省份、非发达省份中农村产权制度改革进行得较早的省份、经济欠发达或农村产权制度改革相对滞后地区等三大地区的农民财产性收入差别较大。

(二)周期性、政策性因素扰动消费市场

2019年,汽车消费陷入低迷以及猪肉价格快速上涨成为消费市场两大焦点。究其原因,离不开周期性、政策性等因素的综合影响。对于汽车消费来说,全球汽车市场同步陷入低迷期,具有行业周期性特征。

在这种背景下,国内前期购置税减半政策透支了部分消费需求,需要一定时间修复;国五国六标准转换的各地衔接政策尚不明确,消费者持观望态度。

对于生猪市场来说,产能严重缩减离不开两方面因素:一是2015年开

始,多个文件对重要水系沿线地区养猪实行调控,原本生猪产能最为集中的部分南方地区甚至出现禁养,而由于北方地区也担心环保压力,产能北迁并不顺利,最终全国生猪产能大降。二是非洲猪瘟的出现不仅导致存栏数下降,而且省际禁运导致区域间生猪调配困难,短期内加剧了猪肉供需矛盾。总的来看,前期政策叠加和过度执行明显影响全国生猪产能,非洲猪瘟加剧了供需矛盾,最终导致猪肉价格快速上涨,影响居民日常消费。

(三)居民透支购房对消费的负面影响仍然存在

前两年房地产市场火爆带来居民大量增加负债购买住房,短期内明显抑制了消费能力。当前,房地产市场持续低位震荡,成交情况低位徘徊,部分城市房价出现一定回调,房地产的财富效应逐步趋弱,从而房地产市场变化带给居民的财富效应明显小于挤出效应,压缩了居民可支配收入,导致消费增长缺乏足够动力支撑。按照住房抵押贷款还款的一般规律,当前正是上一波住房抵押贷款压力最大的还款初期,因而对消费的挤出效应将持续存在。

(四)消费"新老交替"遭遇供给短板

当前,我国消费市场正处于结构升级阶段,也处于增长动力的"新老交替"阶段。一方面,传统的依靠汽车等大额商品拉动消费增长的动力正在逐步调整,代表发展型、享受型的新消费类型正在快速崛起。另一方面,消费主力从一、二线城市逐步扩大至三、四线城市乃至农村乡镇,"90后""00后"等新一代消费者快速成长。无论是消费商品种类的新老交替,还是消费人群的新老交替,都要求消费市场供给端给予及时、足够的回应。但受制于中高端供给能力尚在培育、商业模式与信息匹配等因素尚需调整的影响,消费市场新老交替形成了较大空档期,造成了消费动力的阶段性不足。

三 2020年消费形势展望

展望2020年,我国经济总体保持平稳运行,消费市场平稳运行具备扎

实基础。就业和收入形势总体稳定，社保改革持续深化，信息技术推动变革等一系列因素将有力支撑消费平稳运行。

（一）就业和收入形势总体稳定，消费基础进一步筑牢

虽然在中美贸易摩擦的影响下，部分制造业企业陷入生产困境，用工需求有所下降，但在相应政策的扶持下，整体就业仍将保持稳定，不会出现大规模失业风险。随着经济下行压力有所缓释，企业经营压力有所缓解，企业利润增长处于合理区间，居民工资性收入增长有保障。对于农村居民来说，种植业结构和临时收储制度等农业领域政策调整对农民经营性收入的影响趋于减弱。居民增收形势将有利于支撑消费温和增长。

（二）社保改革持续深化，消费顾虑进一步减少

当前，我国社保改革持续推进，在若干领域实现了一定突破。针对部分地区出现的养老保险发放出现困难的情况，之前反复讨论的划转国有资本充实社保基金的想法终于落地，并于2019年全面推开，为下一步解决全国统筹等问题打下了坚实基础。针对长期存在的城乡居民社保制度二元性的问题，2019年推动实现了城乡居民的基本养老和基本医疗保险制度并轨，结束了城乡二元分割的局面，这对提高农村居民消费水平打下了坚实的基础。与此同时，财政对基本医疗保险、养老保险的投入力度不断加大，形成了每年动态调整的可持续调整机制。这些都将进一步消除居民消费的后顾之忧，有利于消费需求释放。

（三）信息技术推动变革，持续降低消费短板制约

在消费领域以"互联网+"为代表的信息技术革命深度推进，持续推动电商与传统产业深度融合，变革线下供应链与服务模式。特别是信息技术让生产与终端消费直接对话，真正实现以客户为中心的交流、创新。当前，为了适应"老客户"的新要求和新兴年轻人群的新要求，销售模式的快速升级正在持续发生。过去三年在网络购物冲击下，销售模式主要在技术和渠

道等方面实现调整，继而在供应链管理等方面实现优化。目前，更是在努力构建"全场景、全客群、全数据"的新模式方面做出明显改变。这些调整，对于已经成为消费新主力的"90后""00后"来说更有针对性，必将开启消费新时代。

四 政策建议

针对当前消费领域存在的主要问题，应大力推进就业政策全面升级，促进居民增收，加大消费品供给创新力度，有针对性地加强政策引导和影响。

（一）大力推进就业政策全面升级

继续把稳就业作为首要工作目标，以实施就业优先政策为主线，突出重点、分类施策、强化落实，切实加大高校毕业生、农民工、退役军人等重点群体就业工作力度。一是针对高校毕业生，发布政策服务清单，分阶段提供高校毕业生就业服务，开展大中城市联合招聘秋季专场活动，组织线上线下和跨区域巡回招聘等。二是加大力度用好失业保险基金结余资金，支持困难企业开展职工在岗培训，开展失业人员培训，加强对退役军人的职业技能培训，加快推进职业技能提升行动。三是切实鼓励支持就业创业，加大创业担保贷款贴息及奖补政策支持力度，支持创业载体建设，扩大就业见习补贴范围。

（二）大力促进居民增收

针对宏观下行压力向就业市场传导的现状，一是要重点促进农民增收。大力推广节地、节水、节油、节肥的节本增效技术，提高家庭经营的效益；大力促进农产品加工、休闲农业、乡村旅游等农业农村相关产业发展，提供更多农业增值收益；加大农民工就业指导和服务力度，做好应对农村转移劳动力就业本地化工作；加快推进农产品目标价格制度建设，加快落实《农民住房财产权抵押贷款试点暂行办法》。二是要促进城镇低收入人群增收。

在加强社会保障的同时,进一步通过培训、再教育等方式从根本上培养其增收能力。

(三)加大消费品供给创新力度

引导消费品生产企业更加积极主动适应市场需求变化,实施企业技术改造提升行动计划。一是研究选定若干重点消费品生产行业开展产业链创新管理,系统分析这些重点生产行业的产业链、价值链,对当前消费品生产领域的共性关键技术集中组织力量进行克难攻坚,构建较为完整的技术体系。二是在大力支持高技术、高附加值的战略性新兴产业发展的同时,对消费品领域的先进技术开发与应用给予适当政策倾斜,引导社会资源向消费品重点行业的技术创新前沿积聚。

参考文献

[1] 邹蕴涵:《居民收入增长放缓不利消费平稳增长》,《上海证券报》2016年10月21日。

[2] 邹蕴涵:《我国居民消费率发展趋势分析》,《宏观经济管理》2017年第9期。

[3] 邹蕴涵:《2017年消费形势分析与2018年展望》,《中国物价》2018年第1期。

[4] 邹蕴涵:《当前我国消费市场形势及问题分析》,《中国物价》2018年第7期。

[5] 邹蕴涵:《当前我国消费市场供给端矛盾分析》,《中国物价》2016年第4期。

[6] 邹蕴涵:《信息消费:概念、特征以及问题》,《财经界》(学术版)2017年第12期。

[7] 邹蕴涵:《居民消费平稳增长增强消费拉动经济增长作用》,《上海证券报》2018年5月14日。

[8] 邹蕴涵:《2018年消费形势分析与2019年展望》,《中国物价》2019年第1期。

[9] 邹蕴涵:《理性看待社会消费品零售总额增速回落》,《经济日报》2019年3月11日。

[10]《就业形势保持总体稳定》,人社部2019年第三季度新闻发布会,2019年10月21日。

[11] 班娟娟、梁倩:《社保关键领域改革深化 民生红利加速释放》,《经济参考报》2019年9月26日。

B.18
2019年中国对外贸易形势与2020年展望

宋泓 高凌云*

摘 要： 从贸易方式、市场多元化程度、贸易品技术含量和企业性质等来看，我国对外贸易正朝着高水平、高质量的方向稳步迈进。但是，全球贸易增长放缓，外部环境更趋复杂严峻。而且，中美贸易摩擦仍然没有得到根本解决，相互加征关税已经对中美贸易产生了不小的影响。展望2020年，我国外贸结构优化、动力转换加快的总趋势不会改变。

关键词： 对外贸易 关税 结构优化

一 2019年我国对外贸易的基本情况

虽然国际上贸易保护主义、单边主义等愈演愈烈，中美贸易摩擦也没有从根本上缓解；但是，我国外贸进出口总体虽小幅下跌，但运行基本平稳，结构持续优化。

从贸易方式上看，一般贸易的主导地位日益稳固。2019年前三季度，一般贸易出口小幅增长，一般贸易进口小幅下降，而加工贸易进出口同时下降，导致一般贸易进出口占比上升。具体而言，一般贸易出口额10676.6亿美元，同比上升3.1%，占出口总额的58.5%，份额比上年同期增加了1.7

---

* 宋泓，中国社会科学院世界经济与政治研究所研究员，副所长；高凌云，中国社会科学院世界经济与政治研究所研究员。

个百分点；一般贸易进口额9283.3亿美元，同比下降4.4%，占进口总额的60.8%，份额比上年同期增加了0.4个百分点。加工贸易出口额5348.4亿美元，同比下降7.4%，占出口总额的29.3%，份额比上年同期减少了2.3个百分点；加工贸易进口额3070.1亿美元，同比下降11.9%，占进口总额的20.1%，份额比上年同期减少1.6个百分点。

从市场分布上看，市场的多元化格局逐渐完善。2019年前三季度，除美国、日本、印度等国家和地区外，我国对主要贸易伙伴进出口均呈上升态势。具体而言，欧盟、美国、东盟依次列我国出口市场第一至三位。其中，我国对欧盟和东盟出口分别为3167.5亿美元和2550.5亿美元，同比分别上升5.1%和9.5%；对美国出口为3120.0亿美元，同比下降10.7%。同期，欧盟、东盟、韩国为我国前三大进口来源地，我国自其进口额分别为2057.7亿美元、2039.6亿美元、1284.4亿美元，分别同比上升0.3%、同比上升1.6%和同比下降17.8%。但是，自美国进口则同比大幅下降29.4%。

从商品类别上看，贸易品的技术含量明显提升。2019年前三季度，机电产品和高新技术产品进出口同比均小幅下降；传统劳动密集型产品出口同比小幅增长，大宗商品和农产品进口小幅增长。具体而言，机电产品和高新技术产品出口分别同比下降0.6%和2.5%，进口分别同比下降8.9%和7.8%。但同期传统劳动密集型产品合计出口3780.6亿美元，同比上升1.2%；大豆、铁矿砂、煤、原油、天然气、橡胶、钢材、铜及铜材等八项大宗商品的进口额总计3700.3亿美元，同比上升4.4%；农产品进口同比上升4.6%。

从企业性质上看，民营企业的活力不断增强。2019年前三季度，国有企业和外商投资企业的进出口减少，但私营等其他类型企业进出口增加。具体而言，国有企业出口1745亿美元，进口4001亿美元，同比分别下降10.5%和3.4%；外商投资企业出口7132亿美元，进口6357亿美元，同比分别下降6.0%和9.5%。但是同期私营等其他类型企业出口9374亿美元，同比上升7.4%，占出口总额的51.4%，份额较上年同期增加3.5个百分点；进口4909亿美元，同比上升0.1%，占进口总额的32.2%，份额较上年同期增加1.8个百分点。

不同贸易方式进出口的不同表现导致贸易顺差同比大幅扩大。2019年前三季度，我国实现贸易顺差2984.3亿美元，同比扩大34.8%。其中一般贸易项下实现顺差1393.3亿美元，较上年同期扩大107.4%，高于整体贸易顺差34.8%的扩大幅度。加工贸易项下实现顺差2278.3亿美元，同比收窄0.5%。

二 影响我国对外贸易增长的原因

我国重点进出口商品的实际数量出现小幅下降，值得关注。2019年前三季度，我国29类重点商品进口数量总体平均同比下降2.6%，拉动进口额总体平均同比下降3.3%。我国重点出口的22类商品出口数量平均同比下降1.5%，拉动出口额实现平均同比下降0.9%。

从外部环境来看，全球主要经济体需求低迷仍在延续。第一，截至2019年9月底，13个主要贸易目的地加权采购经理指数（PMI）为47.0，环比下降0.4个点，已连续10个月处于衰退区，为2015年12月以来的最低水平，显示全球经济景气整体回落，经济复苏乏力。第二，国际货币基金组织、经济合作与发展组织等国际组织均下调了对2019年全球经济增速的预测值。10月，国际货币基金组织在最新一期《世界经济展望》中，预计2019年全球经济增长3.0%，与7月的预测值相比下调0.2个百分点。9月，经济合作与发展组织将2019年全球经济增长预测值从先前的3.2%大幅下调至2.9%。联合国贸易和发展会议（UNCTAD）发布《2019年贸易和发展报告》，认为2019年全球经济增长率将降至2.3%，贸易增长率可能低至2%。第三，由于全球贸易局势持续紧张，各种不确定性因素不断增多，外部需求放缓，中国出口面临较大的压力。外部市场需求趋势与我国出口增速呈现高度相关性，国际市场需求有所下降，客观上对我国出口产生了负面冲击。

从内部环境来看，我国经济形势下行压力仍比较大，市场需求总体承压。第一，我国工业仍处在企稳阶段。2019年前三季度，全国规模以上工

业增加值同比增长5.6%，但全国工业生产者购进价格同比下降0.3%；而且1~8月，全国规模以上工业企业实现利润总额40164亿元，同比下降1.7%，降幅与1~7月持平。9月中国制造业采购经理指数（PMI）为49.8，环比上升0.3个点，整体景气虽较第二季度有所改善，但仍处于荣枯线以下。第二，消费品市场增速同比出现小幅回落。前三季度，限额以上单位汽车类商品零售额同比下降0.7%，石油类商品零售额同比增长1.7%，增速同比回落12.7个百分点。由于限额以上单位汽车类商品和石油类商品在消费品中所占比重较大，拉动了消费品增速回落。据测算，出行类商品拉低社会消费品零售总额增速超过0.8个百分点。第三，固定资产投资增速也在回落。1~9月，第一产业投资11566亿元，同比下降2.1%，降幅比1~8月收窄1.3个百分点；第二产业投资138361亿元，同比增长2.0%，增速回落0.1个百分点；第三产业投资311277亿元，同比增长7.2%，增速回落0.1个百分点。

三　中美贸易摩擦的进展与影响

中美之间的贸易是联系东亚、北美两个生产网络的纽带。2018年以来，中美贸易摩擦持续升级，对我国和世界贸易的增长产生了比较大的影响。下面我们从美国对我国出口商品加征关税的影响，以及我国对美国反制的影响两个方面来分析。

（一）美国对我国出口商品加征关税的影响

1. 美加征关税商品的结构

2018年4月3日，美国贸易代表办公室（USTR）发布拟加征关税的商品清单，将对我输美的1333项500亿美元的商品加征25%的关税。2018年7月6日，美国开始对第一批清单上818个类别、价值340亿美元的中国商品加征25%的进口关税（清单1）。2018年8月8日，美国公布第二批对价值160亿美元中国进口商品加征关税的清单，2018年8月23日起生效（清单 2）。2018 年 9 月 24 日，美国对价值 2000 亿美元的中国输美商品加征 10% 的关税（清单 3）。2019 年 5 月 10 日，美方将对 2000 亿美元中国输美商品加征的关税从 10% 上调至 25%。美国贸易代表办公室 2019 年 5 月 13 日表示，拟进一步对约 3000 亿美元中国输美商品加征关税（其他），其中的 1250 亿美元商品已于 2019 年 9 月 1 日加征 15% 关税。

根据上述中美贸易摩擦的变化历程，可以看出此次贸易摩擦主要涉及四类商品清单，其中前三类清单内的商品出口已经实际被美国加征 25% 的关税。加征关税清单涉及的我国对美出口 HS 编码的商品大类以及各自占比如表 1 所示。从美国三批加征关税（4 份清单）条目明细来看，第一批（清单 1 和清单 2）征税集中在机电、运输设备、仪器、塑料和橡胶等领域，而第二批（清单 3）则大幅扩展至中低端原材料产品和农产品，第三批（其他）征税则主要集中在农产品、劳动密集型产品等。

综合美国对华加征关税的商品清单，从图 1 可以看出，29 章、84 章、85 章、62 章、03 章、28 章、90 章、72 章、04 章、61 章商品依次为涉及商品种类最多的前 10 章商品（见图 1），合计涉及 4273 类商品，占总数量（10945 类）的 39%。尚未加征关税的商品只有 30 章药品和 98 章特殊交易品及未分类商品。涉及商品种类最少的 10 章商品是 66 章、80 章、78 章、14 章、36 章、50 章、67 章、13 章、79 章、97 章商品。

2. 数量影响

美国加征关税会对中国对美出口商品产生怎样的影响？一般情况下，加征关税将导致价格上升，商品的需求量下降。考虑到清单 4 实施时间有限，我们根据清单 1～3 统计涉及商品种类最多的前八大类商品进行贸易增速分析。2017 年 1 月至 2019 年 8 月，美国加征关税主要涉及第 16 类机电产品，第 11 类纺织品，第 4 类食品、饮料、烟草等，第 15 类贱金属及其制品，第 18 类仪器，第 1 类动物产品，第 2 类植物产品和第 20 类杂项制品，每个大类均涉及超过 200 类细分商品。2017 年该八大类商品对美国出口贸易额之和占我国对美出口总额的比重达 75.4%。为此，我们重点对该八大类商品进行贸易增速分析，以测度美国加征关税对我国出口贸易产生的影响。

表 1 美国对华出口商品加税清单分布情况（分大类）

单位：类，%

	大类	清单1	清单2	清单3	其他	总和	清单1占比	清单2占比	清单3占比	其他占比	总和占比
第1类	活动物；动物产品	0	0	396	318	714	0.00	0.00	10.39	5.27	6.52
第2类	植物产品	0	0	218	355	573	0.00	0.00	5.72	5.89	5.24
第3类	动、植物油，脂，蜡；精制食用油脂	0	0	62	8	70	0.00	0.00	1.63	0.13	0.64
第4类	食品，饮料，酒及醋，烟草及制品	0	0	457	331	788	0.00	0.00	11.99	5.49	7.20
第5类	矿产品	0	3	15	190	208	0.00	1.06	0.39	3.15	1.90
第6类	化学工业及其相关工业的产品	1	5	178	1436	1620	0.12	1.76	4.67	23.81	14.80
第7类	塑料及其制品；橡胶及制品	2	147	47	180	376	0.24	51.76	1.23	2.98	3.44
第8类	革，毛皮及制品；箱包；肠线制品	0	0	42	186	228	0.00	0.00	1.10	3.08	2.08
第9类	木及制品；木炭；软木；编结品	0	0	26	247	273	0.00	0.00	0.68	4.10	2.49
第10类	木浆等；废纸；纸、纸板及其制品	0	0	32	244	276	0.00	0.00	0.84	4.05	2.52
第11类	纺织原料及纺织制品	0	0	763	935	1698	0.00	0.00	20.02	15.50	15.51
第12类	鞋帽伞等；已加工的羽毛及其制品	0	0	169	31	200	0.00	0.00	4.43	0.51	1.83
第13类	矿物材料制品；陶瓷品；玻璃及制品	0	1	91	227	319	0.00	0.35	2.39	3.76	2.91
第14类	珠宝，贵金属及其制品；仿首饰；硬币	0	0	57	48	105	0.00	0.00	1.50	0.80	0.96
第15类	贱金属及其制品	0	8	439	544	991	0.00	2.82	11.52	9.02	9.05
第16类	机电，音像设备及其零件、附件	603	68	303	418	1392	73.72	23.94	7.95	6.93	12.72
第17类	车辆，航空器，船舶及运输设备	83	35	18	135	271	10.15	12.32	0.47	2.24	2.48
第18类	光学，医疗等仪器，钟表，乐器	129	17	251	90	487	15.77	5.99	6.58	1.49	4.45
第19类	武器，弹药及其零件、附件	0	0	33	0	33	0.00	0.00	0.87	0.00	0.30
第20类	杂项制品	0	0	208	101	309	0.00	0.00	5.46	1.67	2.82
第21类	艺术品、收藏品及古物	0	0	7	7	14	0.00	0.00	0.18	0.12	0.13

资料来源：根据美国贸易代表办公室（USTR）公布加税商品清单整理所得。

```
                            清单1    清单2
                            清单3    清单4
```

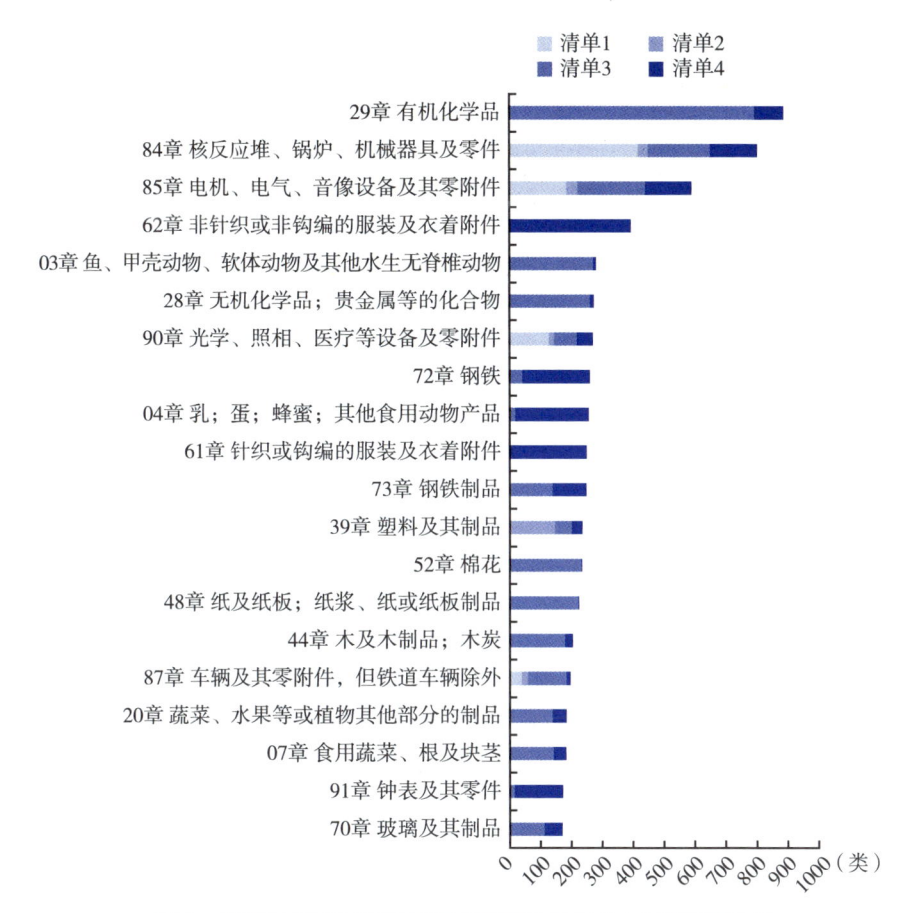

```
         29章 有机化学品
84章 核反应堆、锅炉、机械器具及零件
85章 电机、电气、音像设备及其零附件
   62章 非针织或非钩编的服装及衣着附件
03章 鱼、甲壳动物、软体动物及其他水生无脊椎动物
      28章 无机化学品；贵金属等的化合物
     90章 光学、照相、医疗等设备及零附件
                    72章 钢铁
       04章 乳；蛋；蜂蜜；其他食用动物产品
       61章 针织或钩编的服装及衣着附件
                 73章 钢铁制品
               39章 塑料及其制品
                    52章 棉花
       48章 纸及纸板；纸浆、纸或纸板制品
             44章 木及木制品；木炭
       87章 车辆及其零附件，但铁道车辆除外
       20章 蔬菜、水果等或植物其他部分的制品
              07章 食用蔬菜、根及块茎
                91章 钟表及其零件
                70章 玻璃及其制品
```

图1　美国对华出口商品加征关税清单排名前 20 章商品种类

资料来源：根据美国贸易代表办公室（USTR）公布加税商品清单整理所得。

从中国对美大类商品的出口贸易同比增速来看（见图2），已加征关税涉及商品数量最多的前八大类商品平均同比增速呈现下滑趋势，体现了美国加征关税的负面影响。为进一步分析美国加征关税对我国出口带来的影响，我们分别计算了美国大规模加征关税（第二批）前后分类商品的出口增速（见表2）。从表2可以看出，除了第21类艺术品、收藏品及古物之外，各大类商品出口均出现负向变化，平均下降 14.4%。考虑到同期我国对全球的各大类商品总出口的平均增速之差（0.7%）之后，美国加征关税导致我国对美出口平均下降约 15%。

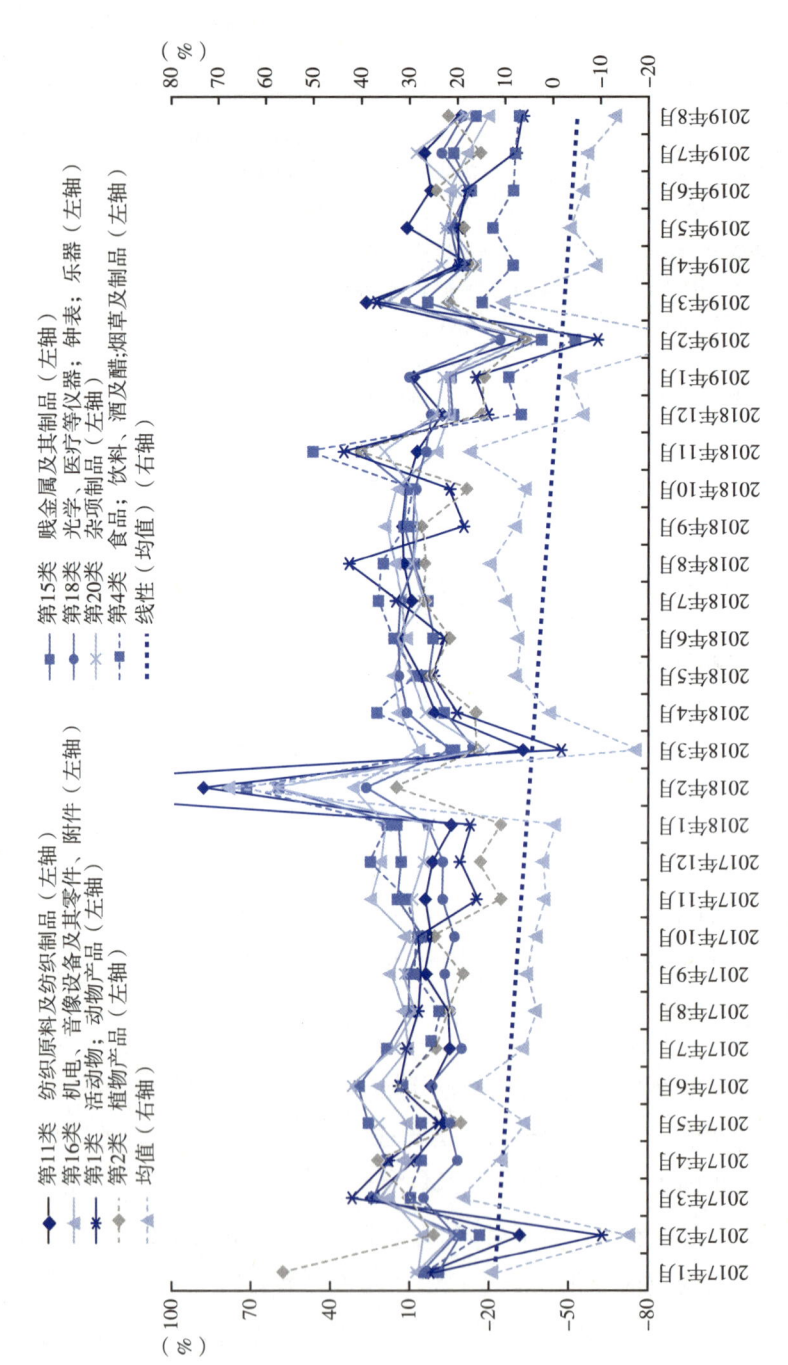

图 2 美国加税商品大类贸易同比增速变动趋势（中国出口）

资料来源：根据 Wind 数据库整理所得。

表2 美国大规模加征关税前后中国出口商品平均增速

单位：类，%

大类	对美出口增速 2017年9月至2018年8月	对美出口增速 2018年9月至2019年8月	对美出口增速之差	总出口增速之差	对美出口影响测算	商品种类（清单1~3）
第16类 机电、音像设备及其零件、附件	16.9	-4.5	-21.5	-12.8	-8.7	974
第11类 纺织原料及纺织制品	8.7	2.7	-6.1	-6.5	0.4	763
第4类 食品；饮料、酒及醋；烟草及制品	18.9	-16.2	-35.1	-14.8	-20.4	457
第15类 贱金属及其制品	10.0	-3.4	-13.3	-7.3	-6.0	447
第18类 光学、医疗等仪器；钟表；乐器	6.2	-1.0	-7.2	-3.5	-3.7	397
第1类 活动物；动物产品	13.3	-11.6	-24.8	-7.1	-17.7	396
第2类 植物产品	-6.8	-7.9	-1.1	-4.9	3.8	218
第20类 杂项制品	10.5	0.6	-9.9	0.1	-10.0	208
第7类 塑料及其制品；橡胶及其制品	18.7	-1.4	-20.1	-7.3	-12.7	196
第6类 化学工业及其相关工业的产品	22.2	-2.0	-24.3	-18.8	-5.5	184
第12类 鞋帽伞等；已加工的羽毛及其制品	3.4	3.2	-0.2	2.5	-2.7	169
第17类 车辆、航空器、船舶及运输设备	17.9	-9.1	-27.0	-20.1	-6.9	136
第13类 矿物材料制品；陶瓷品；玻璃及制品	10.5	-8.8	-19.4	-1.8	-17.5	92
第3类 动、植物油、脂、蜡；精制食用油脂	7.1	4.8	-2.3	-38.9	36.6	62
第14类 珠宝、贵金属及制品；仿首饰；硬币	-6.2	-26.2	-20.0	15.8	-35.8	57
第8类 革、毛皮及制品；箱包；肠线制品	3.8	-10.7	-14.5	-2.2	-12.2	42
第19类 武器、弹药及其零件、附件	20.6	-5.6	-26.2	-23.9	-2.3	33
第10类 木浆等；废纸；纸、纸板及其制品	7.2	5.6	-1.6	11.7	-13.3	32

续表

大类	对美出口增速		对美出口增速之差	总出口增速之差	对美出口影响测算	商品种类（清单1~3）
	2017年9月至2018年8月	2018年9月至2019年8月				
第9类 木及制品；木炭；软木；编结品	5.5	-11.6	-17.2	-11.6	-5.6	26
第5类 矿产品	24.5	-28.3	-52.8	-29.7	-23.1	18
第21类 艺术品、收藏品及古物	19.7	61.4	41.7	195.4	-153.7	7
均值	11.1	-3.3	-14.4	0.7	-15.1	234.0

资料来源：根据Wind数据库和美国加征关税清单整理所得。

（二）我国对自美进口商品加征关税的影响

1. 我国对自美进口商品加征关税的商品结构

2018年6月16日，国务院关税税则委员会决定对原产于美国的659项约500亿美元进口商品（第一批）加征25%的关税，其中545项约340亿美元商品自2018年7月6日起实施加征关税。333项约160亿美元商品自2018年8月23日起加征25%的关税。

2018年8月3日，国务院关税税则委员会公告决定对原产于美国的5207个税目约600亿美元商品（第二批）加征25%、20%、10%、5%不等的关税（税委会公告〔2018〕6号）。2018年9月18日，国务院关税税则委员会公告决定于2018年9月24日对税委会公告〔2018〕6号所附对美加征关税商品清单的商品，正式实施对附件1所列2493个税目商品、附件2所列1078个税目商品加征10%的关税，对其附件3所列974个税目商品、附件4所列662个税目商品加征5%的关税。2019年5月13日公告决定，自2019年6月1日起对第二批商品清单部分商品提高加征关税强度，其中，对附件1所列2493个税目商品，实施加征25%的关税；对附件2所列1078个税目商品，实施加征20%的关税；对附件3所列974个税目商品，实施加征10%的关税；对附件4所列595个税目商品，仍实施加征5%的关税。

2019年8月23日，对原产于美国的5078个税目约750亿美元进口商品（第三批）加征关税，具体为：自2019年9月1日起，对附件1第一、第二部分916个税目商品加征10%的关税，对附件1第三、第四部分801个税目商品加征5%的关税；自2019年12月15日起，对附件2的第一、第二部分912个税目商品加征10%的关税，对附件2的第三、第四部分2449个税目商品加征5%的关税。

从表3我国加征关税清单涉及自美进口HS编码的商品大类以及各自占比可以看出，我国反制美国第一批加征关税集中在农产品、运输设备和矿产品领域，第二批加征关税大幅度扩展到其他领域，但税率不高，加征关税保持相对克制。第三批加征关税过程中，2019年9月首先落地的部分同样集中在农产品和初级原材料领域，而12月落地的部分则更多集中在其他制造业领域。总体来讲，我国加征关税涉及商品种类较多的是第16类机电产品、第6类化工产品、第11类纺织品以及第15类贱金属及其制品等。

进一步细分来看，中国反制加征关税主要集中在84章、85章、28章、87章、29章等12章大类商品，每大类商品均涉及200类以上商品，共涉及进口商品5415种，占总数量（10945类）的49.5%。涉及商品种类最少的10章商品是98章、66章、14章、45章、78章、79章、80章、88章、18章、24章商品。

表3 美国对华出口商品加税清单分布情况（分大类）

单位：类，%

大类	清单1	清单2	清单3	总和	清单1占比	清单2占比	清单3占比	总和占比
第16类 机电、音像设备及其零件、附件	2	1188	876	2066	0.23	23.34	17.60	18.88
第6类 化学工业及其相关工业的产品	15	855	602	1472	1.71	16.80	12.10	13.45
第11类 纺织原料及纺织制品	12	719	693	1424	1.37	14.13	13.92	13.01
第15类 贱金属及其制品	26	626	359	1011	2.96	12.30	7.21	9.24
第2类 植物产品	203	81	396	680	23.12	1.59	7.96	6.21

续表

大类	清单1	清单2	清单3	总和	清单1占比	清单2占比	清单3占比	总和占比
第1类 活动物；动物产品	252	19	299	570	28.70	0.37	6.01	5.21
第17类 车辆、航空器、船舶及运输设备	207	58	285	550	23.58	1.14	5.73	5.03
第4类 食品；饮料、酒及醋、烟草及制品	62	157	271	490	7.06	3.09	5.45	4.48
第18类 光学、医疗等仪器；钟表；乐器	7	252	192	451	0.80	4.95	3.86	4.12
第7类 塑料及其制品；橡胶及其制品	14	232	160	406	1.59	4.56	3.21	3.71
第13类 矿物材料制品；陶瓷品；玻璃及制品	1	166	150	317	0.11	3.26	3.01	2.90
第9类 木及制品；木炭；软木；编结品	4	116	175	295	0.46	2.28	3.52	2.70
第20类 杂项制品	0	166	101	267	0.00	3.26	2.03	2.44
第5类 矿产品	67	83	104	254	7.63	1.63	2.09	2.32
第10类 木浆等；废纸；纸、纸板及其制品	4	134	107	245	0.46	2.63	2.15	2.24
第14类 珠宝、贵金属及制品；仿首饰；硬币	2	71	47	120	0.23	1.40	0.94	1.10
第8类 革、毛皮及制品；箱包；肠线制品	0	59	58	117	0.00	1.16	1.17	1.07
第12类 鞋帽伞等；已加工的羽毛及其制品	0	61	41	102	0.00	1.20	0.82	0.93
第3类 动、植物油、脂、蜡；精制食用油脂	0	32	31	63	0.00	0.63	0.62	0.58
第19类 武器、弹药及其零件、附件	0	6	21	27	0.00	0.12	0.42	0.25
第21类 艺术品、收藏品及古物	0	8	9	17	0.00	0.16	0.18	0.16

资料来源：根据我国国务院关税税则委员会公布加税商品清单整理所得。

2. 数量影响

一般情况下，我国对自美进口商品加征关税将导致价格上升，商品的进口需求会有所下降。考虑到清单3实施时间有限，我们根据清单1~2统计

图例：清单1　清单2　清单3

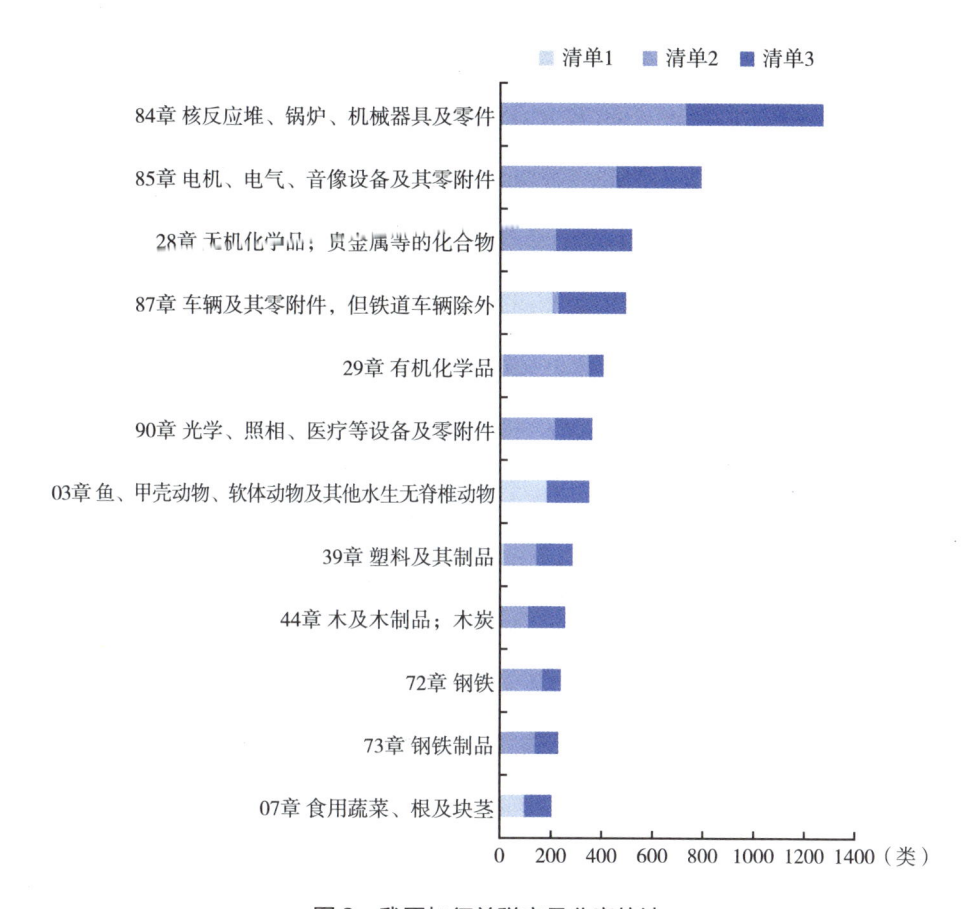

- 84章 核反应堆、锅炉、机械器具及零件
- 85章 电机、电气、音像设备及其零附件
- 28章 无机化学品；贵金属等的化合物
- 87章 车辆及其零附件，但铁道车辆除外
- 29章 有机化学品
- 90章 光学、照相、医疗等设备及零附件
- 03章 鱼、甲壳动物、软体动物及其他水生无脊椎动物
- 39章 塑料及其制品
- 44章 木及木制品；木炭
- 72章 钢铁
- 73章 钢铁制品
- 07章 食用蔬菜、根及块茎

横轴：0　200　400　600　800　1000　1200　1400（类）

图3　我国加征关税商品分章统计

资料来源：根据我国国务院关税税则委员会公布加税商品清单整理所得。

涉及商品种类最多的前八大类商品进行贸易增速分析。清单1产品加征关税自2018年7~8月实施，清单2产品加征关税自2018年9月底实施，为此，我们分别计算2018年9月至2019年8月加征关税一年以来的主要涉及商品大类进口贸易增速，并与前一年度（2017年9月至2018年8月）进行同比分析。

第2大类植物产品2019年7~8月由于12章（油籽；子仁；工业或药用植物；饲料）商品进口大幅增加出现同比增速大幅上升。

从商品大类来看，我国加征关税的商品清单1和清单2主要涉及第16

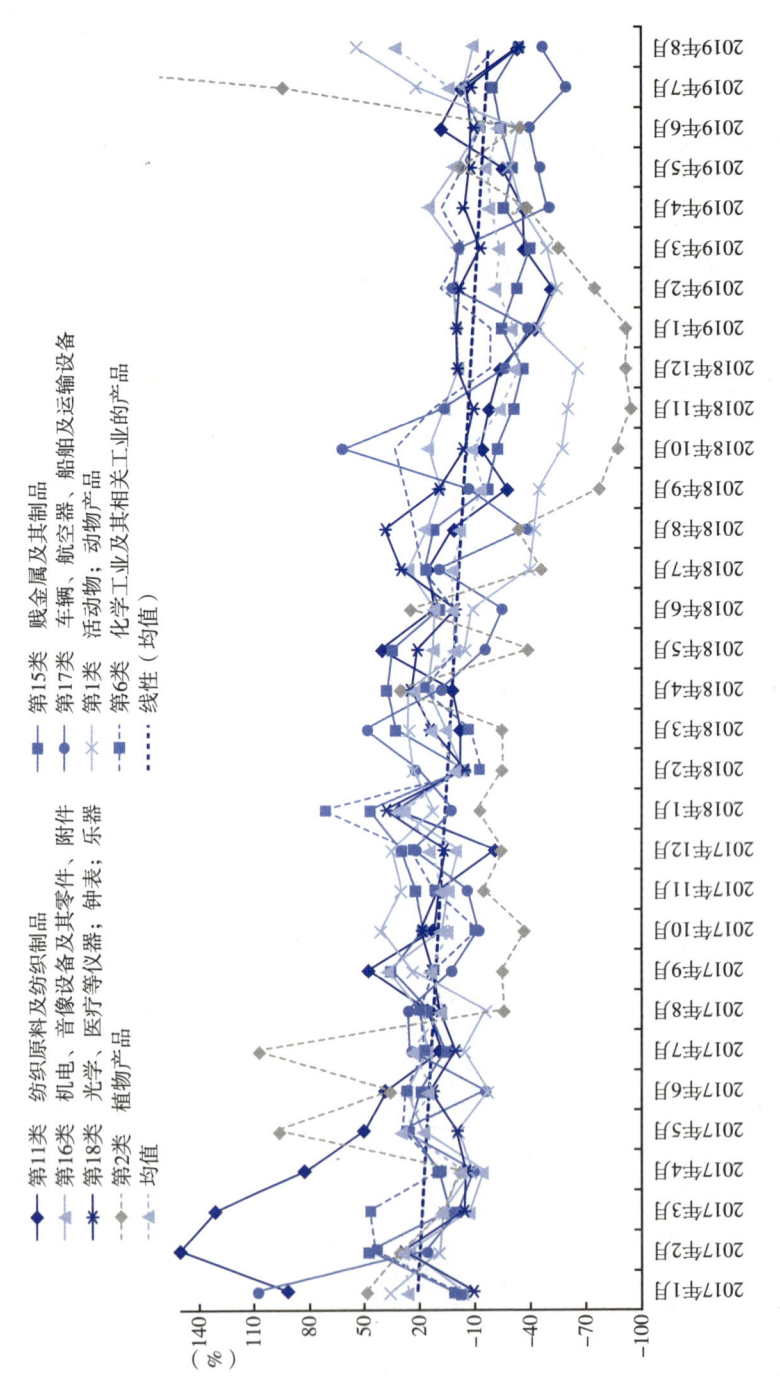

图 4 我国进口主要大类商品同比增速变动趋势

资料来源：根据 Wind 数据库整理所得。

类机电产品、第6类化工产品、第11类纺织品、第15类贱金属及其制品、第2类植物产品、第1类动物产品、第17类交通运输设备和第18类仪器设备等八大类商品，该八大类商品自美进口额在2017年占我国自美进口总额的76.1%。从中国自美进口的该八大类商品进口同比增速来看（见图4），已加征关税涉及商品数量最多的前八大类商品平均同比增速呈现下滑趋势，体现了我国加征关税的负面影响。

为进一步分析我国对美加征关税对我国进口带来的影响，我们分别计算了中美贸易摩擦第二轮升级前后分类商品的进口增速。从表4可以看出，除了第2类、第3类、第12类外，各大类商品出口均出现负向变化，平均下降34.9%。考虑到同期我国各大类商品总进口的平均增速之差（9.5%）之后，我国加征关税对我国自美进口平均下降约44.3%。这体现了我国为应对美国挑起的贸易摩擦所采取的反制措施针对性较强，虽然加征关税幅度相对较小，并且进口贸易总体规模小于出口规模，但从对进出口增速的影响来讲，反制效果强于美国加征关税的影响。

表4 贸易摩擦第二轮升级前后中国进口商品平均增速

单位：类，%

指标名称	自美进口增速		自美进口增速之差	总进口增速之差	自美进口影响测算	商品种类（清单1~3）
	2017年9月至2018年8月	2018年9月至2019年8月				
第16类 机电、音像设备及其零件、附件	13.5	1.4	-12.1	-25.7	13.6	1190
第6类 化学工业及其相关工业的产品	12.3	0.5	-11.7	-15.4	3.7	870
第11类 纺织原料及纺织制品	12.3	-25.3	-37.6	-12.7	-24.9	731
第15类 贱金属及其制品	24.2	-28.2	-52.3	-35.8	-16.5	652
第2类 植物产品	-18.9	-18.9	0.1	-15.4	15.5	284
第1类 活动物；动物产品	10.1	-33.4	-43.5	6.7	-50.2	271
第17类 车辆、航空器、船舶及运输设备	1.5	-20.4	-22.0	-15.0	-7.0	265
第18类 光学、医疗等仪器；钟表；乐器	17.4	-6.7	-24.1	-10.5	-13.7	259

续表

指标名称	自美进口增速		自美进口增速之差	总进口增速之差	自美进口影响测算	商品种类（清单1~3）
	2017年9月至2018年8月	2018年9月至2019年8月				
第7类 塑料及其制品；橡胶及其制品	5.4	-13.1	-18.6	-14.1	-4.5	246
第4类 食品；饮料、酒及醋；烟草及制品	22.3	-8.8	-31.0	-10.7	-20.4	219
第13类 矿物材料制品；陶瓷品；玻璃及制品	11.3	0.6	-10.7	-15.0	4.3	167
第20类 杂项制品	9.5	1.9	-7.6	-13.5	5.9	166
第5类 矿产品	144.5	-60.5	-205.0	-14.7	-190.3	150
第10类 木浆等；废纸；纸、纸板及其制品	-6.7	-20.6	-13.8	-20.3	6.4	138
第9类 木及制品；木炭；软木；编结品	17.2	-38.6	-55.8	-28.0	-27.8	120
第14类 珠宝、贵金属及制品；仿首饰；硬币	33.8	-72.4	-106.2	-30.5	-75.7	73
第12类 鞋帽伞等；已加工的羽毛及其制品	33.5	78.9	45.4	-9.1	54.5	61
第8类 革、毛皮及制品；箱包；肠线制品	-16.5	-30.3	-13.9	-8.8	-5.0	59
第3类 动、植物油、脂、蜡；精制食用油脂	-11.4	13.7	25.1	-3.6	28.7	32
第21类 艺术品、收藏品及古物	217.6	115.4	-102.2	481.4	-583.6	8
均值	26.6	-8.2	-34.9	9.5	-44.3	298

注：由于第19类进口数据出现异常值（近一年自美进口平均同比上升990.8%），为了避免该异常值影响，本表未计算该类商品进口数据。

资料来源：根据Wind数据库整理所得。

四 2019~2020年我国对外贸易展望

截至2019年三季度末，全球经济遇到的风险和困难逐步增多，主要经济体增长放缓、通胀上升，紧缩货币政策周期开启；与此同时，美国贸易保护主义正在抬头，扰乱了正常的国际贸易秩序，对我国外贸顺利发展造成了一定的困扰和冲击。

相比2019年，2020年中国外贸发展面临的环境更加严峻复杂，世界经济下行风险增大，贸易保护主义将更加威胁全球贸易稳定增长。而且，美国经济在2020年极有可能进入温和衰退阶段。根据我们的贸易监测方程，在全球经济增速和我国增速均出现下调的情况下，我们估计2019年我国以美元计价的进出口总额同比下降约0.7%，其中，进口同比下降约1.3%，出口同比下降约0.3%。2020年我国以美元计价的进出口总额同比将会上升约1.2%，进口同比下降约0.7%，出口同比上升1.5%左右。

面对严峻的外贸形势，各地区、各部门坚决把习近平总书记的重要指示批示作为行动号令，以最坚定的态度、最迅速的行动、最有力的方式，推出了一系列措施。对内来看，这些措施的核心在于降成本，包括制度成本、税费成本、物流成本等，通过降低企业的经营成本，提高竞争优势，实现外贸增长。此外，考虑到民营经济在对外贸易中的作为空间和潜力巨大，相关政策也在着力为其创造更为公平有利的市场环境。对外来看，这些措施在扩大对外开放、优化营商环境、拓展多元化市场上也下足功夫，其中既包括继续深化与发达国家市场的贸易往来，也包括拓展与"一带一路"沿线国家的合作，培育更多的贸易增长点。这一系列举措有效激发了市场主体活力，其政策效应正在逐步释放并呈现。

因此，展望2020年，我国外贸结构优化、动力转换加快的总趋势不会改变，外贸仍将继续保持总体平稳、稳中提质的发展态势。我们有能力、有信心，与各国共享机遇、共同发展，开创更加美好的发展前景。

参考文献

[1] 梁明：《中美贸易摩擦的缘起、影响和未来走向》，《国际贸易》2019年第7期。

［2］王娟娟：《中国与"一带一路"沿线国家经济合作成效及展望——基于共享经济与分享经济视角》，《中国流通经济》2019年第2期。

［3］魏浩、连慧君、巫俊：《中美贸易摩擦、美国进口冲击与中国企业创新》，《统计研究》2019年第8期。

［4］肖志敏、冯晟昊：《中美贸易摩擦的经济影响分析——基于增加值贸易视角》，《国际经贸探索》2019年第1期。

［5］闫坤、刘陈杰：《新的国际经济形势下须稳杠杆》，《经济参考报》2018年7月25日。

［6］姚枝仲：《2018~2019年世界经济形势分析与展望》，《经济导刊》2019年第2期。

［7］余振、王净宇：《中国对外贸易发展70年的回顾与展望》，《南开学报》（哲学社会科学版）2019年第4期。

［8］张军等：《经济复苏动能减弱未来运行更趋艰难——2018年世界经济回顾及2019年展望》，《全球化》2019年第5期。

［9］张明等：《如何渡过中美贸易摩擦的不确定水域?》，《国际经济评论》2019年第1期。

［10］张翼：《我国外贸稳中提质呈现五大亮点》，《光明日报》2019年10月15日。

［11］张晓兰、李陶亚：《2019年世界和中国经济展望：以内部的"稳"应对外部的"变"——主要国际组织和投行对2019年全球经济的"主流预期"》，《发展研究》2019年第3期。

就业形势与收入分配篇

Employment Situation and Income Distribution

B.19
劳动力市场形势分析与2020年展望

都 阳*

摘 要： 尽管2019年外部经济环境复杂多变，劳动力市场总体上仍然保持稳定，城镇调查失业率控制在目标范围内，城镇就业总量保持增长，工资水平稳步提高。2020年劳动年龄人口将略有增加，控制失业率的难度增大。外部环境不确定性对特定行业的冲击也值得关注。积极就业政策在关注就业岗位的创造的同时，要致力于提升劳动生产率，并更好地发挥社会安全网对失业人员的保护作用。

关键词： 就业政策 劳动供给 调查失业率

---

* 都阳，中国社会科学院人口与劳动经济研究所研究员。

2019年在经济发展面临诸多不利因素影响，尤其是外部发展环境复杂多变的情况下，劳动力市场总体保持了稳定。在宏观调控过程中，及时提出了以"稳就业"为首的一系列措施，就业政策正式纳入宏观经济政策体系。就目前情况看，2019年可以实现年初提出的劳动力市场调控目标。2020年是全面建成小康社会的收官之年，就业作为民生之本，其形势的稳定对于实现这一战略目标具有非常重要的意义。本文在分析2019年劳动力市场运行情况的基础上，展望2020年劳动力市场变化的因素，并提出相关政策建议。

一 2019年劳动力市场运行总体平稳

在复杂多变的形势下，2019年劳动力市场运行总体平稳，主要体现在失业率控制在目标范围之内，城镇就业总量继续增长，工资水平稳步提升。尤其是在外部环境复杂多变的情况下，保证了劳动力市场没有出现波动。

（一）失业率变化符合预期目标

失业率是劳动力市场调控的重要指标，李克强总理在《2019年政府工作报告》中提出，城镇调查失业率控制在5.5%以下是政府就业工作的目标。维持充分就业既是"稳就业"的首要目标，也是坚持底线思维的重要体现。从劳动力市场实际运行情况看，2019年城镇调查失业率虽然较2018年同期略有上升，但总体控制在5.5%以下的目标区间内，这意味着年初制定的"稳就业"战略总体上得到了有效实施，并取得了预期的效果。图1展示了2018年初以来城镇调查失业率月度变化情况，表现出如下特点。

首先，从调查失业率的水平看，虽然2019年较2018年有所上升，但综合以前的分析表明，城镇调查失业率仍然处于历史低位的水平，如果考虑到经济增长和价格水平的变动情况，可以看出，经济运行尚处于充分就业的合理区间，也就是说调查失业率水平和自然失业率水平接近。这也表明，积极就业政策的方向非常明确：无须以大水漫灌的方式防范周期性失业，而应致力于不断深化改革，降低自然失业率水平。由于自然失业的主要构成应该是

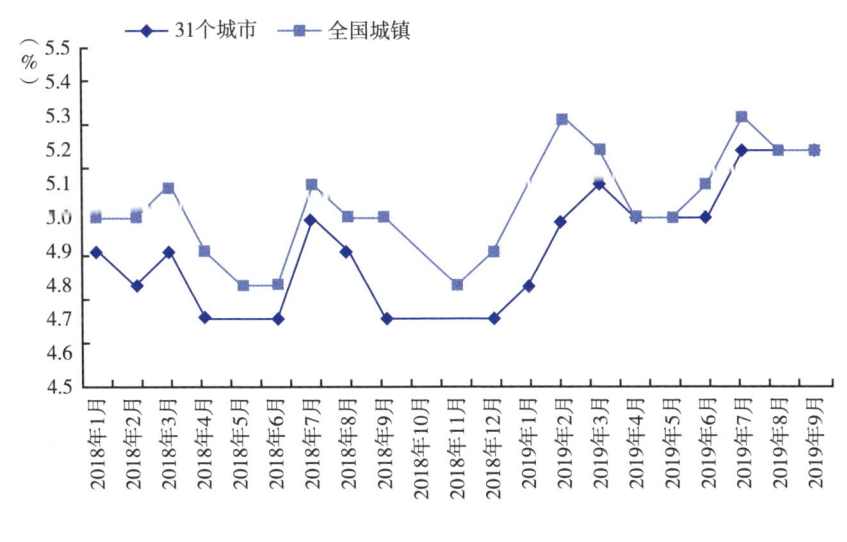

图1 月度调查失业率情况

资料来源：国家统计局。

结构性失业和摩擦性失业，其中以结构性失业最为明显，因此"稳就业"政策也要注重针对性。结合当前的经济发展阶段、经济运行态势和外部经济环境，造成结构性失业的主要原因有：其一，实施供给侧结构性改革，推动经济结构的调整和升级，劳动力成本上升，企业根据要素价格的变化通过重新配置资源等主动进行结构性调整，可能会产生局部或区域性的结构性失业；其二，外部环境冲击和不确定性的增加，可能对部分企业和行业的生产经营产生影响，造成产出波动，并导致就业岗位的损失。农民工和大学毕业生等特定群体在特定时段则可能面临短暂的摩擦性失业问题。

其次，失业率变动表现出一定的季节性特征。因此，根据这一特点，有针对性地实施"稳就业"政策非常必要。自从国家统计局开始公布调查失业率以来，该指标明显呈现季节性变化特征，调查失业率高点先后出现在春节过后的2月或3月，农民工返城就业的高峰期，以及7月和8月高校毕业生毕业、择业的高峰期。季节性因素推动的失业具有摩擦性失业的典型特征，失业周期短，造成的福利损失也相对较小。同时，也意味着根据失业率

变动的季节性特点，提前做好政策干预的准备，加强劳动力市场信息的发布、流通和就业政策的瞄准，是有可能消除失业高点的。

最后，大城市的失业率可能对 2019 年总体失业率产生更大的贡献。自从国家统计局开始公布全国城镇调查失业率以来，31 个大城市的调查失业率水平一直低于全国城镇调查失业率，这反映了大城市在就业创造中处于突出重要的地位。劳动经济学理论认为，大城市产业集中、规模效应明显、劳动力市场信息流动充分，不仅能够吸引新的产业创造更多的就业岗位，而且人口规模增加本身就会产生岗位创造效应。一旦出现就业损失，大城市的劳动者就更容易发现新的就业岗位。也就是说，大城市由于具有更高的劳动力市场厚度（thickness），抵御失业风险的能力更强。[1] 然而，统计数据显示，2019 年大城市与全国城镇的总体失业率水平差距开始收窄，8 月和 9 月甚至连续出现趋同。这种趋势如果延续，则意味着如何重新发挥大城市在就业创造中的作用值得政策关注。

除了保持各个产业部门的发展、不断创造就业岗位以外，保持大城市就业创造能力的一个重要条件是通过鼓励劳动力的自由流动，使大城市的吸纳人口能力不断得到发挥，城市的劳动力市场厚度增加，抵御就业风险的能力就会增强。在经济增长面临的不确定性增加、外部冲击对劳动力市场冲击的风险加大的情况下，要特别注意大城市的城市管理政策与劳动力市场政策的协调，谨防一些城市限制人口流动、分割劳动力市场的措施对就业岗位的损害。

（二）就业总量保持增长

就业总量的增加是衡量劳动力市场运行状况和经济形势的重要指标。有些发达经济体每月公布非农就业岗位和就业率的变化情况，将其作为判断即期劳动力市场运行状况和经济形势的重要参考指标。就业总量指标不仅直观地反映了就业和总需求之间的关系，而且在人口结构发生剧烈变动的时期，有助于提供失业率等指标所不能涵盖的信息，从而更全面地了解劳动力市场

---

[1] Moretti, Enrico, *The New Geography of Jobs*, Boston: Houghton Mifflin Harcourt, 2012.

的变化情况。例如，在人口迅速老龄化的时期，每年退出劳动力市场的人数会迅速增加。在这种情况下，即便以失业率衡量的指标保持稳定，但就业岗位的创造放缓，就业总量指标也可能会对经济形势变化有更敏感的反映。

中国的劳动统计体系在最近几十年取得了长足的进步，但一方面由于处于工业化和城市化高速发展的转型时期，统计制度需要满足不同时期的需求；另一方面统计体系本身也正处于转型阶段，我们尚没有形成综合、全面、常态化的就业统计指标体系，以观察劳动力市场即期变化。就业总量指标就是其中之一。根据中国经济转型和统计指标特点，从以下两个方面分析就业总量的变化，可以更准确地反映劳动力市场的实际情况。

首先，由于人口结构加速变化，城镇净增就业与城镇新增就业之间的差距在不断扩大。前者反映了年度间就业岗位的净变化，后者则只统计每年城镇就业岗位的增加，而不考虑就业岗位的损失情况。在劳动年龄人口总量不断增加的时期，每年进入劳动力市场的人数往往大于退出劳动力市场的人数，此时，城镇就业净增数量可能会大于城镇新增就业数量。相反，当人口老龄化加速，每年退出劳动力市场的人数大于新进入劳动力市场的人数时，城镇就业净增数量可能会小于城镇新增就业数量。如图2所示，2010年城镇就业净增数量大于当年城镇新增就业数量，但随着劳动年龄人口总量开始减少，二者的差距发生逆转。近年来，城镇新增就业数量保持稳定，但城镇就业净增数量呈下降趋势，导致二者差距不断拉大。

截至2019年9月末，实现城镇新增就业1097万人，以2018年城镇净增就业与城镇新增就业的比值0.703估算，到2019年9月末全国城镇就业的总规模约4.42亿人，较2018年同期增加了771万人。然而，如前所述，由于中国仍然处于城市化进程之中，城镇新增就业并不能反映非农就业的全貌，其统计口径也不能完全等价于非农就业，需要通过其他统计指标，从不同的视角反映就业总量的变化。

其次，农民工数量是反映就业总量变化的另一个重要指标。尽管农民工就业与城镇就业存在统计上的重合，但由于外出农民工具有较强的流动性，有相当数量的农民工就业难以纳入城镇就业的统计范围。如果农民工数量与

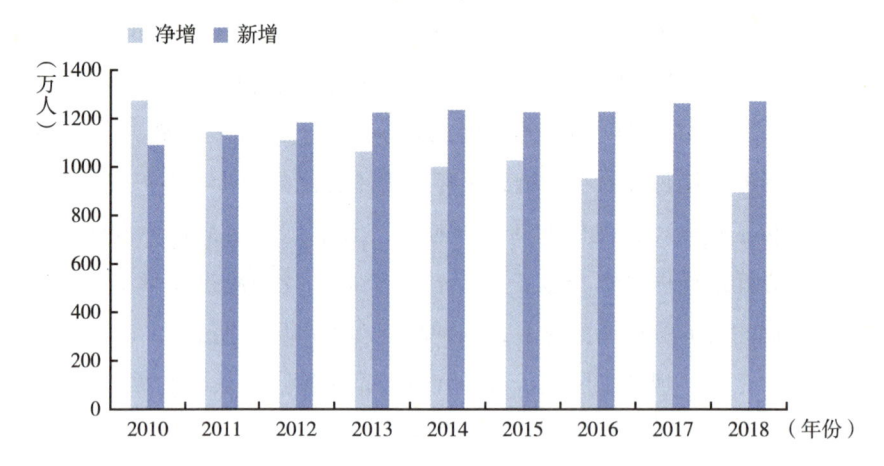

图2　2010~2018年城镇新增就业数量与城镇就业净增数量的变化

资料来源：国家统计局。

城镇就业总量均保持增长，那么就可以确定非农就业总量增加的趋势。根据国家统计局公布的数据，2019年第三季度末农村外出务工劳动力总量达1.83亿人，同比增加201万人。

因此，综合城镇就业总量和外出农民工数量变化，可以看出非农就业总量在2019年仍然保持增长态势，且变化趋势与经济增长指标具有一致性。

（三）工资水平稳步提升

工资水平是劳动力市场上供求关系共同作用的结果，工资水平的变化不仅反映了劳动力市场上供求关系的变动趋势，也对社会经济发展产生了重要影响。一方面，就业是民生之本，其最重要的体现就是工资产生的福利效应，因此，工资是收入构成和收入分配中最重要的决定因素；另一方面，工资是劳动力成本的主要组成部分，对于劳动密集型行业而言，工资与企业成本息息相关。单位劳动力成本的变化更是影响可贸易部门国际竞争力的重要因素。

近年来，随着劳动力市场供求关系的转变，工资水平全面快速上扬，普通劳动力的工资水平变化更为明显。农民工工资决定的市场化程度高，对劳动力供求变化最为敏感，也最能体现劳动力市场工资的动态变化趋势。因此，我们可以从农民工工资的变化来观察劳动力市场中工资及劳动力市场中供求关系的变化情况。根据国家统计局农民工监测调查数据，2010~2014年是农民工工资快速增长的时期，外出农民工月均实际工资增长率均值为11.6%，2015年以后农民工工资增速开始放缓，2015~2018年年均增长率为4.8%。2019年1~9月外出农村劳动力月均收入3952元，以名义价格计算，比上年同期增长6.5%，扣除价格水平变动因素，实际增长3.9%。这一增长水平与当前的经济增长速度是协调的。

其他群体的工资水平变化，也反映了大致相同的趋势。根据国家统计局公布的数据，2019年前三季度，全国居民人均可支配收入22882元，同比名义增长8.8%，扣除价格因素实际增长6.1%，与经济增长基本同步。其中，城镇居民人均可支配收入31939元，实际增长5.4%；农村居民人均可支配收入11622元，实际增长6.4%。在收入来源的构成中，工资性收入在前三季度较上年同期增长8.6%，扣除价格变动因素，实际增长6.0%。

综合上述信息，可以判断，劳动力市场的工资水平在2019年稳步增长，而且实现了工资增长速度与经济增长速度大体同步。

（四）成功应对外部冲击的影响

2019年外部经济环境复杂多变，尤其是美国单方面引发的经贸摩擦，给劳动力市场稳定和"稳就业"工作带来了一定压力。美国引发的经贸摩擦对劳动力市场的影响主要体现如下。

其一，加征关税的影响。加征关税等价格手段会减少生产者对中间产品、消费者对最终产品和服务的需求，并相应地减少劳动力需求。加征关税的最终负担由美国消费者和中国生产者共同承担，承担的比例分成则是由产品的属性，即需求弹性所决定。加征关税使中国输美产品的价格水平提升，引发美国消费者对中国商品的需求下降。根据U.S. Census Bureau的数据，美国从中国进口的商品月度总额从2018年10月的峰值522亿美元，下降

至 2019 年 3 月的 311 亿美元，其后，随着贸易摩擦的暂时缓解有所回升，截至 2019 年 8 月达到 412 亿美元，同比下降 14%。如果对美出口的下降没有被其他国家所替代，那么，将会造成一些就业岗位的损失。不过，中国经济总体的外贸依存度已由 2006 年的峰值 64.2% 下降到 2018 年的 33.9%，出口增加值占 GDP 的比重不足 4%，因此，加征关税对就业的总体影响有限，不到城镇总就业的 1%。2019 年劳动力市场的实际反应也证明了这一点。

其二，对产品全球价值链的影响。价值链是由复杂的长期关系构成的生产网络。与传统的产品一次性交易不同，价值链形成过程具有长期性，调整的难度也更大。参与全球价值链的厂商需要向客户提供更加个性化的服务，增强了员工人力资本的专用性和就业黏性。而且，企业需要在生产网络的组织上花费更多的时间和资源。一方面，长期形成的价值链关系比较稳定，使美国妄图以别的国家取代中国在全球分工体系中的角色更加困难；另一方面，也意味着一旦企业遭遇较强的外部冲击、价值链遭受打击，其重构过程也较之最终产品市场的修复更加困难。这意味着，价值链的损害有可能造成更长期的结构性失业。在外部环境剧烈变化的情况下，高技术龙头企业保持了竞争优势，不仅稳定了产业链上相关企业的生产经营，也确保了相关产业没有出现局部地区或行业失业率急剧上升的情况。

其三，外部环境不确定性的增加对企业经营决策产生负面影响。外部环境的复杂多变大大增加了企业生产经营的不确定性，使企业难以获得稳定的预期。从中长期看，可能使企业的经营决策偏于谨慎，抑制新的投资行为，从而使劳动力需求紧缩。

从总体上，中国经济经受住了外部环境复杂多变的考验，其中，也包括对劳动力市场的考验。由于中国已经成为一个以内需为主导的经济体，外向型经济在国民经济中的相对比重开始下降，外部环境的变化对劳动力市场的总体扰动不大，城镇调查失业率没有出现大幅波动。由于采取了有针对性的"稳就业"举措，受外部环境因素影响较大的特定地区、特定行业并没有出现大规模失业。

二 2020年劳动力市场展望

分析和展望2020年劳动力市场变化趋势，需要从影响劳动供给和需求的各因素着手，综合加以研判。尤其是需要关注在特定阶段可能出现具有典型特征的变化因素，评估其对劳动力市场总体形势产生的影响。

（一）劳动供给因素出现短暂波动

人口结构变化是影响劳动供给的最主要且最基本的因素，而相对于经济指标，人口结构变化在短期内的可预测精度高。在16岁以上的劳动年龄人口中，60岁以下的人口劳动参与率最高[①]，因此，16～59岁的人口总量决定了劳动供给的最大可能。虽然从就业统计的概念上看，并不要求劳动者的年龄在60岁以下，但基于现行退休制度的设计，60岁及以上的人口可以领取养老金，其劳动参与率必然下降。60岁及以上的人口虽然就业率低，但由于退出劳动力市场的比重大，其失业率也低。从政府的工作目标划分看，由于60岁及以上的人口（部分女性55岁及以上）为养老保障体系所覆盖，就业政策可以不成为解决这部分群体民生问题的主要政策工具。这也是就业政策主要关注16～59岁人群的原因。目前，中国的人口转变已经形成了劳动年龄人口逐步减少的长期趋势。2013年以来，中国16～59岁的劳动年龄人口开始持续减少，2018年减少了470万人，2013～2018年累计减少了2225万人。在劳动年龄人口总量逐年减少的情况下，就业压力相对较小，劳动力市场总体上可以维持弱平衡，即低失业率和低就业增长的状态。

然而，根据人口预测数据，16～59岁人口在未来两年可能出现波动，由于1959年和1960年的出生率很低，在2020年退出劳动力市场的人口较之前几年减少。如图3所示，16～59岁人口在2020年略有增加，2021年的

---

① 都阳、贾朋：《劳动供给与经济增长》，《劳动经济研究》2018年第3期。

增幅约为200万人。随后，该年龄段的人口数量将继续处于下降趋势。我们还可以观察女性16～54岁、男性16～59岁的人口变化情况，虽然2020年该年龄段的人口数量仍然减少，但减少幅度较前几年小。由于劳动供给因素出现上述短暂波动，为了维持劳动力市场稳定，将调查失业率控制在5.5%的目标以下，创造就业的任务将更为严峻。

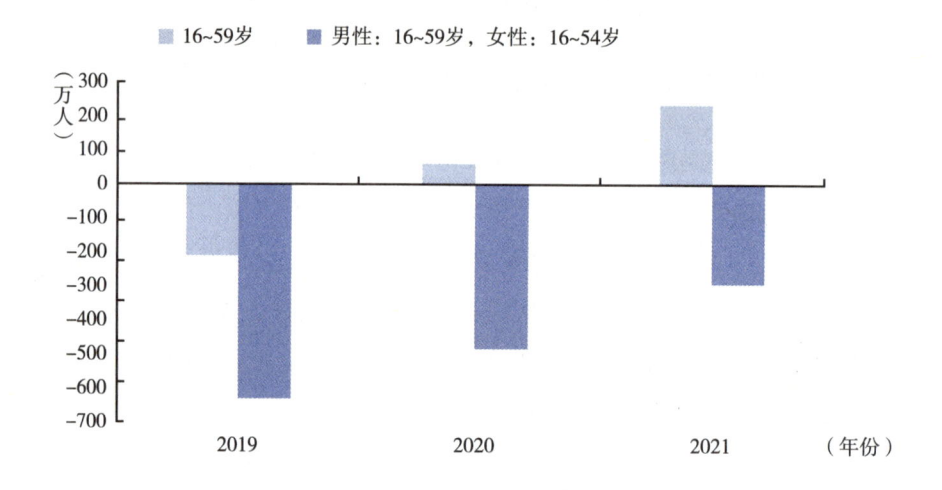

图3 2019～2021年劳动年龄人口数量的年度变化情况

注：以2010年人口数为基础，假设2012以后的几年内TFR上升至1.6并延续。
资料来源：根据郭志刚"分年龄人口数据预测数据库"计算得到。

（二）保持就业稳定所需要创造的岗位数量

如前所述，"稳就业"政策瞄准的目标群体是16～59岁的劳动年龄人口。如果2020年仍然把5.5%的城镇调查失业率作为最核心的调控目标，可以根据已有的参数和可获取的统计信息，在一定假设的基础上，估算2020年需要净增的城镇就业岗位数量，方可实现保持城镇劳动力市场基本稳定的政策目标。

影响城镇就业总量的主要因素包括劳动年龄人口数量、城镇化水平、劳动参与率以及失业率。由于尚未公布劳动年龄人口数量、城镇化水平、劳动参与率的统计信息，我们分别对这几个指标进行适当的假定，如表1所示。

16~59岁的人口数根据分年龄的人口预测数加总而得。2019年的月度平均失业率以1~9月的城镇月度平均失业率5.16%为参考基准,2019年的城镇就业总量的估算方法如前文所述。我们假定城镇16~59岁人口城镇人口劳动参与率保持不变,由此,可以计算出2020年,把城镇调查失业率控制在5.5%以下,大约需要净增559万个就业岗位。根据2019年的情况推演,在2020年完成这样的预定目标难度不大。

表1 城镇就业总量的参数及估算

单位:万人,%

项目	2019年	2020年	2020年较2019年增加
16~59岁总人口*	89848	89908	60
16~59岁人口城镇化率**	64	65	1
16~59岁城镇人口劳动参与率**	66	66	0
16~59岁城镇经济活动人口	37952	38571	619
月度平均失业率	5.16***	5.50	0.34
16~59岁城镇就业总量	35993	36449	456
城镇就业总量	44190	44749	559

资料来源:"*"是根据郭志刚"分年龄人口数据预测数据库"计算得到;"**"参考都阳、贾朋:《劳动供给与经济增长》,《劳动经济研究》2018年第3期;"***"来自国家统计局。

(三)外部环境不确定性仍然存在

虽然中美经贸摩擦可能通过谈判和沟通得到缓和,但由于美国政府奉行的单边主义不可能在短期内消除,外部环境的不确定性仍然存在。相比于关税等价格手段,尤其要防范产业链损失对就业产生的影响。相比由最终产品所形成的劳动力需求,价值链各环节的就业乘数效应更大。根据现有的研究,可贸易部门较其他部门的就业乘数效应更明显,考虑到与其他产业部门的联系,对局部劳动力市场的就业放大效应约为1.6倍。一般来说,参与全球价值链对劳动力市场的影响分为前向效应和后向效应。前向效应是指生产行为由两个以上经济体协作完成,因此,对于特定的经济体而言只是生产可

贸易的中间产品；而后向效应是指用于出口产品的中间品是从其他经济体进口而来，如中国出口美国的智能手机、芯片等元器件可能来自美国或其他经济体。

综合分析"OECD全球价值链数据库"以及"世界投入产出数据"等多个数据来源可以发现，中国在加入WTO后参与全球价值链的程度不断加深，进口中间品增加值度量的后向效应和出口中间品增加值度量的前向效应的水平都在不断提高[①]。即便在2009年遭遇了国际金融危机的冲击，这两个指标的绝对额也在2010年迅速修复，并维持此前的增长态势。但进出口中间品增加值占最终产品增加值的份额在遭遇国际金融危机冲击后一直没有恢复到此前的水平，如前向效应份额从2008年的11.6%降低至2015年的8.5%，后向效应份额从2008年的12.5%降低至2015年的9.4%。这意味着，虽然从绝对水平看，中国参与全球价值链的程度加深，但近年来内需市场增长更迅速。

基于前向、后向的价值链联系，对2005~2015年35个非农行业就业与参与全球价值链的关系进行回归分析，估算一旦遭遇价值链冲击，对就业可能产生的影响。初步的分析结果显示，前向效应的增加值每增加10个百分点，就业增加约1.2个百分点。后向效应的就业弹性在统计上不显著，即后向效应的变化对就业的影响不具有统计含义。基于上述分析结果，根据目前中国经济参与全球价值链的水平，以及外部环境的不同情景，可以预估其对相关行业的就业产生的影响。如果相关的价值链增加值损失幅度分别为10%、30%和50%，造成的就业岗位损失上限占城镇就业总量的比重可分别达到0.28%、0.55%和1.39%。

三 政策建议

积极的就业政策作为政策取向，在相当长时间内都需要坚持。但"稳

---

① 都阳、贾朋：《美国攻击全球价值链对就业的影响》，中国社会科学院人口与劳动经济研究所工作论文，2019。

就业"的具体举措，要根据2020年就业形势可能出现的变化有针对性地实施，以下几个方面值得关注。

（一）把就业纳入宏观经济政策体系需要注重实现方式

就业是民生之本，不断扩大就业、减少失业是政府经济工作的长期目标。但要达到"稳就业"的目标需要适应形势的变化，尤其是应根据劳动供给形势的长期变化，不断丰富其内涵。前文分析指出，由于人口结构的迅速变化，"城镇新增就业"与"城镇就业净增长"已经出现了越来越大的差距。从以往的政策目标看，保持劳动力市场稳定的操作性指标也不断发生变化，由以往的"城镇登记失业率"和"城镇就业净增长"的组合转向"城镇调查失业率"和"城镇就业净增长"的组合。随着人口结构的进一步变化，"稳就业"工作在紧紧盯住失业率的同时，要更加关注就业创造能力。因此，以"城镇调查失业率"和"城镇就业净增长"为调控目标，将更加恰当。

此外，在积极就业政策被纳入宏观经济政策框架后，需要根据自然失业率和经济增长、价格水平的联动关系，确定积极就业政策以及其他调控政策的方向和力度。在劳动力市场进入新古典形态后，经济增长、失业率和价格水平总是围绕潜在经济增长率、自然失业率和适宜的价格水平波动。而财政政策、货币政策和积极的就业政策实施的终极目标就是在寻求缩小实际指标与上述几个均衡指标的差距[1]。显然这也对积极就业政策的执行提出了更高的要求：不仅需要了解劳动力市场的动态变化，还需要掌握其和主要经济指标之间互动关系的规律。

（二）重视外部环境不确定性可能造成的冲击

外部环境不确定性对劳动力市场的影响可能主要来自全球价值链遭受破

---

[1] Powell, J. H., Monetary Policy in a Changing Economy, paper presented at Changing Market Structure and Implications for Monetary Policy, a symposium sponsored by the Federal Reserve Bank of Kansas City, August 2018, https：//www.federalreserve.gov/newsevents/speech/files/powell20180824a.pdf.

坏对就业产生的负面冲击。虽然外部环境对劳动力市场的冲击具有爆发性，但为此所采取的应对举措需要中长期的努力。

首先，要以更大力度在更高水平上扩大对外开放，进一步增强与中国产生紧密联系的经济体在全球价值链上对中国经济的依赖与黏性。深度参与全球化的发达经济体和从全球价值链不断获益的新兴经济体，在全球价值链中相互依存，是唇亡齿寒的同盟。要以中国作为价值链中心所辐射的周边经济体（如东亚、东盟）为重点，扩大开放。

其次，在扩大开放的同时还要切实加大改革力度，提高中国经济参与全球价值链的质量和水平。虽然对全球价值链的攻击会造成部分产业的短期波动，但最终决定全球价值链的因素是关税水平、贸易成本、劳动者技能、营商环境等"内功"。这些都可以通过深化改革加以优化，如加大教育投资并提高教育体系的效率、坚定不移地改善营商环境、切实推进"放管服"、落实对所有企业的竞争中性原则等。

从短期看，部分行业和企业可能因为价值链损失而遭受冲击。而参与全球价值链程度深的行业和企业特征明显，易于瞄准，要及时跟踪。对受到冲击的企业予以综合的政策扶持，防止价值链断裂及其产生的乘数效应对就业的伤害。

（三）关注劳动力市场面临的中长期挑战

积极就业政策纳入宏观经济政策体系，强调的是其在短期稳定劳动力市场的作用。然而，在经济结构转变和人口转变加速的时期，应做好短期政策和中长期政策的衔接。虽然在经济运行压力较大的时候保持劳动力市场稳定至关重要，但也不能为解决短期的劳动力市场问题而积累中长期矛盾。

虽然劳动年龄人口下降的趋势在近两年可能存在短暂的波动，但从中长期看劳动年龄人口下降的趋势还将延续，人口老龄化进程也将加速。劳动供给出现的这种变化，在缓解短期就业压力的同时，也更加凸显了劳动生产率不断增长的紧迫性。因此，劳动力市场政策在强调维持低失业率的同时，也要注重保持劳动参与率的稳定甚至增长，确保就业岗位的增加与劳动生产率的增长同步。

此外，中国劳动力市场的持续结构性变化日益明显[①]，结构性变化给就业稳定带来了不确定性，判断劳动力市场形势的变化也需要以产业结构性变化为背景。例如，当就业从总体上处于由制造业向服务业转变的趋势中，制造业就业的持续减少将不可避免。因此，短期的制造业就业指标恶化（如PMI中的就业分项指标）就不能反映劳动力市场的实际状况。对劳动生产率持续增长的内生需求、劳动力成本的持续上涨必然诱致劳动节约型技术进步，并有可能引发结构性失业。因此，短期的积极就业政策要从新岗位的创造、鼓励劳动者顺利实现就业转型入手，而不能导致劳动力市场的僵化、妨碍经济结构的转型升级和劳动生产率的不断增长。

（四）完善社会安全网的兜底功能

经济发展过程中的失业现象不可避免，一定程度的失业是可以接受的。就当前的经济运行情况看，5%~5.5%的城镇调查失业率与自然失业率接近。从宏观上看，过度干预失业水平可能会使其他宏观经济指标恶化，从而导致政策实施负担更高的成本。但从微观上看，每一个失业的劳动者都面临着福利的损失、承受着失业带来的痛苦。因此，在强调"稳就业"的同时，对适度的失业率，要采取直接瞄准劳动者的方式，发挥社会安全网的兜底作用，对劳动者进行保护。这样既可以减小失业带来的社会震荡，也能确保经济的正常运行。

作为社会安全网的重要组成部分，更好地发挥失业保险制度的作用可以起到立竿见影的效果：通过提高失业保险基金的统筹层次，缓解失业严重地区基金供给不足与就业形势好的地区结余丰富之间的矛盾；通过扩大基金覆盖范围，解决劳动密集型行业对失业保险需求大、受到冲击的风险大，但覆盖率相对低的问题；借鉴国际经验，改革失业保险支付方法，提高资金的使用效率。

[①] 都阳、贾朋、程杰：《劳动力市场结构变迁、工作任务与技能需求》，《劳动经济研究》2017年第3期。

参考文献

[1] Moretti, Enrico, *The New Geography of Jobs*, Boston: Houghton Mifflin Harcourt, 2012.

[2] Powell, J. H., Monetary Policy in a Changing Economy, paper presented at Changing Market Structure and Implications for Monetary Policy, a symposium sponsored by the Federal Reserve Bank of Kansas City, August 2018, https://www.federalreserve.gov/newsevents/speech/files/powell20180824a.pdf.

[3] 都阳、贾朋：《劳动供给与经济增长》,《劳动经济研究》2018年第3期。

[4] 都阳、贾朋：《美国攻击全球价值链对就业的影响》,中国社会科学院人口与劳动经济研究所工作论文，2019。

[5] 都阳、贾朋、程杰：《劳动力市场结构变迁、工作任务与技能需求》,《劳动经济研究》2017年第3期。

B.20
收入分配形势分析及建议

张车伟 赵 文 张 涛*

摘　要： 随着我国收入分配改革不断推进，过去不尽合理的收入分配格局正得以改观。劳动报酬增长和劳动生产率提高基本同步。更大规模的减税降费优化了部门间分配，为经济增长注入了新的活力。居民收入增长和经济增长基本同步，城乡和地区之间的收入差距有所缩小。建立更加合理有序的分配秩序，在初次分配中需要充分发挥市场的决定性作用，让各类要素取得应有的回报，合理提高工薪劳动者的收入水平；再分配环节要注重调节收入差距，完善"先富带动后富"的机制，让改革发展成果更多更公平惠及全体人民，实现全体人民共同富裕。

关键词： 收入分配　劳动报酬　统计外收入　收入差距

合理的收入分配是激发各方生产积极性的前提，是经济持续健康发展的基础。国民收入分配的起点是功能性分配。所谓功能性分配就是国民收入在要素间的分配，实际上就是在劳动和资本要素之间的分配。不过，在国民收入核算中，除了劳动报酬和资本报酬之外，国民收入分配的最初环节还有生产税净额和混合收入两个项目。生产税净额是在初次分配环节政府取得的收入，既包含劳动的贡献，也包含资本的贡献。而混合收入则是因为没有办法

---

* 张车伟，中国社会科学院人口与劳动经济研究所所长，研究员；赵文，中国社会科学院人口与劳动经济研究所副研究员；张涛，中国社会科学院人口与劳动经济研究所博士后。

区分要素的贡献，需要在统计当中被单独列出来。因此，在观察国民收入的功能性分配时，统计上会涉及劳动报酬、资本报酬、生产税净额和混合收入四个部分。

鉴于不同的生产要素由不同的经济部门掌握，各个经济部门支付了使用其他部门生产要素对应的报酬，取得其他经济部门使用本部门生产要素对应的报酬后，就形成了国民收入在部门之间的初次分配。在统计上一般分为非金融国有企业、非金融民营企业、金融机构、政府和住户五个部门。初次分配主要是市场机制发挥作用的结果，体现的是效率，也正因为如此，在初次分配的基础上，政府往往会加以调节，调节的结果就是国民收入在部门之间的再分配。

关注收入分配问题，除了关注国民收入在要素间和部门间的分配之外，还应关注收入在居民部门内部的分配状况，尤其是收入在居民之间分配的不均衡程度，也就是常说的收入差距问题，这也被称为收入的规模性分配。

一 国民收入在要素间的功能性分配形势分析

长期以来，劳动报酬份额偏低一直是我国功能性分配中存在的主要问题。近年来，劳动报酬份额随着市场环境的改善和收入分配改革的深入而不断提高。

（一）劳动报酬份额持续提高，功能性收入分配格局改善

所谓劳动报酬就是劳动要素在市场分配环节取得的回报，除工资外，包括奖金、津贴以及社会保险费等与劳动相关的收入。我国关于劳动报酬的统计口径，近年来不断调整。根据最新的统计口径，劳动报酬指雇员从事生产活动应获得的全部报酬，既包括货币形式的报酬，也包括实物形式的报酬，主要包括工资、奖金、津贴和补贴，单位为其员工缴纳的社会保险费、补充社会保险费和住房公积金，行政事业单位职工的离退休金，单位为其员工提供的其他各种形式的福利和报酬等。

当观察劳动报酬份额变化情况时，从国际上看，通常有两种统计口径，一种是宽口径，另一种是窄口径。① 宽口径是把自雇经济②部门收入中分拆出来一部分视作劳动报酬，并把它和雇员劳动报酬之和作为全部经济体的劳动报酬。宽口径对自雇经济收入中应该有多大比例被视为劳动报酬收入具有一定的随意性，因此，讨论自雇收入中的劳动报酬意义不大。一般来说，发达国家的自雇经济比重较低，发展中国家则较高，因此使用这一口径对劳动报酬进行国际比较时，往往会造成一些含义上的混乱。另一种口径被称为窄口径，这一口径也是联合国国民经济核算体系（SNA）使用的统计口径，也就是仅仅计算雇员部门的劳动报酬；而对自雇经济部门收入进行单独核算，全部归入混合收入项目下。图1是根据国家统计局公布的资金流量表数据，分劳动报酬、资本报酬、生产税净额和混合收入四个分配项目，观察到的收入分配格局的变动情况。③

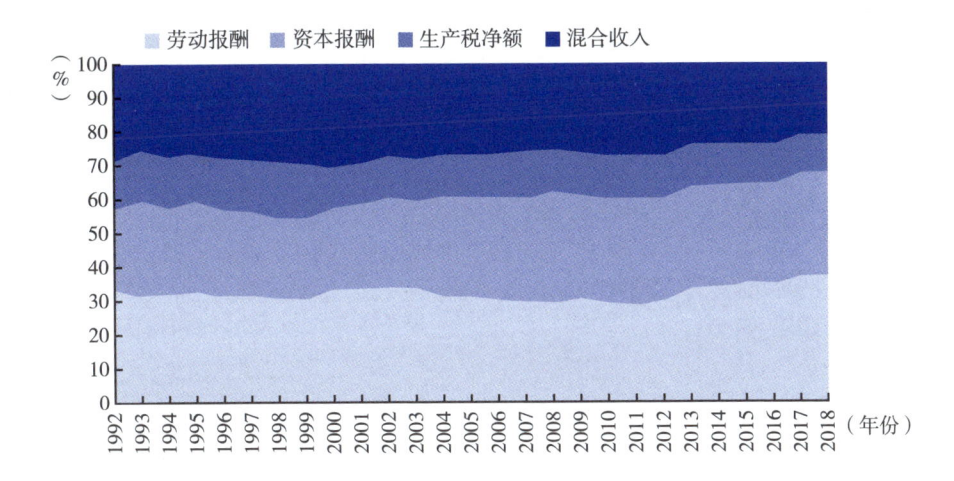

图1 劳动报酬、资本报酬、生产税净额和混合收入在GDP中的份额

资料来源：根据国家统计局数据计算。

---

① 张车伟、赵文：《中国劳动报酬份额问题——基于雇员经济与自雇经济的测算与分析》，《中国社会科学》2015年第12期。
② 自雇经济就是自我雇佣的经济活动，包括个体经济和农户经济。
③ 本文将资金流量表（非金融交易）更新到2018年。

表1列示了两种口径劳动报酬份额的变化。劳动报酬占全部GDP的比例中的合计项目,是宽口径的劳动报酬份额。2008年,这一份额为47.01%,2018年提高到51.75%,提高了4.75个百分点。其中,窄口径的雇员经济部门劳动报酬占全部GDP的比例从2008年的29.87%提高到2018年的37.45%,提高了7.59个百分点。自雇经济部门劳动报酬占全部GDP的比例,从2008年的17.14%下降到2018年的14.30%,下降了2.84个百分点。

表1 我国劳动报酬份额的变化

单位:%

年份	劳动报酬占全部GDP的比例			劳动报酬占本部门GDP的比例	
	合计	雇员经济部门	自雇经济部门	雇员经济部门	自雇经济部门
2008	47.01	29.87	17.14	41.36	65.50
2009	47.76	30.50	17.27	42.79	65.06
2010	46.11	29.49	16.63	42.01	61.04
2011	45.39	28.91	16.47	41.47	60.47
2012	47.46	30.07	17.39	43.30	64.39
2013	50.25	33.15	17.10	44.37	69.95
2014	50.96	33.85	17.10	44.56	69.95
2015	51.80	34.70	17.10	45.66	69.95
2016	52.05	34.95	17.10	45.97	69.95
2017	51.57	37.07	14.50	47.26	67.27
2018	51.75	37.45	14.30	47.80	66.07

雇员经济是以公司化、组织化或者产业化生产方式为特征的生产部门,有明确的雇佣劳动关系,资本和劳动的贡献容易区分,能够实现按要素贡献进行分配。因此,雇员经济部门的劳动报酬份额是真正反映要素分配关系的关键指标,2008年这一份额为41.36%,2018年提高到47.80%。雇员经济部门包括非金融国有企业、非金融民营企业、金融机构部门和政府部门四个部门。从各部门情况来看,2018年,非金融国有企业的劳动报酬份额约为48.1%,非金融民营企业约为42.7%,金融机构部门约为33.4%,政府部门约为88.3%。与2013年相比,非金融民营企业和金融机构部门的劳动报

酬份额有了明显提高。非金融国有企业劳动报酬份额高于民营企业。国有企业劳动报酬增长偏快、高管薪酬与普通员工工薪水平差距过大的问题一直存在。非金融国有企业的劳动报酬份额在2017年开始下降，反映了近年来国有企业工资决定机制改革，尤其是改革工资总额确定办法、完善工资与效益联动机制两方面取得的成效。

表2 各部门劳动报酬份额

单位：%

年份	非金融国有企业	非金融民营企业	金融机构部门	政府部门
2013	45.2	39.6	29.4	87.1
2014	46.6	39.7	29.3	85.9
2015	49.1	40.2	30.1	86.4
2016	49.6	39.9	31.8	86.8
2017	48.0	42.2	33.0	87.1
2018	48.1	42.7	33.4	88.3

资料来源：根据国家统计局数据计算。

劳动报酬份额持续提高表明功能性分配持续改善。劳动报酬份额提高有三个方面原因。一是劳动力市场供求形势转变，从供大于求转向供求总量基本平衡，从而拉动工资上涨。二是非正规就业向雇员就业转变，个体经济和农户经济组成的自雇经济占全国GDP的比重不断下降，释放出的劳动力进入正规经济部门成为雇员，增加了劳动报酬的来源。三是企业实际社保费率不断提高，加之机关事业单位工作人员养老保险的改革，[①] 劳动报酬中的社会保险费、补充社会保险费占比不断提高，推高了劳动报酬份额。

具体来看，首先，劳动力市场供求形势的转变推高劳动报酬水平。我国劳动参与率的下降趋势由来已久，加之劳动年龄人口数量在2013年达到高点之后开始下降，我国经济活动人口和就业人员总数分别于2017年和2018年开

---

① 参见《国务院关于机关事业单位工作人员养老保险制度改革的决定》（国发〔2015〕2号），访问时间：2019年10月1日。

始出现趋势性下降。根据《2018年国民经济和社会发展统计公报》，2018年末全国就业人员77586万人，比2017年减少54万人，增长率为-0.07%。就业人员总数的增长率也能反映就业的变化趋势。2007年就业人员总数为75321万人，此后以0.37%的年均增长率增长到2014年的77253万人，而后，增长率出现了趋势性下降。2017年就业人员总数为77640万人，仅比2016年增加37万人，与之前十年动辄二三百万人的增量难以比拟。

其次，就业雇员化增加了劳动报酬的来源。劳动力从自雇经济向雇员经济的转变就是国民经济的雇员化。劳动者在自雇经济中通过劳动得到的收入被统计为混合收入的一部分，而当这个劳动者进入雇员经济中，他通过劳动得到的收入，如工资、单位为其缴纳的社会保险费、雇员股票期权、企业年金等，被统计为雇员劳动报酬。1992~2018年，我国自雇经济占国民经济的比重从23.4%下降到18.1%，雇员就业占总就业的比重从43.6%提高到66.7%，推动劳动报酬总额增加。

最后，就业正规化提高了实际社会保险费率。社会保险费是劳动报酬的重要部分。我国就业的主要矛盾已经从以就业岗位不足为特征的总量矛盾转变为以就业质量不高为特征的结构性矛盾。实际社会保险费率不断接近政策要求的费率水平，是就业质量提高的重要方面。2008年《劳动合同法》实行以来，企业用工更加规范，就业保障显著提高。无论是参加城镇职工基本养老保险人数，还是参加职工基本医疗保险人数，抑或参加失业保险、工伤保险人数，都在不断增加。除了企业雇员以外，2015年，机关事业单位工作人员养老保险改革加速，从以前视同缴费状态，转变为基本养老保险费纳入社会保障基金财政专户，扩展了劳动报酬的来源，并大幅增加了劳动报酬总额。2018年，机关事业单位基本养老保险基金收入达到了13444.8亿元。企业部门实际保险费率由2008年的14.7%提高到2018年的16.8%，包括机关事业单位的全社会实际保险费率由2008年的12.5%提高到2018年的20.3%。

（二）劳动者工资水平仍然偏低

虽然从宏观来看，劳动报酬份额持续提高，但还要看劳动报酬是怎么提高的及其对劳动者的影响。如图2所示，尽管劳动报酬份额提高了，但对工资尤其是对劳动者真正拿到手的工薪收入的影响并没有同样增大。

在劳动报酬中扣减了社会保险费、住房公积金、个人所得税后的部分，是劳动者的可支配劳动报酬。它是可以用来消费和储蓄的劳动报酬，是普通劳动者最后能够获得的收入。2008年，可支配劳动报酬为75948.3亿元，占当年GDP的23.8%。2018年，可支配劳动报酬为232611.9亿元，占当年GDP的25.8%。2018年，可支配劳动报酬占劳动报酬总额的比重为70%，较2008年下降了10个百分点。这表明，近年来劳动报酬份额有所提高，其中重要的原因是社会保险费、住房公积金、企业年金、个人所得税等居民不可支配部分快速增加。与2008年相比，2018年劳动报酬总额占GDP的比重提高7.6个百分点，可支配劳动报酬总额占GDP的比重提高2.0个百分点。两者相差的5.6个百分点就是各类扣款占GDP比重的提高幅度。

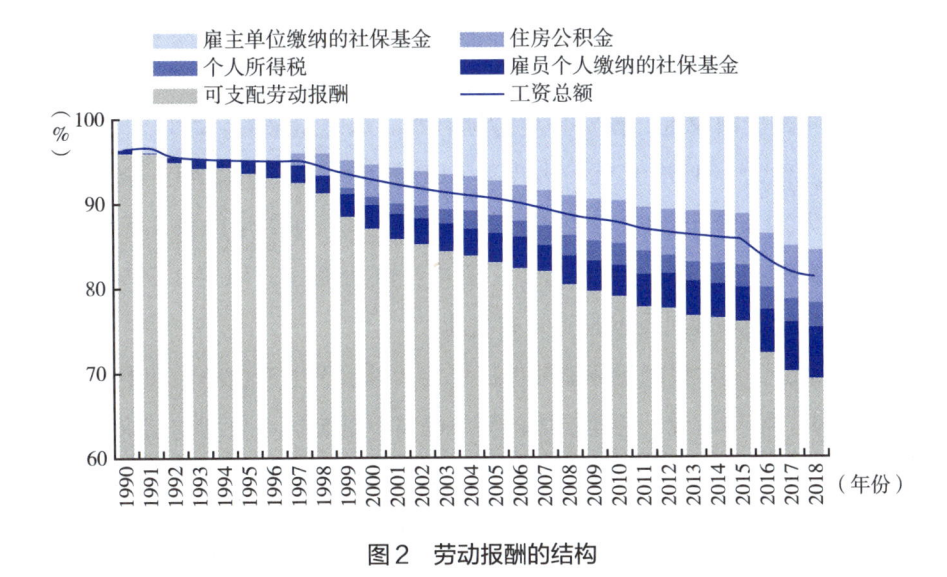

图2 劳动报酬的结构

资料来源：根据国家统计局数据计算。

过去，劳动力市场供大于求，市场环境不利于普通劳动者，造成工资水平偏低。近年来，随着劳动力市场转变，市场环境似乎正在向着有利于劳动者的方向变化。但是，一些行业和一些经济领域过高的资本回报率抬

高了要素价格，使得中小企业在资本市场上处于较为不利的地位。实际上是让中小企业承担了一部分本该由其他部门承担的风险。这造成中小企业淘汰率过高。我们经常说，中小企业具有"五六七八九"的典型特征，这个"八"就是中小企业创造了80%以上的城镇劳动就业。中小企业所承担的风险，就业于其中的普通劳动者也在承担，造成了我国劳动者的工资水平长期偏低。现在我国普通劳动者的工资水平尽管较过去有所提高，但横向来看，与发达国家不低于50%的劳动报酬份额相比还有一些差距。①

（三）资本报酬份额稳定，投资环境持续有利

根据国民经济核算原理，任何增加值最后都会以要素报酬的形式归于某种要素的所有者。一个经济体的GDP，在减去劳动报酬、生产税净额和混合收入之后，剩余部分就是企业部门的资本报酬。它的实现形式是企业部门的盈余，以及财产收入和固定资产折旧。

资本报酬份额稳定，投资环境持续有利。从总量来看，2012年，全国资本报酬总额为164299亿元，占当年GDP的30.5%。2018年，全国资本报酬总额为273535亿元，占当年GDP的30.4%。2012年以来，我国劳动报酬份额持续提高。在这种形势下，资本报酬份额一直稳定在30%左右，这说明我国投资环境对资本是持续有利的。

具体来看，资本报酬份额能够保持稳定，得益于生产税净额和混合收入的相对减少。换句话说，劳动报酬份额的提高不是与资本争利的结果。生产税净额占GDP的比重，2012年为12.8%，2018年下降为11.1%。生产税净额占比的下降反映出减轻企业税费负担的宏观调控思路。混合收入占GDP的比重，从2012年的26.6%下降到2018年的21%。个体经济及农户经济规模相

---

① 2011年，美国雇员劳动报酬份额约为54.9%，日本约为52%，英国约为56.3%，德国约为55.8%，法国约为57.8%。2017年，美国雇员劳动报酬份额约为55.4%，日本约为50.7%，英国约为55%，德国约为57.9%，法国约为58.6%。

对减小,是我国经济工业化、城镇化、非农化、正规化的表现。①

从部门来看,2018年,非金融国有企业资本报酬份额约为43.9%,非金融民营企业约为39.5%,金融机构部门约为56.7%,政府部门约为11.3%。② 进一步提高资本报酬,关键在于减税降费。如表3所示,非金融国有企业资本报酬份额之所以较高,关键在于生产税净额的份额较低。2018年,非金融国有企业生产税净额的份额为8.0%,远远低于非金融民营企业17.8%的水平。

表3 各部门功能性分配的规模和结构

单位:亿元,%

	项目	非金融国有企业	非金融民营企业	金融机构部门	政府部门	住户部门
	功能性分配规模					
2017年	增加值	114551	392556	65395	71373	176879
	劳动报酬	54946	165541	21587	62200	171881
	资本报酬	50445	153725	37782	8803	
	生产税净额	9160	73290	6026	370	4999
2018年	增加值	120969	436090	69100	79257	194894
	劳动报酬	58149	186027	23057	69950	189271
	资本报酬	53132	172309	39163	8931	
	生产税净额	9688	77754	6880	376	5623
	功能性分配结构					
2017年	增加值	100.0	100.0	100.0	100.0	100.0
	劳动报酬	48.0	42.2	33.0	87.1	97.2
	资本报酬	44.0	39.2	57.8	12.3	
	生产税净额	8.0	18.7	9.2	0.5	2.8
2018年	增加值	100.0	100.0	100.0	100.0	100.0
	劳动报酬	48.1	42.7	33.4	88.3	97.1
	资本报酬	43.9	39.5	56.7	11.3	
	生产税净额	8.0	17.8	10.0	0.5	2.9

资料来源:根据国家统计局数据计算。

① 在我国的统计中,混合收入还包括居民自有住房服务业增加值,即居民自有住房提供的服务所产生的收入,包括出租服务收入和虚拟服务收入。2018年,居民自有住房服务业增加值为26613亿元。从结构来看,2008年,居民自有住房服务业增加值占混合收入的比重为10.5%,2018年提高到13.7%。同期,城乡个体经济增加值占比从49.5%提高到51.7%,农户经济增加值占比从40%降低到34.7%。
② 住户部门的劳动报酬和资本报酬不做划分,合计为混合收入。

从结构来看，利息、红利和其他盈余是资本报酬最主要的三个部分。2018年，利息收入为110263亿元，占资本报酬总额的40.3%。红利包括上市公司发放的红利（流通股现金红利和股票红利）以及非上市公司发放的红利。2018年，红利总额约为16349亿元，约占资本报酬总额的6.0%。地租包括土地租金、资源税、矿产资源补偿费收入、探矿权采矿权有偿使用费收入、国有资源有偿使用收入。2018年，地租总额约为8326亿元，约占资本报酬总额的3.0%。其他财产收入主要是保险投资收益。2018年，其他财产收入总额约为271亿元，约占资本报酬总额的0.1%。其他盈余主要是固定资产折旧。2018年，其他盈余总额约为138326亿元，约占资本报酬总额的50.6%。

表4 资本报酬的基本情况

单位：亿元

年份	利息	红利	地租	其他财产收入	其他盈余	资本报酬总额
2008	33673	8978	1337	797	56016	102867
2009	32354	9235	1734	803	63635	108364
2010	46212	3410	2429	1103	72510	126678
2011	66516	4553	3076	1383	76128	152876
2012	82928	4714	4411	1943	68311	164299
2013	68562	6603	5128	1629	95958	180831
2014	78887	9184	5869	1450	93357	191896
2015	79449	13441	6743	368	100539	204727
2016	80016	13614	6877	178	113262	218337
2017	84565	15322	7822	169	137878	250755
2018	110263	16349	8326	271	138326	273534

资料来源：根据国家统计局数据计算。

二 国民收入在部门间的分配：初次分配和再分配形势分析

不同的生产要素由不同的经济部门掌握。各个经济部门支付了使用其他部门生产要素对应的报酬，取得其他经济部门使用本部门生产要素对应的报酬后，就形成了国民收入在非金融国有企业部门、非金融民营企业部门、金融机构部门、政府部门和住户部门之间的初次分配。初次分配是市场自发分配的结果，但市场是有缺陷的。初次分配中的不公平，需要政府加以调节，这就是再分配。

初次分配主要向企业部门倾斜，再分配向政府部门倾斜，这是改革开放以来我国部门分配的基本格局。2012年以来，我国加快健全以税收、社会保障、转移支付为主要手段的再分配调节机制，再分配开始大幅度向居民部门倾斜。这清晰地体现了党的十八大报告提出的"初次分配和再分配都要兼顾效率和公平，再分配更加注重公平"的执政思路。

（一）初次分配向企业部门倾斜，金融和房地产行业占比提高

企业、政府、居民之间的分配格局是指初次分配和再分配后三个部门的收入情况（见表5）。初次分配总收入是指根据对经济增长的贡献程度，各部门获得的收入总额。在初次分配环节，企业部门获得收入的途径是通过经营活动获取增加值和财政补贴，通过投资活动获取财产收入，这些收入扣减必须要支付给其他部门的部分，主要是劳动报酬、间接税和利息、红利、地租、保险投资收益，得到企业部门的初次分配总收入。政府部门初次分配总收入是政府运行中产生的增加值、征缴的间接税、得到的利息收入、国有股权红利、地租，然后扣减政府雇员的劳动报酬，以及财政补贴和利息支出。居民部门初次分配总收入是城乡个体经济活动和农业生产活动产生的增加值、来自企业和政府的劳动报酬、得到的利息收入、来自股票市场的分红、保险投资收益，然后扣减间接税和利息支出。

初次分配向企业部门倾斜。虽然与2008年相比，企业部门的初次分配总收入占比略有下降，但是与2012年相比明显提高。企业部门的初次分配总收入占比的提高主要是政府部门初次分配总收入占比下降的结果。2012年，政府部门初次分配总收入占比为15.6%，2018年下降到14.2%。

企业部门初次分配总收入中，金融和房地产行业占比提高。企业部门的

初次分配总收入中,金融行业初次分配总收入占全国初次分配总收入的比重,2012年为4.0%,2018年提高到5.6%;房地产行业初次分配总收入占比,2012年为3.9%,2018年提高到4.3%。企业部门中的实体经济的初次分配总收入占比从2012年的14.9%提高到2018年的16.1%。实体经济的初次分配总收入占比的提高速度慢于金融和房地产行业。

表5 国民收入分配格局变化:初次分配和再分配

单位:%,个百分点

初次分配总收入格局			
年份	企业	政府	居民
2008	26.6	14.7	58.7
2009	24.7	14.6	60.7
2010	24.5	15.0	60.5
2011	23.9	15.4	60.7
2012	22.7	15.6	61.6
2013	24.1	15.2	60.7
2014	24.7	15.2	60.1
2015	24.2	14.9	60.9
2016	24.3	14.5	61.3
2017	25.4	14.0	60.6
2018	25.6	14.2	60.2
可支配总收入格局			
年份	企业	政府	居民
2008	22.7	19.0	58.3
2009	21.2	18.3	60.5
2010	21.2	18.4	60.4
2011	20.0	19.2	60.8
2012	18.5	19.5	62.0
2013	19.8	18.9	61.3
2014	20.5	18.9	60.6
2015	19.8	18.5	61.6
2016	20.0	17.9	62.1
2017	21.2	18.0	60.8
2018	21.4	17.9	60.7

续表

	初次分配总收入－可支配总收入		
年份	企业	政府	居民
2008	3.9	-4.2	0.4
2009	3.5	-3.7	0.2
2010	3.3	-3.4	0.1
2011	3.9	-3.8	-0.1
2012	4.3	-3.9	-0.3
2013	4.4	-3.7	-0.6
2014	4.2	-3.6	-0.6
2015	4.3	-3.6	-0.7
2016	4.2	-3.4	-0.8
2017	4.2	-3.9	-0.3
2018	4.3	-3.7	-0.5

资料来源：根据国家统计局数据计算。

（二）再分配向居民部门倾斜，居民收入占比显著提高

再分配后，形成可支配总收入。企业部门的可支配总收入包括初次分配总收入、保险赔付收入，然后扣减所得税、保险费用和捐赠费用。政府部门可支配总收入包括初次分配总收入、所得税、来自居民的社会保险缴款、保险赔付收入、捐赠收入，然后扣减社会保险福利费用、社会补助、捐赠支出。居民部门的可支配总收入包括初次分配总收入、来自政府部门的社会保险福利、社会补助、捐赠、保险赔付收入、跨境收入，然后扣减所得税、社会保险缴款、保险费用、跨境支出。

与初次分配相比，再分配的基本格局是企业部门收入占比下降，政府部门收入占比上升。2012年开始，再分配大幅度向居民部门倾斜。居民部门支付的个人所得税、社会保险费规模相对缩小，得到的社会保险福利、社会补助规模相对增大。

三 "更大规模减税降费"对收入分配格局的影响

2019年，我国实行了更大规模减税降费。这次减税降费着眼于"放水养鱼"、增强发展后劲并考虑到财政可持续，是减轻企业负担、激发市场活力的重大举措，是完善税制、优化收入分配格局的重要改革，是宏观政策支持稳增长、保就业、调结构的重大抉择。减税降费及相关配套措施如下。

一是实施更大规模的减税。根据财政部、税务总局和海关总署发布的《关于深化增值税改革有关政策的公告》，此次普惠性减税与结构性减税并举，重点降低制造业和小微企业税收负担。深化增值税改革，将制造业等行业现行16%的税率降至13%，将交通运输业、建筑业等行业现行10%的税率降至9%，确保主要行业税负明显降低；保持6%一档的税率不变，但通过采取对生产、生活性服务业增加税收抵扣等配套措施，确保所有行业税负只减不增。2019年1月，财政部、税务总局发布《关于实施小微企业普惠性税收减免政策的通知》，将增值税小规模纳税人起征点由月销售额3万元提高到10万元，小微企业的标准放宽为应纳税所得额不超过300万元、从业人数不超过300人、资产总额不超过5000万元。其中，应纳税所得额在100万元以下的，税负降至5%，应纳税所得额在100万~300万元的，税负降为10%，分别低于标准税率20个百分点、15个百分点，对于小微企业缴纳的部分地方税种（"六税两费"）可在50%幅度内减征。这一举措惠及近1798万家企业，超过全国纳税企业总数的95%，其中民营企业占98%。

二是明显降低企业社保缴费负担。下调城镇职工基本养老保险单位缴费比例，各地可降至16%。继续执行阶段性降低失业和工伤保险费率政策，使企业特别是小微企业社保缴费负担有实质性下降。

三是增加特定国有金融机构和央企上缴利润。党的十八届三中全会审议通过的《中共中央关于全面深化改革若干重大问题的决定》提出，"提高国有资本收益上缴公共财政比例，2020年提高到30%，更多用于保障和改善民生"。2014年《关于进一步提高中央企业国有资本收益收取比例的通知》和2018年《关于完善国有金融资本管理的指导意见》两个文件具体化了改革措施。2019年加大了特定国有金融机构和央企上缴利润的力度，还从中央国有资本经营预算调出更多资金用于一般公共预算中的保障和改善民生。

四是划转部分国有资本充实社保基金。为建立更加公平、更可持续的养老保险制度，2017年11月，国务院发布《划转部分国有资本充实社保基金实施方案》，决定划转部分国有资本充实社保基金，划转范围是中央和地方国有及国有控股大中型企业、金融机构，划转比例统一为企业国有股权的10%。[1] 根据近期相关文件的要求和部署，中央和地方划转工作在2019年全面推开，并将于2020年底前基本完成。

从分配涉及的资金规模来看，根据预算，减税涉及资金约为18700亿元，社保降费约为1280亿元，部分金融机构和中央企业上缴利润约为5650亿元，从中央国有资本经营预算调出资金约为390亿元，划转部分国有资本充实社保基金带来的收入约为2600亿元[2]。

以上措施对部门分配格局影响显著。我们预测，初次分配中，2019年政府部门初次分配占比为12.2%，较2018年下降2个百分点。这主要是增值税减税的结果。相应地，非金融国有企业初次分配占比提高0.5个百分点，达到4.5%；非金融民营企业初次分配占比提高1.6个百分点，达到17.6%。再分配后，2019年政府部门再分配占比为16.2%，较2018年下降1.7个百分点。相应地，非金融国有企业再分配占比提高0.2个百分点，为3.6%，非金融民营企业再分配占比提高1.6个百分点，为14.7%。

---

[1] 公益类企业、文化企业、政策性和开发性金融机构以及国务院另有规定的除外。
[2] 2018年，我国非金融国有企业国有资本权益总额约为58.7万亿元，金融国有企业国有资产约为17.2万亿元，行政事业单位国有净资产约为23.6万亿元。2019~2020年两年划拨完成。同期国有企业利润总额约为53034亿元，因此估计2019年带来的收入约为2600亿元。

表6　2019年部门分配形势：初次分配和再分配

单位：%，个百分点

初次分配总收入格局					
年份	非金融国有企业	非金融民营企业	金融机构	政府	居民
2018	4.0	16.0	5.6	14.2	60.2
2019	4.5	17.6	5.6	12.2	60.1
可支配总收入格局					
年份	非金融国有企业	非金融民营企业	金融机构	政府	居民
2018	3.4	13.1	4.9	17.9	60.7
2019	3.6	14.7	4.7	16.2	60.9
初次分配总收入－可支配总收入					
年份	非金融国有企业	非金融民营企业	金融机构	政府	居民
2018	0.6	2.9	0.7	-3.7	-0.5
2019	0.9	2.9	0.9	-4.0	-0.8

资料来源：根据财政部、国家税务总局、国家统计局数据计算。

总体来看，本轮收入分配格局调整中，非金融民营企业部门收益最大，政府部门收入下降，非金融国有企业部门次之，居民部门再次之。虽然从国有企业调拨资金进入了一般公共预算和社保基金，但是不足以补充减税降费带来的政府资金缺口。对此，要求各级政府压减一般性支出，大力优化支出结构，适当提高赤字率，收回长期沉淀资金，盘活各种资金和资产。

四　居民的收入增长和收入差距变化

党的十八大和十八届三中、四中全会提出到2020年实现城乡居民人均收入比2010年翻一番、全面建成小康社会的宏伟目标。当前，居民收入增长和经济增长实现了基本同步，居民收入在国民收入分配中的比重较前一个时期有了明显提高。城乡居民人均收入比2010年翻一番的目标能够顺利实现。

（一）居民收入与经济增长实现基本同步，低收入群体收入状况明显改善

判断居民的收入增长和收入差距形势，可依据国家统计局发布的住户调

查数据。数据显示，2018 年居民可支配收入总额为 39.4 万亿元。近期居民可支配收入总额占 GDP 的比重为 40%~48%。自 2002 年开始，这一比重经历了长期下降的过程，2011 年降低到 39.8%，之后在 2016 年提高到 44.5%。2017 年和 2018 年，这一比重分别下降到 44% 和 43.8%。根据 2019 年前三季度的数据来推算，2019 年居民可支配收入总额占 GDP 的比重将会回升到 44%。

图3 居民可支配收入总额及其占 GDP 的比重

资料来源：根据国家统计局数据计算。

由于收入来源的性质不同，各类收入与经济增长的相关程度也不同。从根本上来说，居民收入增长与经济增长的不同步，源于 GDP 构成和居民收入构成之间存在差异。居民收入的来源有劳动报酬、财产性收入、经营性收入和转移性收入。在居民部门，大部分经营性收入实际上是劳动报酬，因此，区分劳动报酬和经营性收入的意义并不是很大。2008 年以来，劳动报酬占居民收入的比重不断上升，2018 年达到 85.2%，而经营性收入占比不断下降（见表7）。这主要反映了我国经济正规化以及就业雇员化的趋势。

表7 居民可支配收入的结构

单位：%

年份	劳动报酬	财产性收入	经营性收入	转移性收入
2008	81.0	4.4	14.4	0.3
2009	80.5	3.8	15.3	0.4
2010	78.5	3.4	17.6	0.5
2011	77.8	3.7	18.0	0.5
2012	79.8	4.1	15.5	0.6
2013	83.7	4.0	11.4	0.9
2014	84.0	3.9	11.2	0.9
2015	84.5	3.5	10.9	1.1
2016	84.1	3.8	10.9	1.2
2017	85.1	3.9	10.6	0.4
2018	85.2	2.7	11.0	1.1

资料来源：根据国家统计局数据计算。

多渠道增加居民财产性收入一直是我国收入分配改革的重要目标。目前，居民财产性收入的渠道有：存贷款产生的净利息收入、国债利息收入、股东的利润分配收入（主要是A股市场的红利）、保险业投资收益中属于居民的部分。由于目前国债主要是用作金融工具，回报率较低，居民已经很少持有。目前，居民财产性收入中，利息占60%，红利占13%，保险业投资收益占27%，这一结构与2008年相比，分别变化了16个、4个和12个百分点，在数额上分别是2008年的1.9倍、3.6倍和4.2倍。而同期，GDP增长了2.6倍，全国租赁房房租总额增长了1.7倍。这说明，证券市场和保险市场是财产性收入增长的主渠道。利息净收入增长缓慢主要是由于居民住房贷款增长较快，贷款利息支出增长加快。而住房贷款利息，要高于租赁房屋得到的收入，资金配置存在问题。此外，利息收入中的中低收入群体占比较高，红利和保险业投资收益中的中高收入群体占比较高。因此，财产性收入的结构变化意味着居民收入差距拉大。

转移性收入占比很小。这里的转移性收入指的是由其他部门创造的财富,转移到居民部门中的收入。① 转移性收入主要的进项是社会保险福利、社会补助和保险业赔付,主要的出项是个人收入税、社会保险缴款和保险业保费中居民承担的部分。由于社会保险现收现付、个人所得税和社会补助的资金规模大致相当,部门之间的转移性资金规模很小。这种再分配方式的主要意义在于居民内部的收入差距调节。

低收入群体状况改善。2018 年,贫困地区农村居民人均可支配收入 10371 元,是 2012 年的 1.99 倍,年均增长 12.1%;扣除价格因素,年均实际增长 10.0%,比全国农村平均增速快 2.3 个百分点。2018 年贫困地区农村居民人均可支配收入是全国农村平均水平的 71.0%,比 2012 年提高了 8.8 个百分点,与全国农村平均水平的差距进一步缩小。

(二)居民收入差距经过多年缩小后,近年来略有扩大

虽然居民收入与经济增长实现了基本同步,但这并不意味所有居民的收入都实现了这种同步。因此,我们还要关注居民收入差距的变化情况。

2013～2018 年,居民收入差距先减小后增大。判断居民收入差距的重要指标是居民收入差距指数,计算公式是"全国居民人均可支配收入"的平均数除以中位数,数据由国家统计局按季度发布。另一个判断居民收入差距的指标是基尼系数,2018 年上升到 0.468。如图 4 所示,居民收入差距指数和基尼系数均显示,2013～2015 年,我国居民收入差距逐渐缩小,2016～2018 年持续增大。其中,城镇居民收入差距指数和农村居民收入差距指数分别从 2015 年的 1.071 和 1.110 提高到 2018 年的 1.078 和 1.119。同期,我国城乡和地区收入差距都在不断缩小。城乡收入差距指数从 2015 年的 2.731 下降到 2018 年的 2.685,地区收入差距指数(以东部地区和西部地区居民收入的比率衡量)从 2015 年的 1.673 下降到 2018 年的 1.655,农村内部的收入差距也有

---

① 这里的转移性收入与住户调查中的概念不同。住户调查中的转移性收入多是由居民创造的财富,经由其他部门转走后,再转回到居民的收入。包括养老金或退休金、社会救济和补助、政策性生产补贴、政策性生活补贴、经常性捐赠和赔偿、报销医疗费、住户之间的赡养收入,以及本住户非常住成员寄回带回的收入等。

所减小。这说明城镇内部收入差距扩大是全国居民收入差距扩大的主要原因。

从2019年前三季度数据来看，居民收入差距指数为1.151，较2018年同期略有下降，同时，城乡收入差距、农村内部的收入差距都稍有减小，城镇内部收入差距略有扩大但幅度不大，因此可以推测，2019年居民收入差距和2018年相差不大。

图4　居民收入差距

资料来源：根据国家统计局数据计算。

五　"统计外收入"及对居民收入分配的影响

"十三五"规划纲要提出，要"保护合法收入，规范隐性收入，遏制以权力、行政垄断等非市场因素获取收入，取缔非法收入"。构建规范合理的收入分配秩序，首先需要了解收入分配的现状。统计外收入是指难以被常规的住户调查包括进来的居民收入。目前，还存在大量的统计外收入游离于国民收入核算体系之外，因此，计算居民收入差距指数或者基尼系数时，都无法将这部分收入纳入进来。统计外收入主要属于高收入群体，因此，实际的居民收入差距指数或者基尼系数，应该比统计值要高一些。

统计外收入的核算思路来自国民经济核算中的收支平衡原则，即生产总额等于收入总额，也等于支出总额。住户调查属于收入总额的调查。如果住户调查得到的收入总额偏少,我们应该能从生产总额和支出总额中观察到偏少的程度。具体的测算方法参见张车伟和赵文①的研究。

图5显示了1992~2018年我国的统计外收入情况。2018年,统计外收入总额为11.73万亿元,比2017年增加1.85万亿元,增长率为18.7%。2018年,统计外收入总额占GDP的比重为13%,比2017年提高了1个百分点。2018年,统计外收入总额占实际居民可支配收入总额的比重(漏报率)约为23%,比2017年提高了1.5个百分点。

从时间变化来看,近一个时期的漏报率的高点和低点分别出现在2011年和2015年,主要原因有:一是与收入分配秩序的规范化有关。二是国家统计局2013年开启的住户调查改革提高了数据质量,这与2002年的调查办法改革后数据质量提高的效果类似。从2016年开始,漏报率重新提高。与之伴随的是居民收入差距指数和基尼系数同步提高。因此可以推断,统计外收入主要为高收入群体拥有。如果将统计外收入考虑在内,我国居民实际的收入差距应该比统计值要高一些。

图5 统计外收入情况

资料来源:根据国家统计局数据计算。

---

① 张车伟、赵文:《"统计外收入"及其对居民收入与经济增长同步性的影响——两种统计口径的对比分析》,《劳动经济研究》2018年第1期。

六 总结与建议

合理的收入分配是激发各方生产积极性的前提，是经济持续健康增长的基础。过去，在外需旺盛的情况下，收入差距大一些，更倾向于资本一些，有利于扩大投资，促进经济增长。虽然分配关系不尽合理，但毕竟普通劳动者实际收入提高较快，社会满意度整体提高。当前世界经济增长放缓，国际环境更加复杂严峻，依靠内需拉动经济增长，必须把分配关系摆正理顺。

近期，我国收入分配改革不断推进，过去不尽合理的收入分配格局正得以改观。一是劳动报酬份额持续提高，功能性分配格局改善，劳动和资本之间的分配关系向着更合理的方向发展。二是资本报酬份额稳定，投资环境持续有利。三是企业、政府、居民之间分配关系不断优化调整，再分配明显向居民倾斜。四是2019年开启的更大规模减税降费和相关举措，为经济增长注入了新的活力，民营企业和非金融企业受惠最多。五是居民收入与经济增长实现基本同步，低收入群体收入状况改善明显。六是居民收入差距经过多年缩小后，近年来略有扩大。七是统计外收入规模持续增大，统计漏报率持续提高。

我们必须清醒认识到，收入分配工作还存在许多不足，也面临不少困难和挑战。过去，由于劳动力市场供大于求，市场环境不利于普通劳动者，造成工资水平偏低。近年来，随着劳动力市场转变，市场环境似乎正在向着有利于劳动者的方向变化。但是，由于发展阶段和体制机制的原因，一些经济领域回报过高，抬高了要素价格，架空了一些财富创造实体，这就让资本报酬中金融和房地产行业的比重提高较快，同时让中小企业的风险和收益与高回报领域相比显得不成比例。实际上是让中小企业承担了一部分本该由其他部门承担的风险。这造成中小企业淘汰率过高。我们经常说，中小企业具有"五六七八九"的典型特征，这个"八"就是中小企业创造了80%以上的城镇劳动就业。中小企业所承担的风险，就业于其中的普通劳动者也在承担，这造成了我国劳动者的工薪报酬水平长期低于其贡献水平。劳动报酬具有收入均等化的作用。劳动报酬偏低，居民收入差距就容易扩大。劳动报酬占居民收入的80%以上，劳动报酬水平偏低，高质量就业局面难以形成，最终必然制约居民消费，阻碍国民经济良性循环。对此，要继续沿着党的十九大报告指出的改革方向，坚持和完善我国社会主义基本分配制度，坚持按劳分配原则，完善按要素分配的体制机制，促进收入分配更合理、更有序。

（一）继续合理提高劳动报酬水平

继续创造有利于提高劳动报酬份额的市场和制度环境。大力支持服务业、劳动密集型企业、小型微型企业和创新型科技企业发展，创造更多就业岗位。完善和落实小额担保贷款、财政贴息等鼓励自主创业政策。切实使中小微企业融资紧张状况明显改善，综合融资成本明显降低。完善税费减免和公益性岗位、岗位培训、社会保险、技能鉴定补贴等政策，促进以高校毕业生为重点的青年、农村转移劳动力、城镇困难人员、退役军人就业。借鉴推广公务员招考的办法，完善和落实事业单位公开招聘制度，在国有企业全面推行分级分类的公开招聘制度，切实做到信息公开、过程公开、结果公开。

（二）促进中低收入职工工资合理增长

建立反映劳动力市场供求关系和企业经济效益的工资决定及正常增长机制。完善工资指导线制度，建立统一规范的企业薪酬调查和信息发布制度。根据经济发展、物价变动等因素，适时调整最低工资标准。研究发布部分行业最低工资标准。以非公有制企业为重点，积极稳妥推行工资集体协商和行业性、区域性工资集体协商。维护劳动者合法权益。健全工资支付保障机制，重点监控拖欠工资问题突出的领域和容易发生拖欠的行业，完善与企业信用等级挂钩的差别化工资保证金缴纳办法。

（三）多渠道增加居民财产性收入

加快发展多层次资本市场，落实上市公司分红制度，强化监管措施，保护投资者特别是中小投资者合法权益。推进利率市场化改革，适度扩大存贷

款利率浮动范围，保护存款人权益。严格规范银行收费行为。丰富债券基金、货币基金等基金产品。支持有条件的企业实施员工持股计划。拓宽居民租金、股息、红利等增收渠道。

（四）巩固减税降费成果，降低市场运行成本

进一步改善民营经济发展环境，要深化"放管服"改革，推动降低制度性交易成本，下硬功夫打造好发展软环境。要认识到对中小企业的减税降费并不完全是"多予"，而是对其承担过多市场风险的某种补偿，更多的可能是"少取"。加快健全以税收、社会保障、转移支付为主要手段的分配调节机制。健全公共财政体系，完善转移支付制度，调整财政支出结构，大力推进基本公共服务均等化。巩固减税降费成果，完善财产税，推进结构性减税，减轻中低收入者和小型微型企业税费负担，形成有利于结构优化、社会公平的税收制度。

（五）规范隐性收入，推动形成公开透明、公正合理的收入分配秩序

严格规范非税收入。按照正税清费的原则，继续推进费改税，进一步清理整顿各种行政事业性收费和政府性基金，坚决取消不合法、不合理的收费和基金项目，收费项目适当降低收费标准。大力推进薪酬支付电子化，加快现代支付结算体系建设，落实金融账户实名制，规范现金管理。完善机关和国有企事业单位发票管理和财务报销制度。整合公安、民政、社保、住房、银行、税务、工商等相关部门信息资源，建立健全社会信用体系和收入信息监测系统。

（六）加强社会保障和补助体系建设，与时俱进调整贫困标准

在消除了绝对贫困后，相对贫困将成为我国扶贫工作的重要方面。借鉴发达国家经验，动态调整贫困标准，稳步提高城乡低保、社会救助、抚恤优待等标准。加强对困难群体的救助和帮扶。健全城乡低收入群体基本生活保障标准与物价上涨挂钩的联动机制，逐步提高城乡居民最低生活保障水平。提高优抚对象抚恤补助标准。建立健全经济困难的高龄、独居、失能等老年人补贴制度。完善孤儿基本生活保障制度，推进孤儿集中供养。完善困难残

疾人生活补贴和重度残疾人护理补贴制度。大力发展社会慈善事业。积极培育慈善组织，简化公益慈善组织的审批程序，鼓励有条件的企业、个人和社会组织举办医院、学校、养老服务等公益事业。

（七）建立健全促进农民收入较快增长的长效机制

坚持工业反哺农业、城市支持农村和多予少取放活方针，加快完善城乡融合发展体制机制，加大强农惠农富农政策力度，促进工业化、信息化、城镇化和农业现代化同步发展，促进公共资源在城乡之间均衡配置、生产要素在城乡之间平等交换和自由流动，促进城乡规划、基础设施、公共服务一体化，建立健全农业转移人口市民化机制，统筹推进户籍制度改革和基本公共服务均等化。落实新修改的《土地管理法》，合理分享土地增值收益。

参考文献

[1]《关于进一步提高中央企业国有资本收益收取比例的通知》，2014。
[2]《关于2019年中央国有资本经营预算的说明》，2018。
[3]《关于深化增值税改革有关政策的公告》，2019。
[4]《扶贫开发持续强力推进 脱贫攻坚取得历史性重大成就——新中国成立70周年经济社会发展成就系列报告之十五》，国家统计局网站，2019年8月12日。
[5]《划转部分国有资本充实社保基金实施方案》，2017。
[6]《降低社会保险费率综合方案》，2019。
[7]《2018年度人力资源和社会保障事业发展统计公报》，2019。
[8]《中共中央关于全面深化改革若干重大问题的决定》，2013。
[9] 张车伟、赵文：《中国劳动报酬份额问题——基于雇员经济与自雇经济的测算与分析》，《中国社会科学》2015年第12期。
[10] 张车伟、赵文：《"统计外收入"及其对居民收入与经济增长同步性的影响——两种统计口径的对比分析》，《劳动经济研究》2018年第1期。

Abstract

The growth of global economy and trade slowed down significantly in 2019, and the economic growth of major economies generally slowed down. China's economic growth is expected to be around 6.1%. The global economy is expected to pick up moderately in 2020, but risks remain on the downside as destabilizing and uncertain factors increase. It is estimated that China's economy will grow by around 6.0% in 2020 and CPI will rise by around 3.4%. We suggest that we intensify counter-cyclical adjustment, keep employment at a reasonable level, and enhance the resilience of economic development; accelerate reform of the economic system, mobilize the initiative of all sectors of the economy, and raise the internal driving force for growth; win the battle against poverty and continue to fight against major risks and pollution. We will complete the following key tasks in 2020: successfully completing the building of a moderately prosperous society in all respects; tap the potential of domestic consumption and investment demand; accelerate the implementation of innovation-driven development strategies; accelerate the reform of institutional mechanisms in key areas; improve the level of internal and external opening; promote coordinated urban and rural development; strengthen security and improve people's livelihood.

Keywords: Chinese Economy; Counter-cyclical Adjustment; Growth Momentum; High-quality Development

Contents

I General Report

B. 1 Analysis and Forecast of China's Economic Situation in 2020
    Research Group of Macroeconomic Research Center of CASS / 001

  Abstract: The growth of global economy and trade slowed down significantly in 2019, and the economic growth of major economies generally slowed down. China's economic growth is expected to be around 6.1%. The global economy is expected to pick up moderately in 2020, but risks remain on the downside as destabilizing and uncertain factors increase. It is estimated that China's economy will grow by around 6.0% in 2020 and CPI will rise by around 3.4%. We suggest that we intensify counter-cyclical adjustment, keep employment at a reasonable level, and enhance the resilience of economic development; accelerate reform of the economic system, mobilize the initiative of all sectors of the economy, and raise the internal driving force for growth; win the battle against poverty and continue to fight against major risks and pollution. We will complete the following key tasks in 2020: successfully completing the building of a moderately prosperous society in all respects; tap the potential of domestic consumption and investment demand; accelerate the implementation of innovation-driven development strategies; accelerate the reform of institutional mechanisms in key areas; improve the level of internal and external opening; promote coordinated urban and rural development; strengthen security and improve people's livelihood.

  Keywords: Chinese Economy; Counter-cyclical Adjustment; Growth Momentum; High-quality Development

II Macroeconomic Situation and Policy Outlook

B.2 Continued External Shocks, Economic Slowdown and the Choice of Stabilization Policies

Zhang Ping, Yang Yaowu and Ni Hongfu / 021

Abstract: In developed economies such as the United States, Europe and Japan, the manufacturing PMI has been below the line of expansion and contraction for several months and hit a new low in many years. Meanwhile, leading indicators such as consumer confidence and investor confidence have also been declining. In the face of continued external shocks and structural slowdown of the domestic economy, China's economy grew by 6.2% in the first three quarters of 2019, showing a trend of decline quarter by quarter. In the future, the economic growth rate will continue to decline or continue. Based on the "slowdown scenario", we estimate that China's economy will grow 6.1 percent in 2019, still within the annual target range of 6 - 6.5 percent, and 5.8 percent in 2020. According to our estimates, the increase in welfare costs for US consumers alone is as high as $9.558 billion, while China's welfare losses are also $3.739 billion. While China's traditional advantages are fading, we must continue to promote high-quality economic development and adapt itself to the "great power model" featuring domestic demand and innovation.

Keywords: External Shock; Economic Slowdown; Welfare Loss; Stabilization Policy

B.3 China's Economic Trends and Policy Recommendations in 2020

Zhu Baoliang / 041

Abstract: Since 2019, China's economic growth rate has continued to decline quarter by quarter, but the overall employment is stable, the overall level of prices is moderate, the structure is constantly optimized, the annual economic growth is expected to grow by 6.1%, the economy is generally operating within a reasonable range. In 2020, the international political and economic environment will remain complex, the world economy will remain sluggish, economic and trade frictions between China and the United States will become more evident, and downward pressure on China's economy will increase. We propose to set the 2020 economic growth target at around 6% and keep prices at around 3%. We should continue to adhere to seek improvement in stability work always tone, structural reforms to the supply side as the main line, continue to implement counter-cyclical macro-control adjustment, deepen the opening to the outside world, and improve business environment, activate the micro main body, to ensure sustainable and healthy economic development.

Keywords: Economic Situation; Sino-us Trade Friction; Economic Outlook; Macro-control Policy

B.4 Economic Situation Outlook and Policy Recommendations for 2020　　　　　　　　　　　　*Chen Changsheng, Yang Guangpu* / 051

Abstract: The external environment of the China's current economic operation is complex, medium and long term supply shocks and crucial to meet high quality development, the dispute of China and the United States to meet long-term change and the domestic risk research, all kinds of uncertainty and risk challenge to grow, both ends of the supply and demand weakness has yet to have obvious signs of improvement, economic downward pressure is still large. To avoid growth dropped below potential growth, still have to adhere to seek improvement in stability work always tone, deepen structural reform, adjust countercyclical macroeconomic policies in a more prominent position, efforts to achieve the goal of the 13th five-year plan, to ensure complete the task to build a well-off society in an all-round way.

Keywords: Downward Pressure; Striving for Stability; Countercyclical Regulation

B.5 Analysis of the Economic Situation in 2019 and the Outlook for 2020   *Research Group of Economic Research Institute of China Academy of Macroeconomic Research* / 063

Abstract: China's economy maintained an overall stable and progressive development trend in 2019, with the characteristics of "stable in macro, optimize in structure and resilience in growth". China's economy is facing a tightening external environment, as well as difficulties in the development of the domestic real economy, prominent local and regional problems, and the accumulation of debt and financial worries, which restrict the stable operation in economy. Looking ahead, the supply side is likely to remain stable on the whole, the demand side is expected to recover in the future, and the price-rise is still in a moderate range, while the short-term economic operation will still show a steady trend of slowing down. Therefore, "six stabilizations" works need to be comprehensively carried out and maintaining steady growth should be given greater prominence, the vitality of micro entities and the internal impetus of the economy should also be released, in order to promote high-quality development of the economy in a stable operation.

Keywords: Economic Situation; Economic Outlook; High-quality Development

Ⅲ Financial Situation and Tax Analysis

B.6 China's Fiscal Situation in 2019 and Prospect in 2020

Yang Zhiyong / 079

Abstract: Fiscal revenue growth in 2019 slowed down significantly, and fiscal revenue growth is facing great pressure. Fiscal expenditure is experiencing a fast growth rate in 2019. China's fiscal situation is generally stable, while some local governments face great pressure. In 2020, we should continue to adhere to the proactive fiscal policy of increasing efficiency, further improve the policy of reducing taxes and fees on the basis of a reasonable assessment of the effectiveness of the policy, and better coordinate the policy of reducing taxes and fees with the reform of the tax system. We will the deficit-to-GDP ratio should be further raised so as to break the 3% limit and further expand the size of local government debt. Fiscal policy should be further integrated with the establishment of a modern fiscal system and modernize China's governance system and capacity.

Keywords: Fiscal Revenue; Fiscal Expenditure; Fiscal Policy; Fiscal Reform

B.7 The Analysis and Prospect of Taxation Situation

Fu Guangjun / 094

Abstract: In 2019, tax revenue increased 7.9% in the first quarter, and its growth rate was 1.5% points higher than the economic growth rate. The cumulative growth rate in the second quarter was 3.0%, slightly down from the first quarter, and also lower than the economic growth rate of 3.3% points. The third quarters' cumulative growth rate was 0.6%, which was lower than the economic growth rate of 5.4% points. In addition to the significant decline in personal income tax, the growth rate of the main tax revenues increased slightly. The growth rate of most other tax types increased slightly. Except the higher growth rate of Beijing, Guangdong, Shanghai and Jiangsu all experienced negative growth. The growth rate of most other provinces decreased compared with the previous year, which directly affected the growth rate of national tax revenues. In 2019, China's macroeconomic situation is at a low speed, and with the implementation of the macro policy of tax reduction and fee reduction, the tax revenue will continue to fall in the fourth quarter. The annual tax revenue growth rate will be far lower than the economic growth rate, and the tax revenue growth rate in 2020. Below economic growth has become a high probability event.

Keywords: Taxation Situation; Tax Revenue; Tax Reduction and Fee Reduction

B. 8 Analysis of China's Tax Situation in 2019 and
       Outlook for 2020   *Zhang Bin* / 110

Abstract: The growth rate of tax revenue in the first three quarters of 2019 is respectively 5.4%, -3.3% and -3.7%, with a cumulative growth rate of -0.4%. It is expected that the fourth quarter will still maintain a negative growth trend. Tax cuts totaled 1510.9 billion yuan in the first three quarters of 2019, and VAT and individual income tax cuts totaled 703.5 billion yuan and 442.6 billion yuan respectively. It is expected that tax and fee cuts will exceed 2 trillion yuan in 2019. China's macro tax burden level is expected to further decrease in 2019 and 2020. We should pay attention to the impact of tax and fee cuts policies on fiscal operation, and further optimize relevant policies on the basis of assessing the effects of the policies.

Keywords: Tax Revenue; Tax and Fee Cuts; Macro Tax Burden

Ⅳ Monetary Policy and Financial Markets

B. 9 Countercyclical Regulation of Monetary and
       Financial Operations   *Yan Xiandong, Liu Xi and Qin Dong* / 126

Abstract: China's economic operation is generally stable, but the downward pressure has increased in 2019. GDP growth in the first three quarters was 6.2%, 0.5 percentage points lower than a year earlier. The People's Bank of China will continue to implement a prudent monetary policy. While maintaining stability, it will strengthen counter-cyclical regulation, make anticipatory adjustments and fine-tuning, maintain reasonable and ample liquidity, increase financial support for the real economy, especially for small and micro businesses, and accelerate financial supply-side structural reform. On the whole, liquidity in the banking system is reasonable, and the scale of money and credit and social financing will increase appropriately. It is expected that monetary policy will remain stable, forward-looking, flexible and targeted in 2020.

Keywords: Broad Money; Social Financing Scale; Credit Demand; Interest Rate Reform

B. 10   New Challenges and Strategies of Monetary Policy

He Dexu, Zhang Jie / 138

Abstract: under the background of "high debt", monetary policy should show an asymmetric response to the change of nominal price, that is, the upward tolerance of inflation is higher, and the downward sensitivity and vigilance of price are greater. Monetary policy should follow the current downward trend of potential output rate and the actual background of high debt to maintain sufficient downward elasticity. In the stage of deepening the downward financial cycle, monetary policy should focus on the credit crunch caused by the private sector's "downsizing", and the central bank's balance sheet strategy is a potential policy option. The asymmetric spiral decline of assets and liabilities in the process of financial intermediation will have an asymmetric impact on credit and money creation. The periodic macro effect of "credit" and "currency" is different. In this process, the countercyclical control framework of monetary policy should be adjusted accordingly.

Keywords: Monetary Policy; Potential Economic Growth Rate; Credit Crunch; Credit Risk Pricing

B.11　Review of China's Stock Market in 2019 and the

　　　 Outlook for 2020　　　　　　　*Li Shiqi*, *Zhu Pingfang* / 153

Abstract: In 2019, institutional innovation has promoted the orderly and healthy development of China's stock market, and remarkable results have been achieved in financial reform. A-shares have been successively included in important international indexes and continued to expand. The achievements of supply-side structural reform need to be consolidated. Major economies around the world have resumed loose monetary policies. Overall liquidity is reasonable and ample. In 2020, the supply of A-share market is expected to be continuously optimized, the internal stability of the market will be effectively enhanced, the expansion of opening up will strengthen the main line of value investment, the market driven by innovation will welcome the first year of science and technology, and the upgrading of consumption will brighten people's better life. The prospect of China's stock market is worth looking forward to in the middle and long run.

Keywords: China's Stock Market; Macro-economy; Monetary Policy

V Industrial Operation and High-Quality Development

B.12　China's Agricultural Economic Outlook and Vital

　　　 Policy Recommendations in 2020　　　　　　*Li Guoxiang* / 173

Abstract: In 2020, the stability of China's agricultural economic movement and development will rise. The supplies of the bulk agricultural commodities will be sufficient; the pig production will turn from decrease to increase, and the other breeding animal productions will continue keep steadily growing or grow at faster step. The prices of agricultural products or foods will expand in the first half year and then shrink; the prices of the breeding animals will rise higher than those of the crops. The organic combination of ending poverty and rural rejuvenation programs; and to constitute agricultural supply chain, value chain and mechanisms may promote agricultural development, food security and stabilizing agricultural prices.

Keywords: Grain; Pig; Agricultural Supply; Food Prices

B. 13 Analysis of Industrial Operation in 2019 and Forecast in 2020
Xie Sanming / 184

Abstract: This paper analyzes the industrial operation in 2019 and forecasts the expected target in 2020. Firstly, the economic situation and environment at home and abroad are analyzed. Secondly, we analyzes the main characteristics and existing problems of the current industrial economy. Thirdly, we analyzes the favorable and unfavorable factors that will affect the industrial operation in the future. On this basis, we predicts the expected growth rate of industries above the scale in 2020. Finally, we put forward the policy proposal that stabilizes industrial production.

Keywords: Industry; Operating Factors; Growth Rate

B. 14 Analysis, Outlook and Policy Suggestions on China's Industrial Economy   *Shi Dan, Zhang Hangyan* / 195

Abstract: Since this year, China's industrial economy has shown an operational trend of slowing production, falling profits, improving structure and strengthening new driving forces. Insufficient investment in manufacturing, continuous negative growth of industrial price index are prominent problems in the current industrial economic operation. In 2020, the development situation of China's industrial economy is still relatively complex, and still faces great downward pressure. It is expected that the growth rate of industrial added value above Designated Size will be 5.5% -6.0%. For some time to come, China's industrial economic development should fully embody the idea of combining short-term response with medium-term and long-term reform and development. On the one hand, it should keep to the bottom line of speed and strive to achieve steady and rapid industrial economic development by expanding demand. On the other hand, it should continue to maintain strategic determination and strategic patience, deepen supply side structural reform, and make every effort to promote high-quality development of industrial economy.

Keywords: Industrial Economy; Operation Analysis; Industrial Enterprise

B.15 Present Situation, Trend and Prospect of Service Industry Development in China *Wei Jigang, Cui Lixin* / 212

Abstract: China's service industry shows rapid growth, and the growth of modern service industry is good in 2019. However, the following problems still exist in China's service industry: the development of producer service industry is insufficient, and the gap between the quality and quantity of producer service industry and developed countries is large; the international competitiveness of service industry needs to be improved, and the brand construction is lacking; although the quality of service industry is stable and progressive, the proportion of complaints remains high; the supervision system of emerging service industry needs to be constructed urgently. The development trend of China's service industry includes: integration of primary, secondary and tertiary industries, so the producer service industry will play an important role; increasing opening up efforts, and enhancing the brand influence of "China service"; highlighting the importance of service innovation, including the full staff innovation with customer participation as the trend; in urgent need of the design, construction and implementation of the service industry's total quality management and supervision system.

Keywords: Service Industry, Service-based Production, Service-based Agriculture, Service Quality

Contents

VI Investment, Consumption and Foreign Trade

B.16 Current Investment Situation Analysis and Outlook

Zhang Changchun / 223

Abstract: In the first three quarters of this year, influenced by the changes in internal and external market environment, China's fixed assets investment grows by 5.4%, the slowest growth rate in recent decades. However, the high-tech industry investment conducive to structural transformation and upgrading grows rapidly, the real estate investment also witnesses a relatively fast growth, and the investment and financing system reform has been deepened continuously. Due to the factors that private sector investment will be influenced by market expectations, the government and SOEs investment face the constraint of the leverage ratio and the space for regulating real estate investment will also be limited, the fixed assets investment in the fourth quarter will continue to be under downward pressure. Therefore, in order to stabilize the investment performance, employment and macro-economic growth, policy measures should be adopted to improve the general business environment, encourage private sector investment in social welfare projects, revitalize public sector stock assets, enhance the financing conditions for SMEs, and properly regulate the interest rate downward of the banking market.

Keywords: Private Sector Investment; Manufacturing Investment; Investment Environment

B.17 Review of Consumption Situation in 2019 and Outlook for 2020

Zou Yunhan / 236

Abstract: In 2019, China's Macroeconomic policy maintained its strategic strength, and the economy continued to be stable. Domestic consumption has fully played the role of economic stabilizer. The consumer market shows the basic characteristics of overall household consumption stability and the differentiation of urban and rural consumption trends. It also reveals that the impact of employment and income pressure on consumption is gradually emerging, and cyclical or policy factors disturb the consumer market. Looking forward to 2020, China's economy will generally maintain stable, and the consumer market has a solid increasing foundation. The employment and income situation is generally steady, the social security reform continues to deepen, and a series of factors such as information technology to promote change will strongly stimulate consumption potential. Based on comprehensive judgment, consumer demand has the conditions to maintain steady growth. It is estimated that the national per capita consumption expenditure will increase 5.5% in 2020, and the total retail sales of social consumer goods will increase 7.2%.

Keywords: Resident Consumption Expenditure; Service Consumption; Supply Innovation

B.18　China's Foreign Trade Situation in 2019 and Prospects for 2020　　*Song Hong, Gao Lingyun* / 245

Abstract: From the perspective of trade patterns, market diversification, technical content of trade products and the nature of enterprises, China's foreign trade is moving steadily toward a high level and high quality. However, global trade growth has slowed down and the external environment has become more complex and severe. Moreover, CHN-US trade disputes have still not been fundamentally resolved, and mutual tariffs have already had a significant impact on CHN-US trade. Looking forward to 2020, the general trend of China's foreign trade structure optimization and power conversion will not change.

Keywords: Foreign Trade; Tariff; Structural Optimization

Contents

VII Employment Situation and Income Distribution

B.19 Analysis of the Labor Market and the Outlook for 2020
Du Yang / 263

Abstract: Although the external economic environment is volatile in 2019, China has kept the labor market stable, as evidenced by containing the urban unemployment rates below target, growth in total employment, and stable wage growth. In 2020 the population aged between 16 and 59 will increase, which reverses the trend in the past few years and increases the difficulties to contain unemployment rate. Meanwhile, the uncertainty of external economic environment is worth paying more policy attention. The active labor market program ought to be devoting to job creations and improvement of labor productivity as well. The social safety net needs to play more active role in protection for the unemployed.

Keywords: Labor Market Program; Labor Supply; Urban Unemployment Rate

B.20 Analysis and Suggestions on the Situation of Income
Distribution *Zhang Juwei, Zhao Wen and Zhang Tao / 279*

Abstract: China's income distribution reform has been continuously promoted. The pattern of income distribution is more reasonable. A larger scale of tax reduction and fee reduction has optimized the distribution among departments. The growth of residents' income is basically in step with the economic development, and the growth of labor compensation is basically in step with the increase of labor productivity. Great progress has been made in poverty alleviation. The incidence of poverty has fallen to the lowest level in history, and the income gap between urban and rural areas and regions has narrowed. We see that small and medium-sized enterprises bear too much market risk, the wage level of ordinary workers is still low. The mechanism of redistribution is not strong enough. In order to establish a reasonable and orderly distribution order, we need to give full play to the decisive role of the market in the initial distribution, let all kinds of factors obtain reasonable returns, and also need to reasonably adjust the income gap in the redistribution process, so that the reform and development results will be more equitable and benefit all the people, and realize the common prosperity of all the people.

Keywords: Income Distribution; Labor Compensation; Unreported Income; Income Gap

权威报告·一手数据·特色资源

皮书数据库
ANNUAL REPORT(YEARBOOK) DATABASE

分析解读当下中国发展变迁的高端智库平台

所获荣誉

- 2019年，入围国家新闻出版署数字出版精品遴选推荐计划项目
- 2016年，入选"'十三五'国家重点电子出版物出版规划骨干工程"
- 2015年，荣获"搜索中国正能量 点赞2015""创新中国科技创新奖"
- 2013年，荣获"中国出版政府奖·网络出版物奖"提名奖
- 连续多年荣获中国数字出版博览会"数字出版·优秀品牌"奖

成为会员

通过网址www.pishu.com.cn访问皮书数据库网站或下载皮书数据库APP，进行手机号码验证或邮箱验证即可成为皮书数据库会员。

会员福利

- 已注册用户购书后可免费获赠100元皮书数据库充值卡。刮开充值卡涂层获取充值密码，登录并进入"会员中心"—"在线充值"—"充值卡充值"，充值成功即可购买和查看数据库内容。
- 会员福利最终解释权归社会科学文献出版社所有。

数据库服务热线：400-008-6695
数据库服务QQ：2475522410
数据库服务邮箱：database@ssap.cn
图书销售热线：010-59367070/7028
图书服务QQ：1265056568
图书服务邮箱：duzhe@ssap.cn

社会科学文献出版社 皮书系列
卡号：894838784242
密码：

S 基本子库
SUB DATABASE

中国社会发展数据库（下设12个子库）

整合国内外中国社会发展研究成果，汇聚独家统计数据、深度分析报告，涉及社会、人口、政治、教育、法律等12个领域，为了解中国社会发展动态、跟踪社会核心热点、分析社会发展趋势提供一站式资源搜索和数据服务。

中国经济发展数据库（下设12个子库）

围绕国内外中国经济发展主题研究报告、学术资讯、基础数据等资料构建，内容涵盖宏观经济、农业经济、工业经济、产业经济等12个重点经济领域，为实时掌控经济运行态势、把握经济发展规律、洞察经济形势、进行经济决策提供参考和依据。

中国行业发展数据库（下设17个子库）

以中国国民经济行业分类为依据，覆盖金融业、旅游、医疗卫生、交通运输、能源矿产等100多个行业，跟踪分析国民经济相关行业市场运行状况和政策导向，汇集行业发展前沿资讯，为投资、从业及各种经济决策提供理论基础和实践指导。

中国区域发展数据库（下设6个子库）

对中国特定区域内的经济、社会、文化等领域现状与发展情况进行深度分析和预测，研究层级至县及县以下行政区，涉及地区、区域经济体、城市、农村等不同维度，为地方经济社会宏观态势研究、发展经验研究、案例分析提供数据服务。

中国文化传媒数据库（下设18个子库）

汇聚文化传媒领域专家观点、热点资讯，梳理国内外中国文化发展相关学术研究成果、一手统计数据，涵盖文化产业、新闻传播、电影娱乐、文学艺术、群众文化等18个重点研究领域。为文化传媒研究提供相关数据、研究报告和综合分析服务。

世界经济与国际关系数据库（下设6个子库）

立足"皮书系列"世界经济、国际关系相关学术资源，整合世界经济、国际政治、世界文化与科技、全球性问题、国际组织与国际法、区域研究6大领域研究成果，为世界经济与国际关系研究提供全方位数据分析，为决策和形势研判提供参考。

法律声明

"皮书系列"（含蓝皮书、绿皮书、黄皮书）之品牌由社会科学文献出版社最早使用并持续至今，现已被中国图书市场所熟知。"皮书系列"的相关商标已在中华人民共和国国家工商行政管理总局商标局注册，如LOGO（ ）、皮书、Pishu、经济蓝皮书、社会蓝皮书等。"皮书系列"图书的注册商标专用权及封面设计、版式设计的著作权均为社会科学文献出版社所有。未经社会科学文献出版社书面授权许可，任何使用与"皮书系列"图书注册商标、封面设计、版式设计相同或者近似的文字、图形或其组合的行为均系侵权行为。

经作者授权，本书的专有出版权及信息网络传播权等为社会科学文献出版社享有。未经社会科学文献出版社书面授权许可，任何就本书内容的复制、发行或以数字形式进行网络传播的行为均系侵权行为。

社会科学文献出版社将通过法律途径追究上述侵权行为的法律责任，维护自身合法权益。

欢迎社会各界人士对侵犯社会科学文献出版社上述权利的侵权行为进行举报。电话：010-59367121，电子邮箱：fawubu@ssap.cn。

社会科学文献出版社